Leona Efuna

extravagant

Mond oder Sonne

© 2021 by 360 Grad Verlag GmbH
Lindenstraße 23, D-69181 Leimen
www.360grad-verlag.de
 www.facebook.de/360GradVerlag
 www.instagram.com/360gradverlag_bestbooks

Idee und Text: Leona Efuna
Coverentwurf: Leona Efuna
Lektorat: Lisa Rühl, Dannenfels
Satz und Herstellung: Helmut Schaffer, Hofheim a. Ts.
© Fotos: privat / 360 Grad Verlag, Tobi Dittmer
Gesamtherstellung und Druck: Print Consult, München
Gedruckt in Europa

1. Auflage 2021
Alle Rechte vorbehalten.

ISBN 978-3-96185-717-3

2 4 5 3 1

Inhalt

Triggerwarnung

Dieses Buch enthält Szenen, in denen Essstörungen, Bodyshaming, Mobbing, Alkoholmissbrauch, selbstverletzendes Verhalten und Gewalt beschrieben sind. Falls du dich mit einem dieser Themen unwohl fühlst, kann es ratsam sein, die Geschichte nicht oder nur zusammen mit einer Vertrauensperson zu lesen.

ex | t | ra | va | gant

Adjektiv

in seiner äußeren Erscheinung,
in seinen Gewohnheiten und Ansichten
in außergewöhnlicher, überspannter,
übertriebener o. ä. Weise bewusst abweichend
und dadurch auffallend

»Ein extravaganter Mensch, Lebenswandel,
Geschmack«

als kleine kinder
haben wir daran geglaubt,
dass jeder mensch entweder
der sonne oder dem mond gleicht.
falls man dieser theorie
wirklich glauben schenken sollte,
wärst du ein mond
und ich eine sonne.

aber ich wollte nicht,
dass mein ausbrennen
der grund für deine
selbstzerstörung ist.

- robyn

（

[Ein Brief]

Robyn,

du musst wissen, dass du mein Lieblingsmensch
bist und auch für immer bleiben wirst.

Ich sehe es vor mir. Ohne kitschig klingen zu
wollen, würde ich mir wünschen, dass du genau in
diesem Moment neben mir sitzt. Auf dem Dach von
Dads dunkelgrünem Range Rover, in den Sternen-
himmel blickend, leicht betrunken, in Kicher-
laune.

Du würdest mich fragen, was mit mir los ist, während du dich verhalten von mir wegdrehen würdest,
weil du weißt, dass ich es am zweitmeisten hasse,
wenn du rauchst. Am meisten hasse ich es, wenn
man mir den Rauch ins Gesicht bläst. Das hast du
noch nie getan.

Vielleicht würdest du ein "Baby" hinter deine
Frage hängen, vielleicht würdest du mich auf die
Wange küssen, vielleicht würden wir die Traurig-
keit miteinander davonsingen. Ich würde matt
lächeln, meinen Haarreif zurechtrücken, meine
Daumen in die herunterhängenden Hosenträger meiner lila Jeans einhängen, dir deine gelbe

Herzchensonnenbrille wegnehmen, sie mir selbst aufsetzen, sodass du meine Tränen nur erahnen kannst. Wir würden unsere High Heels von dem Auto herunterbaumeln lassen. Für einen Moment würde ich kurz damit aufhören, um mir die gelbe Brille auf der Nase zurechtzurücken. Ich würde zuerst lügen, weil ich weiß, dass du weißt, dass ich das gerne tue, wenn ich etwas nicht wahrhaben will.

Es wäre kein bösartiges Lügen, eher ein Schönreden. Vielleicht ist das auch der Grund dafür, dass ich jetzt hier sitze und mir die Seele aus dem Leib schreibe. Wenigstens weine ich nicht.

Okay, das ist gelogen.

Denn mir geht es nicht gut. In diesem Moment würden deine riesigen, babyblauen Augen so groß werden wie Tennisbälle und du würdest wieder einen poetischen Singsang anstimmen, so wie du es immer gemacht hast. Vielleicht hippiemäßig, vielleicht würdest du mit mir weinen, so lange, bis ich deshalb ein schlechtes Gewissen bekommen würde. Du bist gut darin, anderen Leuten - insbesondere mir - ein schlechtes Gewissen zu machen, da du Wert darauf legst, Gefühle auszulösen, auch wenn du damit oft das Schlechte in Menschen hervorbringst.

Aber dieses Mal ist es anders, denn ich bin selbst ins Messer gerannt. Ich kann niemand anderem die Schuld geben, außer mir und meiner Naivität. Ich wusste sogar, worauf ich mich einlasse. Ich wusste von Anfang an, dass ich irgendwann hier sitzen und dir das erzählen würde.

Kurt Cobain hat mal gesagt: "There's good in all of us and I think I simply love poeple too much, so much that it makes me feel too fucking sad." Und jetzt scheint es fast, als hätte er diese Worte an mich gerichtet.

Wärst du da gewesen, dann hättest du mich gewarnt. Ziemlich sicher hättest du mir den Umgang mit ihnen verboten. Wärst du hier, würde ich die beiden gar nicht kennen. Du und ich wären jetzt wahrscheinlich glücklich in meinem Zimmer bei Mom, mit meinem Keyboard, einer vom Draufherumhüpfen ramponierten Matratze und Vollmilchschokolade. Mir würde nicht schlecht werden bei dem Gedanken, dass hundert Gramm ungefähr sechshundert Kalorien beinhalten.

Du würdest mir raten, die beiden Typen, die gerade in dem verrauchten Zimmer ihre Musik jammen, in den Wind zu schießen. Eigentlich nur einen von ihnen. Der andere hat mich sogar noch gewarnt. Vor der tickenden Zeitbombe, in die ich mich mit der Zeit mehr und mehr verliebt habe. Selbst jetzt überkommt mich das Bedürfnis, zu ihnen ins Haus zu gehen. Ich sollte es nicht tun. Denn er hat mich vollkommen in seiner Hand: Will er, dass ich glücklich bin, bin ich es.
Will er, dass ich mich in ihn verliebe, tue ich das, ohne auch nur darüber nachzudenken.
Wenn er will, dass ich traurig bin, bin ich es.

Ich habe mir eingeredet, es sei okay, dass er meine Gefühle, Emotionen und Gedanken kontrolliert. Damit spielt, wie es ihm gefällt.

☼

Aber wenn er will, dass ich kaputt gehe, Robyn,
dann gehe ich kaputt. Ganz und gar.

Ich bin manchmal nur eine Marionette, eine dumme,
kleine Puppe, sein eigenes Schneewittchen.
Trotzdem ändere ich nichts. Noch nicht. Vielleicht
hat das alles irgendwann einen Sinn. Vielleicht,
ganz vielleicht, ist alles anders als gedacht.

Ich weiß nicht, ob ich das noch lange aushalten
kann.

Ich hoffe, in der Welt, in der du jetzt bist, geht
es dir gut. Und ich hoffe, du vermisst mich nicht
so sehr wie ich dich. Das tut nämlich weh. Sehr
weh. Merkst du, wie meine Sätze abbrechen. Und
kurz werden? Ich höre an dieser Stelle für heute
auf, dir zu schreiben, da meine Tränen die
Schreibmaschine volltropfen und ich nicht weiß,
ob das schädlich ist. Sie ist doch schon so alt.

Meine Güte, wenn ich jetzt aufhöre, dir zu
schreiben, fühle ich mich, als sei ich der einsamste Mensch auf diesem Planeten.

Beste Freundinnen, bis wir im Altersheim sitzen,
mit klappernden Gebissen und im Rollstuhl, auf
dass uns nie etwas trennt. Weißt du noch, Robyn,
weißt du das noch?

Goodbye
Paige

☾

[00]
Lieblingsmensch

Alles auf Anfang.

Ich habe keine Lust auf die tausend Raketen am Himmel, wenn das Silvesterfeuerwerk heute Abend über `Boston` stattfindet. Diese Lichter bringen mich dazu, an sie und den Horror der letzten Tage zu denken.

Mein Leben kann man sich vorstellen wie ein Dominospiel. Eine Reihe düsterer Ereignisse, die unmittelbar hintereinanderstehen. Kommt eines davon in Schwung, bricht alles in sich zusammen. Dominoreaktion.

♫

Alles hat mit diesem Typen angefangen.

Nein, nicht mit meinem Typen. Es war ihr Typ. Sie ist intelligent, humorvoll, das schönste Mädchen, das ich kenne, meine beste Freundin und mein Lieblingsmensch. Robyn ist ihr selbst gewählter Vorname.

Robyn.
Die, die nicht den Mund hält, wenn jemand etwas sagt, das ihr nicht passt.

Die, die sich im Matheunterricht die Nägel feilt und aus dem Fenster den Zwölftklässlern auf den Kopf spuckt, wenn sie über die Mädchen lästern, mit denen sie gestern noch hinter der Schule rumgeknutscht haben.

Die, die sich jeden Morgen auf dem Mädchenklo sieben Zigaretten dreht, während wir zusammen russische Rapper imitieren und ganze Memecompilations nachspielen.

Die, die sich im Französischunterricht selber Ohrlöcher sticht, weil ihr gerade danach ist.

Die, die während Klassenarbeiten die ganze Formelsammlung unter ihrem Minirock auf den Oberschenkeln stehen hat.

Die, wegen der jedem Typen die Kinnlade runterklappt, wenn sie lächelt.

Die, die souverän und für alle anderen verwirrend ihren Style ändern kann, ohne je in eine Schublade zu passen.

Weil sie Robyn ist.

Die, die auf Partys zwar nie mit den coolen Kids chillt, aber trotzdem immer wieder von ihnen eingeladen wird, damit Jungs aus den höheren Stufen auch kommen.

Mädchen, Jungs – Robyn hätte alle haben können.

Und dann erzählte sie mir blind vor Liebe von ihm. Das war sonst eigentlich gar nicht ihre Art. Das Blind-vor-Liebe-Sein, meine ich. Sonst war sie immer durchschauend, hat die Typen nach ein paar Wochen gekonnt abserviert. Sie servierte jeden ab. Wäre ich ein ehrlicher und kein gefühlsbedachter Mensch, würde ich sagen, Robyn war eine Herzensbrecherin, die zu ihren Gunsten mit den Gefühlen anderer spielte. Aber sie stellte es verdammt gut an. Normalerweise.

☾

Steven. Das war der Name, den sie seit einiger Zeit öfter in den Mund nahm als die Planung unserer nächsten Auftritte. Sie zeigte mir Fotos von ihm und ihr, erzählte, wie sie ihn in der Bahn ansprach und er dann total süß nach ihrer Nummer fragte. Das war am ersten November, am zehnten waren sie ein Paar. Sie stellte ihn mir vor, er war wirklich süß, sie passten perfekt zusammen. Robyn ist eher ein extravaganter, flippiger Typ. Ihre von Natur aus hellblonden Haare haben bestimmt schon alle Farben dieser Welt gesehen.

Im November waren sie zu einem kinnlangen Bob geschnitten und kaugummirosa. Den ganzen Monat lief sie mit einer riesigen glitzernden silbernen Haarspange darin herum.

Im Gegensatz zu Robyn trägt Steven einen Nullachtfünfzehn-Haarschnitt und Mainstreamklamotten. Wie Robyn hat er blonde Haare und blaue Augen, nur vom Typ etwas dunkler. Er wirkte insgesamt weniger naiv als Robyn.

Nicht, dass sie das war, das sagte nur ihr äußeres Erscheinungsbild über sie aus.

Ich denke heute sogar, das war ihre Masche, um von anderen unterschätzt zu werden.

Er und Robyn waren sofort das Traumpärchen an unserer Highschool. So ziemlich jeder himmelte die beiden an.

Steven war eine Klasse unter uns und im Basketballteam. Ab diesem ersten November schleppte Robyn mich jeden Samstag und Sonntag zu den Spielen und danach zu den Partys mit.

♫

Da meine und Robyns Mutter in der gleichen Ballettkompanie, dem `Lincoln Square Ballet` in `New York City` tanzten, bis wir in die neunte Klasse kamen, kennen wir uns schon, seit wir denken können. Wir mussten oft zusammen die Wohnorte wechseln und wenn unsere Mütter auf Tournee waren, habe ich bei meinem Dad gelebt und sie wurde zu Hause von Nannys betreut, weil ihr Vater ein viel beschäftigter Harvard-Professor ist.

Es war schon immer so, dass man Robyn nur lieben oder hassen konnte, etwas dazwischen gab es nicht, da sie unglaublich polarisierte. Man konnte sie schon fast als kleinen Star bezeichnen, wie sie da bei den Highschoolevents auf der Bühne stand, mit ihren bunten Haaren, den strahlend blauen Augen und der zierlichen Figur. Insgeheim habe ich sie immer beneidet, sie war der Inbegriff von Coolness. Deshalb stand ich in ihrem Schatten. Immer. Nichts konnte einen rebellischen Menschen wie Robyn überstahlen.

Robyn und ich liebten es mehr als alles andere, Straßenmusik zu machen, egal wo, egal wann. Von dem Geld, das wir von den Passanten bekamen, kauften wir Futter für das Tierheim in der Nachbarschaft und Bücher, die wir den Leuten im Altersheim vorlasen, weil es Robyns tiefster Wunsch war, Leute und Tiere glücklich zu machen, obwohl sie es mit Menschen unseres Alters meistens nur über kurze Zeit aushielt.

Es ging uns mit unserer Musik nicht darum, Geld zu verdienen, sondern darum, es zu genießen. Zu lachen, tanzen, singen, ausgelassen sein. Sich befreien, sich retten. Und genau das mit anderen zu teilen.

☾

Das war schon immer das, was Robyn und ich erreichen wollten. Damals in unserem Kindergarten unterhielt Robyn mit ihrem unvergleichlichen Humor die ganze Gruppe und wir träumten vom Popstarleben. Sie nahm Gesangsunterricht, nur vereinzelt, wenn sie gerade gut drauf war. Ich lernte von Dad Klavierspielen und probierte mich eine Zeit lang auch an anderen Instrumenten, von denen meine Mutter mir dringend abriet, da sie zu ihren Yogaübungen nur Klaviertöne und nicht das schrille Quietschen meiner Blockflöte ertragen konnte.

Wenn ich dann mal aus mir raus kam, hörte Robyn mir aufmerksam zu, ihre dünnen Beine mit den kunterbunt geringelten Kniestrümpfen übereinander geschlagen und die Nägel passend zum Lippenstift in Flieder, Apricot oder Ocker, je nachdem, wie sie aufgelegt war.

Überhaupt lief alles in ihrem Leben nach ihrer Laune. Wenn sie traurig war, schloss sie sich oft tagelang einfach nur ein und ließ niemanden an sich ran.
Aber wenn sie glücklich war, dann war die Welt ein bisschen besser, die Sonne schien.
Robyn meinte immer, ich hätte mehr Talent als sie und würde es nicht nutzen. Insgeheim fühlte ich mich gut, wenn sie so etwas sagte, und doch glaubte ich ihr kein Stück. Sie, die immer perfekt gestylt – ob absichtlich oder nicht – im Mittelpunkt stand, konnte doch nicht ernsthaft meinen, ich hätte mehr Talent. Das waren unbeschwerte Zeiten. Das war unser Lifestyle. Damals.

♫

Robyn und Steven unternahmen auch viel zu zweit. Danach kam sie immer zu mir und erzählte mir, was Steven gesagt hatte. Wir kicherten wie Dreizehnjährige.

Sie demonstrierte mir, wie er ihre Hand hielt und welche Witze er mit welchem Gesichtsausdruck zum Besten gab. Ein paar Tage später bekam Robyn ihren heiß ersehnten Führerschein und nahm mich auf die erste Spritztour mit. Wir aßen Eis und lasen zusammen die neuste Ausgabe unserer Lieblingszeitschrift. Die Tage vergingen wie im Flug, oft waren wir zu dritt. Auf der Straße aber wie gewohnt zu zweit, es war eine unausgesprochene Regel, dass die Musik unser Ding war.

Dann waren sie einen Monat lang zusammen. Es war der zehnte Dezember, es schneite an diesem Tag zum ersten Mal. Durch das Fenster konnte ich Robyn sehen, sie drehte sich im Schneetreiben vor unserer Haustür, während ich drinnen die Handschuhe holte. Ich lese gerne meinen Tagebucheintrag von diesem Tag. Am Abend hatten Robyn und Steven ein Date. Er hat ihr danach seine Jacke geliehen, weil ihr kalt war, so richtig romantisch. Mit glühenden Wangen erzählte Robyn es mir am nächsten Morgen in unserem Lieblingscafé. Den Geschmack der heißen Schokolade und die Schneelandschaft, die wir durch das Fenster sehen konnten, werde ich nie wieder vergessen.

Am zwölften Dezember gingen Robyn und Steven auf den Weihnachtsmarkt in der Innenstadt. Sie aßen rosa Zuckerwatte und machten Selfies. Selfies, die einen Tag später ausgedruckt an der Innenseite ihrer Spindtür in der Highschool klebten. Auf Instagram hatte Robyn die zehntausend Follower geknackt. Sie war so ein richtiger Social-Media-Mensch, überall war ihr Handy dabei und ihre

Fans waren geradezu süchtig nach ihren Beiträgen. Manchmal war ich auch auf den Bildern, fühlte mich aber meist fehl am Platz. Musik brachte ihr die meisten Abonnenten, egal ob die geposteten Songs gecovert oder unsere eigenen waren, Robyn musste nur den Mund aufmachen. Die Videos wurden legendär, selbst die Lehrer in der Schule sprachen uns darauf an und beglückwünschten Robyn. Mich nicht, es wusste ja niemand, dass wir alles zusammen erarbeitet hatten. Und das war auch gut so.

Am siebzehnten Dezember machten Robyn und ich einen Mädchenabend. So richtig mit Gesichtsmaske und Johnny-Depp-Filmen. Wir stellten unter Kichern die Szenen nach und fraßen Schokolade bis zum Umfallen. Mom war nicht zu Hause, weshalb Robyn in unserem Wohnzimmer rauchte. Mir war es egal, solange meine Mutter nichts davon erfuhr. Sie traf sich nämlich mit ihrem neuen stinkreichen Lover. Richard oder Reinhold oder so. Sie traf sich eigentlich immer nur mit reichen Männern, das hat sie sich wohl nach meinem Dad angewöhnt. Robyn und ich sprangen im Wohnzimmer herum und sangen in voller Lautstärke zu `P!nk`, `Nirvana`, `Queen` und `Avril Lavigne`.

♫

Dann färbte sie sich die Haare blau, das war am zwanzigsten Dezember. Am Zweiundzwanzigsten gingen wir zusammen Weihnachtsgeschenke kaufen. Sie hatte eine Überraschung für Steven geplant, was es genau war, wollte sie mir nicht verraten. Ich bohrte auch nicht weiter nach.

☼

Am Dreiundzwanzigsten hatte Steven Geburtstag, seinen fünfzehnten. Er war ein Jahr jünger als wir, das sah man ihm aber nicht an.
Alle anderen hatten ziemlich viel intus und irgendwann waren Robyn und Steven nicht mehr auf der Party, das bekam ich nur nebenbei mit.
Zur Sicherheit hatte ich mir wie immer ein Buch mitgenommen und glücklicherweise nichts getrunken, sodass ich mich, wie so oft auf Partys, mit dem Buch und einer Tasse Kaffee in die Toilette einschloss und begann, den penetranten Bass ausblendend, zu lesen. Bis es dann um fast drei Uhr an der Tür klingelte. Erst ignorierte ich es, war zu sehr von meiner Geschichte gefesselt. Irgendjemand öffnete die Haustür. Die schweren Schritte auf der Treppe nach oben verfolgen mich noch heute. Sekunden später klopfte jemand an die Klotür und ich riss sie auf.
Vor mir standen zwei Gestalten in schwarzer Polizeiuniform. Sie fragten, ob ich Raven Alice Obyn kenne.
Das ist Robyns richtiger Name.
Dann fragten sie nach Steven Bittner. An den Blick der Polizistin kann ich mich noch erinnern, als wäre es gestern gewesen. Ich sehe mich selbst vor mir, in dem weit ausgeschnittenen hellblauen Fummel von Robyn, den ich in dieser Nacht trug. Ihr war das Kleid zu groß, mir nicht. Blutroter Lippenstift und schmerzende Füße. Der funkelnde Haarreif auf meinem Kopf, das Buch in der Hand.

»Miss Obyn hat unerlaubt einen Fünfzehnjährigen Auto fahren lassen, sie hatten einen Unfall.«
Mein verwirrtes Ich fragte, wo sie jetzt sei.
»Im Krankenhaus. Raven Obyn liegt im Koma. Sie hatte einige Blätter in ihrer Handtasche, auf denen Ihr Name steht. Ihr Name ist doch Paige Courtney, nicht?«
Ich nickte unmerklich. Die Polizistin blätterte in ihren Unterlagen

und reichte mir dann einen Stapel Blätter, auf denen ich unsere Songtexte, Zeichnungen, Gitarrenakkorde und Klaviernoten erkennen konnte.

»Wissen Sie, was diese Blätter zu bedeuten haben? War der Ausflug der beiden geplant?«
Dieser Satz war wie ein Faustschlag, direkt in die Magengrube. Ich übergab mich auf meine High Heels.

Paige, Robyn liegt im Koma. Sie wird wahrscheinlich nie wieder aufwachen.

Etwas Ähnliches stand am nächsten Tag in der Zeitung. Da stand aber noch etwas, nämlich, dass der Fahrer davongekommen war, mit nichts weiter als ein paar Prellungen. Auf dem Titelbild war ein riesiges Foto von Robyn, ihm und mir. Robyn hatte genau dieses Bild immer wie einen Talisman bei sich getragen, zu der Zeit waren ihre Haare gerade frisch gefärbt und sahen demnach wirklich Bombe aus. Wir trugen denselben Concealer, weil Robyn an diesem Tag, wie so oft, spontan bei mir übernachtet hatte. Der Concealer passte nicht zu ihrem gebräunten Hauttyp, er war viel zu hell, was man in der Frontkamera des Handys aber nicht gut erkennen konnte. Ich sehe glücklich aus auf dem Bild. Robyn und ich schauen in die Kamera, Stevens Blick liegt auf Robyn. Ich seufze, als ich daran denke. Die Überschrift war missbilligend, stellte alles in einem falschen Licht dar, typisch Zeitung eben. Und da wundert man sich, warum die älteren Leute gegenüber uns Teenagern immer so viele Vorurteile haben. Zugegeben, das, was in dieser Nacht passiert war, konnte man nicht schönreden, auch wenn ich das in diesem Moment wohl mehr gebraucht hätte als die angsteinflößenden, schwarzen Lettern.

☼

Partynacht endet für betrunkene
Sechzehnjährige im Krankenhaus

Der Tränenschleier, der sich in meinen Augen gebildet hatte, ließ mich nicht klar blicken.

Eines stand aber fest: Ihr Leben war mir genommen worden. Das Leben, welches mir als einziges wichtiger war als mein eigenes.
Koma setzte ich in diesem Moment mit Tod gleich.
Ich habe in meinem Leben bis jetzt nur schlechte Erfahrungen mit Komapatienten gemacht.

Mom hatte mir verboten, Robyn im Krankenhaus zu besuchen, bis ich mich etwas beruhigt hätte. Ich konnte also nichts tun, außer herumzusitzen, zu warten, hoffen, weinen. Heute weiß ich, was Freundschaft bedeutet, und das nicht nur, weil die Bilder aus Robyns Spind nun eingerahmt auf meinem Nachttisch stehen.

Mom sagte es mir zwar nicht ins Gesicht, aber ich weiß ganz genau, dass sie nicht wollte, dass die depressive Verstimmung der Tochter der »ach so bekannten Künstlerin« an die Öffentlichkeit gelangte. Genauso sehr aber wusste ich, dass Dad es Mom mehr als übel nehmen würde, falls er mitbekommen sollte, wie schlecht es mir gerade geht. Es ist ein stummes Versprechen, denn ich will das noch weniger als Mom.

Ich schreibe Robyn Briefe, erzähle ihr alles, was ich ihr sonst auch sagen würde.
Denn sie hat es nicht verdient, vergessen zu werden.
Sie ist meine beste Freundin, wenn auch meine einzige. Und vielleicht ist sie das auch, weil sie nicht eines dieser Klischeemädchen aus ihren

Büchern ist. Vielleicht, weil sie mir jeden Tag aufs Neue beweist, dass man auch ohne die traditionellen roségoldenen iPhones, die jedes Mädchen zum zwölften Geburtstag von Daddy spendiert bekommt, oder ohne Extensions und aufgeklebte Wimpern, mit denen heutzutage schon Zehnjährige durch die Straßen unserer Stadt spazieren, existieren kann.

Sie ist keines dieser Mainstreammädchen.

Robyn ist unter diesen knapp acht Milliarden Erdbewohnern mein Lieblingsmensch.

Denn das Geschehene ist nur ein Dominostein, der so viel in mir zum Kippen gebracht hat.

Ich versuche, die Zeit totzuschlagen und mir einzureden, dass sie eine Chance hat zu überleben, wenn auch nur eine unrealistische.

Aber was ist schon realistisch?

Robyn IST stark, DAS ist realistisch.

Niemals würde sie sich kampflos umhauen lassen.

Meine Hand mit dem alten Notenblatt fühlt sich taub an, als ich die Lines darauf in meiner krakeligen Viertklässlerinnenschrift zu entziffern beginne. Erinnerungen aus einem Kinderzimmer flackern auf.

robyn feat. Paige Courtney - stars are dead

Erste Strophe
With you, I never feel lonely.
With you, I yell crazy at the stars.
When I'm broken hearted,
you're always by my side.
And you make my shitty life
a bit better
better
better

Chorus
I just want you to know that
without you, my stars are
dead, all killed
in my head
head

Bridge
Take your time
but don't think that
I could be alright

☾

Zweite Strophe
With you, hours fly like seconds.
With you, I jump on my bed.
If I talk too much,
you're never annoyed.
And you make my shitty life
a bit better
better
better

Chorus
I just want you to know that
without you, my stars are
dead, all killed
in my head
head

Bridge
Take your time
but don't think that
I could be alright

Chorus
I just want you to know that
without you, my stars are
dead, all killed
in my head
head

Vielleicht ist es dir noch nicht bewusst, Paige. Aber du wirst ohne Robyn nie wieder auch nur einen einzigen Ton singen können.

Winter

☾

[01]
Krankenhausrosen

Das letzte Mal habe ich Robyn vor eineinhalb Wochen gesehen. Eine viel zu lange Zeit.
Kaum etwas mehr als zweihundertundsechzehn Stunden.
Das sind zwölftausendneunhundertundsechzig Minuten.
Und zum ersten Mal gebe ich die Stunden nicht in meinen Taschenrechner ein, sondern mache Striche. Bei jedem einzelnen seufze ich und starre auf ihn, als wäre er mein eigenes Todesurteil.
Vielleicht ist das auch so.
Ich schlucke meine Tränen runter, schlürfe an meinem Kaffee und starre hinaus in die Dunkelheit.

Wenn du einmal anfängst zu heulen, kannst du nicht mehr damit aufhören.

In diesen Tagen läuft My Chemical Romance bei mir auf und ab, in nicht enden wollender Dauerschleife. Es gibt mir den Rest, wenn ich Geralds Stimme durch die Kopfhörer in mich aufnehme.

For every failing sun,
there's a morning after,
though I'm empty when you go.

Ich vermisse sie so unendlich.

♫

☼

Erster Januar.

Heute ist der Tag, an dem ich Robyn im Krankenhaus besuchen werde. Ich warte, bis Mom mich ruft. Da ich weiß, dass sie es in den nächsten Minuten tun wird, weil sie will, dass ich zum Essen rüberkomme. Die Uhr an meiner Wand tickt laut im Takt zu meinem stoßenden Atem und dem schnellen Herzschlag.

»Paige? Es gibt Frühstück!«

Schwerfällig erhebe ich mich aus meinem Bett, taumle ein paar Schritte, weil mir schwarz vor Augen wird, und halte mich an der Wand fest.

»Paige, alles okay?«, ruft Mom besorgt.

Nichts ist okay.

»Ja …, ja. Ich komme!« Ich versuche, überzeugend zu klingen, mein Herz klopft schnell, als ich langsam einen Fuß vor den anderen setze und vorsichtig die Wand loslasse.

Du lügst sie an, ohne mit der Wimper zu zucken, Paige.

Ich kneife meine Augen zusammen, als die Stimme in meinem Kopf immer wieder laut meinen Namen sagt.

»Ich hab Obstsalat gemacht. Das liegt nicht so schwer im Magen und hat auch nicht so viele Kalor-«, fängt sie an, aber ich unterbreche sie.

»Mom. Hör auf. Ich mache das nicht mit Absicht.«

Ich schiebe meinen Haarreif wieder an Ort und Stelle, massiere mir die Schläfen und lasse mich geräuschvoll auf einen der Stühle plumpsen.

»Du vermisst sie sehr, oder?«

☽

Du versuchst zwar schon seit Tagen, mich in die hintersten Ecken deines Gehirns zu verbannen, aber ich bin immer noch hier und werde dich nicht wie alle Menschen um dich herum mit Lügen einlullen.

Alle Gefühle befreien sich und wirbeln in mir herum. In meinem Kopf herrscht kreischendes Chaos.

Ich verschlucke mich an meinem Löffel. Wie aus dem Nichts laufen mir Tränen über die Wangen und ich komme mir vor wie ein unfähiges Kleinkind, als ich mich schließlich hustend zum Mülleimer begebe und alles hinauskotze.

Du würdest lügen, würdest du behaupten, es ginge dir danach nicht besser.

»Hör auf, so zu übertreiben, Paige!« Mom steht auf und stemmt die Arme in die Seiten.

Ich sehe sie entgeistert an.

»Du sagst, ich soll nicht übertreiben? Robyn liegt im Koma! Sie wird wahrscheinlich nie wieder aufwachen, hör auf mit deinen Fragen. Was willst du denn hören? Denkst du, ich vermisse sie nicht, denkst du, es geht mir am Arsch vorbei, dass sie nicht hier ist? Denkst du, dass ich jetzt so tun werde, als ginge es mir gut, nur weil du meinst, ich übertreibe?«

Mittlerweile stehe ich tränenüberströmt an der Küchentür und schreie, vor Wut, vor Trauer. Mom starrt mich nur mit weit aufgerissenem Mund an und dann rollt ihr eine Träne über die gepuderte Wange.

Was Emotionen betrifft, ist sie noch nie sonderlich einfühlsam gewesen.

☼

Wenn Mom merkt, dass ich traurig bin, macht sie mir für gewöhnlich umgehend klar, dass ich sie zu sehr mit meinen Launen belaste und sie meine Teenageremotionen nicht ertragen kann.

Ich bewundere Mom.
Anders als all die anderen Leute aus meiner Klasse und deren Eltern haben wir immer eher etwas wie Zickenkrieg oder Schwestern-Hassliebe.
Zwischen uns gab es nie dieses typische, liebevolle Mutter-Tochter-Gefühl.
Für Mom ist es zu unlogisch, mich zu behandeln, als wäre ich ein weniger vollständiger Mensch, weil ich jünger bin. Ich wusste schon immer, wie es um uns steht. Es geht in unseren Gesprächen um das Geld auf dem Konto oder um Moms nächste Tournee, um meine Noten oder meine Klamotten.
Rationales eben.

»Hingehen?« Ich weiß, dass sie damit das Krankenhaus und uns beide meint.
Eigentlich wäre es mir lieber, das alleine zu machen, aber ich weiß, dass Mom recht hat.
In diesem Moment brauche ich sie, auch wenn ich mir das nicht eingestehen will. Ich gehe hoch in mein Zimmer und versuche, etwas mit meinen Haaren anzustellen. Dabei sehe ich fast so verbissen aus wie Robyn, wenn ihre Haare nicht so wollen wie sie.

Du denkst zu oft an sie.

♫

☾

Wir sitzen im Auto, die Motorgeräusche beruhigen mich, auf eine komische Art und Weise.

Ich schlürfe an meinem Coffee-to-go und setze meine Sonnenbrille auf, als wir aussteigen.

Wir betreten das Krankenhausgebäude und laufen über einen sonnengelben Linoleumboden, der wahrscheinlich eine aufmunternde Wirkung besitzen soll, meine Stimmung aber nicht gerade verbessert. An der Rezeption sitzt eine rothaarige Frau mit spitzer Nase und eckiger Brille.

›Mrs. Smith‹, lese ich vom Schild ab.

»Wir wollen zu Raven Obyn«, fällt Mom sofort mit der Tür ins Haus. Die Rothaarige nickt eilig und klickt sich dann durch das System.

»Ihr Name?« Sie redet näselnd und blickt mit zusammengekniffenen Augenbrauen auf den Bildschirm.

»Anastasia Stanislavovna Smirnova, Ravens Patentante, und Paige Alyaska Courtney«, meint Mom und Mrs. Smith nickt, bevor sie uns Robyns Zimmernummer gibt und schwach lächelt.

Wir laufen durch die Gänge und meine Gedanken driften ab. Robyn versteht sich mit meiner Mom super, aber aus ihrer Mutter werde ich nicht richtig schlau. Ihr Name ist Audrey und sie ist Tänzerin, genau wie Mom spezialisiert auf Ballett. Sie lernten sich damals kennen, weil Mom und sie beide in die Kompanie des `Lincoln Square Ballets` aufgenommen wurden.

Von außen betrachtet ist sie hübsch und sie tanzt wirklich perfekt, aber ihr Herz muss ein merkwürdiger Ort voll von unergründlichen Gefühlen sein.

Eigentlich sollte man solche Menschen nicht schön finden.

Ihr schrilles »Raven Alice« hat sich wie ein Brandzeichen in meinen

Kopf geprägt. Sie ist der einzige Mensch, der Robyn bei beiden Vornamen ruft.

Ich zittere, als ich vor Robyns Tür stehe, die Klinke runterdrücke und einen letzten Blick auf Mom werfe, die barfuß, mit den pink lackierten Zehen wackelnd, auf einem Stuhl neben dem Zimmer sitzt und Candy Crush spielt, daneben fein säuberlich ihre silbernen High Heels. Die zieht sie grundsätzlich aus, sobald sie sich hinsetzt. Ich schließe meine Augen für einen winzigen Moment und atme tief durch.
Mom haucht ein: »Yeah!« und grinst wie eine Irre den leuchtenden Bildschirm an.

Als ich den ersten Schritt in Robyns Krankenhauszimmer setzen möchte, stolpere ich fast über ein Mädchen, das gerade dabei ist, mit ihrem Rollstuhl den Raum zu verlassen.
Zuerst fallen mir die kupferroten Haare auf, die ihr in Wellen über die Schultern fallen bis zur Taille. Dann sehe ich die Sommersprossen, die über ihr ganzes Gesicht verteilt sind, sie hat eine kleine Stupsnase, große Augen und ihre langen dunklen Wimpern werfen lange Schatten auf ihre Wangen.
Auch wenn sie gerade aussieht, als wäre sie tief in Gedanken versunken, weiß ich, dass sich beim Lächeln Grübchen in ihren Wangen bilden werden. Sie sieht mich für einen kurzen Moment an und dann schaue ich ihr nach, wie sie mit ihrem Rollstuhl durch den Gang davonrollt, ohne sich noch einmal zu mir umzudrehen.

Ich husche ins Zimmer und schließe die Tür hinter mir.

☾

Der Raum ist weiß, ganz das Krankenhauszimmer eben. Ich lasse mich geräuschlos neben Robyn aufs Bett sinken und nehme ihre Hand in meine, betrachte unsere nebeneinanderliegenden Freundschaftsarmbändchen. Robyns blau, meins lila.

Die blauen Haare sind wie ein Fächer um ihren Kopf verteilt, ihre Haut ist nur ein wenig blasser als sonst und die Lippen leuchten rosa. Es fühlt sich falsch an, hier zu sitzen und nichts tun zu können. Ihre Zehennägel blitzen unter der Bettdecke hervor, sie sind weiß lackiert.

Auf dem Nachtkästchen steht ein Strauß mit roten, penetrant riechenden Rosen. Ich niese.
Fast höre ich Robyn »Gesundheit!« sagen.
Erwartungsvoll sehe ich sie an, ihre sperrige Atemmaske ist beschlagen. Auf ihrer Wange, mit den fein gezeichneten Wangenknochen, bilden sich lilafarbene Flecken und Blutergüsse ab. Übelkeit steigt in mir auf, ich niese wieder.
Höchst wahrscheinlich bin ich gegen die Blumen allergisch.

Mir kommt es vor, als würde sie schlafen, nicht als läge sie im Koma. Ich drücke Robyns Hand, hoffe, sie öffnet ihre Augen und lacht mich aus, dass ich ihr das alles abgekauft habe.
Sie bleiben zu.
Egal wie sehr ich ihre Hand drücke, das blaue Freundschaftsarmband anschaue und wie oft ich ihr mit dem Kamm durch die Haare fahre und wie laut die Autos draußen hupen, als ich das Fenster öffne und die Scheißrosen hinauswerfe.
Ihre Augen bleiben, verdammt noch mal, trotzdem zu.

☼

Es vergeht eine Stunde, bis Mom an die Tür klopft und mir sagt, ihr Akku sei leer. Ich seufze und verabschiede mich von Robyn, fast bin ich erleichtert, als ich das unrhythmische Piepen des Monitors neben ihrem Bett nicht mehr ertragen muss. Es fühlte sich ganz und gar nicht so an wie die normalen Treffen mit Robyn, irgendwie, als hätte ich dieses Mal einen anderen Part eingenommen.

Beim Hinauslaufen rollen mir unaufhörlich Tränen über das Gesicht.

Die ganze Rückfahrt schweigen Mom und ich uns an.

Zu Hause angekommen, kocht sie mir eine heiße Milch mit Honig und bedeutet mir, mich an den Küchentisch zu setzen.

Irgendetwas stimmt an dieser Situation nicht.

Und damit meine ich nicht nur ihre gefälschten Swarovski-Ohrringe.

»Paige, Devushka. Ich muss mit dir reden.«

Wusste ich es doch. Ich spiele nervös mit meinen Händen herum. Es liegt etwas in der Luft und ich kann nicht deuten, was es ist.

»Ich halte dein Herumhängen und Desozialisieren langsam nicht mehr aus.«

Darauf antworte ich nichts, sehe Mom einfach nur stumm an.

»Wenn du nichts dazu sagen willst, auch gut. Also, es gibt zwei Optionen: entweder, du kommst in eine psychiatrische Klinik oder zu deinem Vater nach `Brooklyn`, so lange, bis Robyn wieder aufwacht oder es dir besser geht.«

Sie weiß selbst, dass Robyn mit erhöhter Wahrscheinlichkeit nicht aufwachen wird.

Gegen meinen Willen bringe ich keinen Satz heraus. Bleibe einfach nur stumm und versuche, den Kloß in meinem Hals loszuwerden.

☾

»Dad«, krächze ich schließlich in die Stille.

»Okay, pack deine Sachen, wir werden früh losfahren. Die Highschool
in `Brooklyn`, auf die du bei deinem Vater gehen wirst, fängt zum
Glück erst am achten Januar wieder an.«

Es heißt wohl Abschied nehmen, obwohl ich in diesem Moment gerne
laut schreien würde, so laut, dass die Gläser im Schrank zerspringen,
so laut, dass unser Haus explodiert, in tausend splitternde Einzelteile.
Ich tue es nicht. Warum auch, es würde seinen Zweck vollkommen
verfehlen.

Und plötzlich ist mir alles egal. Mein Leben wird sich auch bei Dad
nicht ändern, so viel ist sicher.

Ich stürme in mein Zimmer, knalle die Tür hinter mir zu, die laut ins
Schloss kracht, und setze mich schnell atmend an meine Schreibmaschine.

☼

Robyn,

im Karton mit deinen Sachen, die du vor einem
Jahr in meinem Zimmer unter der kleinen Luke ver-
staut hast, weil deine Mom unseren Musikkram
noch nie befürwortet hat, sind immer noch alle
Songtexte und Ideen, die wir jemals zu Papier ge-
bracht haben. Sie sind Erinnerungen an längst
vergangene Zeiten und Orte. Wir haben überall ge-
schrieben.
Unzählige Backstageräume.
Unzählige Kinderzimmer.
Unzählige Ballettsaalecken.
Unzählige Gedanken.
Ich will sie nicht ansehen.

In dem Karton ist alles, was mir jemals etwas be-
deutet hat. Unsere sechs Jahre alten Briefe aus
der Zeit, in der ich bei Dad wohnte und du den
Nannyhorror hattest. Unsere DVDs und die vielen
Fotos, die sich mit der Zeit angesammelt haben,
alle Zeichnungen aus dem Kunstunterricht in
Alabama, Kalifornien oder Arizona. So viele
Erinnerungen an dich.

Du wogst immer fünf Kilo weniger als ich, obwohl
wir genau gleich groß sind. Ich wiege jetzt genau
so viel wie du, auch wenn ich weiß, dass du nie
gewollt hättest, dass es mir schlecht geht.

☾

Ohne dich ist die Erde ein beschissener Ort.

Erinnerst du dich an deine Blumenkind-Songs? Es
waren keine richtigen Songs, du machtest nur
Reime aus Wörtern, die dir in den Sinn kamen, und
ich liebte es, Robyn.
"Always be happy, you're a frickin' flower child.
Never be sad, shine bright, heal the world with
your light."

Ich war zwar nie ein Blumenkind, meine Definition
für Hippie, aber ich liebte deinen Singsang genau
so sehr wie unsere Gesangseinlagen mitten im
Unterricht, bis selbst die Lehrer schmunzelten.
Ich weiß nicht, ob es dir bewusst war, aber du
brachtest Leute oft zum Schmunzeln. Alleine hätte ich mich Dinge, wie im Unterricht zu singen,
niemals getraut.

Ich bewege genau in diesem Moment meine Lippen
und forme die Wörter in meinem Kopf.

Wie kann man einen Menschen so sehr vermissen
wie ich dich? Weißt du noch, wie du immer sagtest: "Baby, als deine dich liebende beste
Freundin sage ich dir jetzt, dass ich eine wunderbare Überraschung für dich habe"?

Ich hasste deine wunderbaren Überraschungen,
weil ich in diesen Überraschungen immer mehr im
Mittelpunkt sein musste, als mir lieb war, und
weil sie meistens darauf hinausliefen, dass ich
mit dir auf der Bühne stand und irgendetwas
"klimpern" sollte, wie du es nanntest.

☼

In solchen Momenten nanntest du mich "Baby", ich
lachte darüber und wir flochten uns witzige
Frisuren zu
dröhnend
lauter
Musik.

Goodbye
Paige

☾

[02]
New York

Mom gibt mir knapp vierundzwanzig Stunden Zeit, mich zu verabschieden, mehr von meiner Umgebung als von den Menschen. Sie gibt mir auch Dads Adresse.

Dad heißt Julien, trägt den gleichen Nachnamen wie ich, und neben seinem Musikschullehrerberuf spielt er Klavier und Gitarre in einer Hardrockband. Von ihm habe ich wohl die Musikliebe geerbt. Wenigstens eine Sache, die wir gemeinsam haben.

Auf Google Maps scheinen mir das himmelblaue Haus und sein winziger Garten mit dem weißen Zäunchen im Stadtteil `Gerritsen Beach` im Süden von `Brooklyn` und der nahe gelegene `Marine Park` bekannt.

Wie etwas aus meinen Träumen.

Oder eine ferne, alte Erinnerung.

Nachdem `Boston` meine allererste richtige Heimat wurde, soll ich jetzt also nach `New York City` ziehen.

Eine Stadt, die vier Autostunden entfernt liegt.

Bei dem ersten Versuch, meine Sachen zu packen, ende ich mit einem meiner Lieblingsbücher in einer Zimmerecke. Als ich das realisiere, klappe ich das Buch zu.

Alles, was ich mache, ist nur ein Ablenkungsmanöver, programmiert von meinem Kopf, der um einiges klüger ist als mein Herz.

☼

Ich bin froh, dass gerade Weihnachtsferien sind, sonst hätte sich die Nachricht von Robyns Unfall wie ein Waldbrand verbreitet und nicht so unscheinbar wie eine vor sich hin flackernde Kerze.

♫

Ich stehe vor dem Haus, in dem ich meine ganze bisherige Teenagerzeit verbracht habe. Mom hievt nacheinander meine drei Koffer ins Auto und schlägt die Kofferraumtür dann schwungvoll zu. Sie ist immer noch um einiges stärker als ich. Sie meint, das komme vom Ballett. Ich sehe mit zusammengekniffenen Augen ein letztes Mal zurück und versuche, alles genau so, wie es jetzt ist, in Erinnerung zu behalten.

Old Lady Jenkins, die unter uns wohnt, öffnet die Haustür, und Fox, ihr Bulldogmännchen, läuft ihr gehetzt hinterher, als sie auf den Gehweg tritt. Wie immer schaut ihr ausgeleiertes, altrosa Nachthemd unter ihrem Mantel hervor und ihr Gesichtsausdruck ist grimmig. Als sie uns entdeckt, wendet sie ihren Blick ab und tut so, als hätte sie uns nicht gesehen.

»Du hast alles?« Ich nicke und öffne dann die Autotür.
Ich lockere die Schnürsenkel meiner Schuhe, streife sie mir von den Füßen und kuschle mich in den Sitz.

♫

»Paige, wir sind bald da.«
Schlaftrunken schlage ich die Augen auf, bringe meine zerzausten, quer im Gesicht verteilten Haare in Ordnung und schiebe meinen

Haarreif zurecht. Unzählige Wolkenkratzer rauschen an uns vorbei. `Manhattan`. Vor uns liegt die `Brooklyn Bridge`.

Eine halbe Stunde später schlüpfe ich wieder in meine Schuhe und steige aus dem Auto, ohne sie zu binden.

Dads Haus und der Garten haben sich gut gehalten, sie sehen sogar aus, als wurde ihnen erst kürzlich wieder neues Leben eingehaucht. Sicher hat Dad einen Gärtner engagiert, ich denke nicht, dass er selbst die Blumen so schön pflanzen kann.
Ich schnappe mir einen der Koffer und klingle. Auf dem Klingelschild steht jetzt außer ›Courtney‹ noch ›Winter‹.

Ach du Scheiße.
Dad hat es wahr gemacht und irgendeinen Studenten bei sich einziehen lassen.
Er steht in der Tür, lächelt, und nimmt mir eilig einen Koffer ab.
»Hi«, meine ich nur, weil ich nicht weiß, was ich sonst sagen soll.
Ich laufe durch den Flur.
Im Hintergrund höre ich Mom und Dad gereizt diskutieren.

Dann komme ich im Wohnzimmer an und erschrecke.

Dort sitzt ein skurril aussehender Typ, der anscheinend die Playstation wieder zum Laufen gebracht hat. Irritiert durch mein erschrockenes Fiepen dreht er sich zu mir um, steht hektisch auf und kommt auf mich zu.
Das kann doch nicht Dads Ernst sein.

☼

»Hey Kleine, ich bin Damian. Und du siehst aus, als hättest du das dringende Bedürfnis, mir deine schmutzigsten Geheimnisse zu verraten.« Der Junge mit den langen Haaren und dem sehr ausgeprägten deutschen Akzent hält mir seine Hand hin. Ich schüttle sie, skeptisch, was das hier werden soll.

»Hey, ich bin Paige«, sage ich mit brüchiger Stimme und es ist mir unangenehm, dass er nichts darauf antwortet.
Damian, der eine Baggy und ein Shirt trägt, das ihm einige Nummern zu groß ist, geht einen Schritt nach hinten und schaut mich abwartend an.
»Ähm.«

Wehe, du sagst es so, dass es idiotisch klingt.

»Tut mir leid, aber bist du nicht zu jung, um zu studieren?«
Damian sieht mich einen Moment lang an, bis er in schallendes Gelächter ausbricht.
Und ich komme mir wirklich vor wie eine Idiotin.
»Äh, ja.«

Super, Paige, jetzt denkt er, du wärst vollkommen bescheuert.

Als ich merke, wie mir die Hitze ins Gesicht schießt, drehe ich mich zur Treppe und versuche, meinen Koffer nach oben zu schleppen. Erfolglos. Damian geht pfeifend die Treppe neben mir nach oben.
»Möchtest du mir helfen?«, frage ich ihn, als er sich zu mir umdreht und amüsiert meine Koffer mustert, sich dann an mich wendet und gespielt nachdenklich über seine Lippen leckt.
»Was kriege ich dafür?«

»Hör auf, meine Tochter anzubaggern, Damian«, ertönt Dads Stimme von weit weg. Damian rollt mit den Augen, lässt es sich aber nicht nehmen, mir noch einmal ein Grinsen zu schenken, bevor er zwei Koffer nimmt.

»Nimm lieber erst mal einen, ich hab ziemlich gestopft.« Ich beiße auf meiner Unterlippe herum, um nicht zu schmunzeln.

»Ich geh pumpen, Kleine. Deine Köfferchen trag ich mit links.« Damian nimmt selbstsicher meine beiden Koffer und hebt sie hoch.

»Trägst du bitte noch mein drittes, leichtes Köfferchen?«, frage ich ihn lachend, als er kurz vor dem Ende der Treppe eine Pause macht.

Mein Zimmer sieht schlimmer aus, als ich es in Erinnerung habe: Gruselige Puppen sitzen auf den Regalen und die Wände sind voll mit Ponypostern. Der Schreibtisch ist zum Glück aufgeräumt, sodass ich meine alten »Kunstwerke« nicht betrachten muss. Überhaupt ist das ganze Zimmer sehr ordentlich und es sind keine Spinnenweben oder Staubkörner zu erkennen. Ich ziehe meine lila Chucks aus und stelle sie in die unterste Schublade des leeren Kleiderschranks.

Es ist schon so lange her, seit du das letzte Mal hier warst.

Mom kommt ins Zimmer. Sie sieht leicht gereizt aus, lächelt mich aber dennoch so an, wie sie es immer tut.

»Komm her, Kleines.« Mom breitet ihre Arme aus. Ihr Körper steckt in einem dunklen Blusenkleid und zum Genickbrechen hohen High Heels.

Ich umarme sie und murmle: »Mom, ohne deine Schuhe sind wir gleich groß.«

Ihr Porzellangesicht ringt sich ein leichtes Schmunzeln ab.

»Wir telefonieren.« Mom mochte dramatische Abschiede noch nie, weshalb sie sich für gewöhnlich nur auf ein paar wenige Worte beschränkt.

Ich setze ein unsicheres Lächeln auf, als ich realisiere, dass sie mich jetzt wirklich hier lassen wird. Alleine mit einem skurrilen Typen und dem Vater, den ich in Boston nie so richtig hatte.

Sie geht nach unten, ich folge ihr, da ich mich in diesem Haus wie ein ausgesetzter Welpe fühle. Unten an der Tür steht Dad, die beiden würdigen sich keines Blickes.

Ich seufze noch einmal laut, um vielleicht wenigstens ein paar Schuldgefühle in ihr hervorzurufen, doch sie tätschelt nur einmal geistesabwesend meine Schulter.

Als Mom im Auto sitzt, drehe ich mich zu Dad und frage neugierig: »Wer ist das?« Dad lacht, ich bin mir nicht sicher, ob er das tut, weil er die Frage amüsant findet, oder ob er mich allgemein nicht ernst nimmt.

»Damian ist der Sohn von meiner Freundin Marie.«

Dad schließt die Tür und wir gehen hinein.

»Dann erzähl, was hast du die ganze Zeit über ohne mich angestellt? Irgendwelche Jungs, über die ich Bescheid wissen sollte?«, überfällt Dad mich direkt.

Nur ungern erinnere ich mich an meine Erfahrungen mit Jungs. In der Neunten hat mich mal ein Typ verarscht. Er hieß Domenico Martini und wie Robyn sind ihm die guten Noten scheinbar mühelos zugeflogen. Das hat mich damals irgendwie ziemlich fasziniert. Domenico war im Handballteam unserer Schule, hatte eine große

Klappe und sah mit seinen haselnussbraunen Haaren und Augen, den rosa Wangen und den leichten Sommersprossen ziemlich gut aus. Dieses typische Klischee eben.

Ich dachte, er sei in mich verknallt, es war für ihn aber nur eine Art Test, um herauszufinden, mit wie vielen Mädchen er gleichzeitig rummachen konnte, ohne dass sie voneinander wussten.

Damian kommt uns im Flur entgegen und streift sich eine schwarze Bomberjacke über, während er einen Autoschlüssel in die Hosentasche seiner Baggy schiebt. »Kühlschrank ist leer. Ich hol mir was auf `Coney Island`, kommst du mit?«, fragt Damian mich und zieht sich seine Sneakers an. Ich nicke, während ich mir überlege, ob der Strand immer noch so aussieht, wie ich ihn in Erinnerung habe, und greife nach meiner Jacke.

Wir steigen ins Auto und je länger wir schweigen, desto unwohler fühle ich mich. »Falls du jetzt denkst, dass Julien so viel über dich geredet hat, dass ich mehr über dich weiß, als du über mich: Ja, hat er.« Damian lacht.

Und obwohl ich etwas Angst habe, dass Dad ihm irgendwelche peinlichen Geschichten über mich erzählt hat, zucken meine Mundwinkel, weil ich seinen deutschen Akzent mag.

Wir steigen aus und laufen den Broadwalk entlang bis zu einem Strandrestaurant. Damian winkt mich ins Innere. Während ich meinen Blick über die vielen dunklen Holztische schweifen lasse, bemerke ich das riesige Fenster mit Blick auf den Strand und das Meer. Die Sonne geht gerade unter und es sieht atemberaubend schön aus.

Ich laufe neben Damian durch die Tischreihen. Neben dem letzten Tisch, an dem ein junger Mann mit schwarzen Haaren sitzt, bleibt er stehen.

Als er uns bemerkt, sieht er hoch und steht im nächsten Moment breit grinsend auf.

Der Geruch von Zimt weht mir entgegen.

»Das ist Curtis.« Damian deutet auf den Typen und setzt sich gegenüber von Curtis auf die Bank.
»Ich bin Paige«, murmle ich kaum hörbar, als ich checke, dass Damian ihm nicht sagen wird, wer ich bin. Curtis reicht mir seine Hand, die silbernen Ringe an seinen Fingern fühlen sich kalt an. Vielleicht sagt er nichts, weil er weiß, dass Damian mich mit seiner Begrüßung schon genug verstört hat.

»Ich weiß«, sagt Curtis und sieht mich durch seine hellbraunen Augen an.
»Was?« Das Wort verlässt meinen Mund, bevor ich nur eine Sekunde darüber nachdenken konnte.
»Wer du bist.«

Für einen Moment hört die Welt auf, sich zu drehen, und Curtis sieht mir so intensiv in die Augen, als würde er mehr in ihnen sehen als das Braun und das Gold und das Schwarz. Ein Mann tritt an unseren Tisch und Curtis dreht sein Gesicht von mir weg.

Kann ein Herz so stark klopfen, dass es aus der Brust springt?
Ich schätze, der Mann mit der Schürze vor unserem Tisch möchte

wissen, was wir bestellen, da Curtis' Mund sich öffnet und seine Lippen sich bewegen.

Ich verstehe nicht, was er sagt.

Aber das ist auch nicht wichtig, weil ich ihn einfach nur anschauen möchte.

Irgendwann liegen drei Augenpaare auf mir und ich räuspere mich: »Ich nehme einmal Pommes mit Ketchup, bitte.«

Ich warte auf die Stimme in meinem Kopf, aber sie bleibt aus. Der Mann mit der Schürze notiert sich unsere Essenswünsche und verlässt den Tisch.

Während Curtis und Damian sich halblaut auf Deutsch unterhalten, kaue ich jede einzelne Fritte, als wäre sie ein Stück Gummi, nur um nicht so teilnahmslos auszusehen.

Ich halte für einen Moment inne. Wo bleibt das zuckersüß-fiese: *Ich weiß, dass du es hasst, vor anderen Menschen zu essen*, meiner inneren Stimme, die sich sonst alles andere als ruhig verhält, wenn es um Essen oder irgendwelche jungen Männer geht, die mich ein bisschen zu intensiv ansehen?

Nicht, dass das oft passieren würde.

Aber da ist kein samtweiches Flüstern oder Einhauchen böser Gedanken. Nur eine friedliche Ruhe, die mich an längst vergangene Sommer in `Brooklyn` erinnert.

Aus dem Radio tönt `Nirvana`. Ich versuche krampfhaft, nicht an Robyn zu denken.

Damians Handy klingelt. Er bedeutet mir aufzustehen, damit er durch kann.

»Du zahlst«, sagt Damian zu Curtis, während er durch den Gang nach draußen verschwindet. Ich starre noch für ein paar Sekunden auf die geschlossene Tür, bis ich begriffen habe, dass er mich alleine mit Curtis zurückgelassen hat. Nervosität breitet sich von meinem Bauch bis in die Fingerspitzen aus.

Curtis kramt ein paar Scheine aus seiner Jeanstasche und legt sie auf den Tisch, bevor er aufsteht und in einer fließenden Bewegung seinen Mantel anzieht. Ich bin nicht gut darin, die Größe anderer Menschen zu schätzen, aber Curtis ist einen Kopf größer als ich, also sicher fast zwei Meter groß.

Als ich mit wackeligen Beinen aufstehe, merke ich, dass mein Unterbewusstsein sich noch immer ungewohnt schweigsam verhält. Meine innere Stimme hört normalerweise auf, meine Aktionen stumm zu beobachten, wenn ich beginne, klar introvertiert zu handeln. Für eine lange Zeit keine Worte mit anderen Menschen zu wechseln, sieht sie als Aufforderung, mich zuzutexten. In mir ist es nie still. Entweder höre ich sie oder die Menschen.

Ich laufe neben Curtis aus dem Restaurant. Er kramt in seiner Jackentasche nach Zigaretten und zündet sich eine an. Ich beobachte ihn stumm und wir laufen wie selbstverständlich nebeneinander nach unten zum Strand. Unser Atem hinterlässt Wolken in der eiskalten Winterluft um uns herum.
»Warst du schon mal auf `Coney Island`, Paige?«, fragt er mich und zieht an seiner Zigarette. Wenn Menschen beginnen, Fragen zu stellen, ist es meistens nicht, weil sie möchten, dass ich etwas sage, sondern weil sie bemerken, dass es in einer Konversation nicht darum geht, möglichst viel Zeit damit zu verbringen, Monologe zu führen, während das Gegenüber nur nickt und schweigt.

☽

Aber bei Curtis ist mir das egal.

Er sieht aus wie jemand, der eigentlich viel zu erzählen hat, es aber nie wirklich macht.

Erinnerungen flackern vor meinem inneren Auge auf, mein Herz klopft ungesund schnell, als ich meinen Mund öffne, um zu antworten: »Als ich zehn war, hat mein Dad hier den ganzen Sommer über jeden Tag mit mir schwimmen geübt.«

Curtis deutet ein Lächeln an und atmet den Rauch aus. Eine schwarze Haarsträhne löst sich aus seiner Sonnenbrille und fällt ihm in die Stirn.

»Du bist also Juliens Tochter.« Wieder sagt er es mehr so, als würde er seine Gedanken aussprechen, und nicht so, als würde er eine Antwort von mir verlangen, also nicke ich nur unmerklich und mustere ihn verstohlen von der Seite.

»Du redest nicht so gerne, kann das sein?« Curtis' Mundwinkel zucken, als er seinen Kopf in meine Richtung dreht und mich anschaut. Das Hellbraun seiner Augen wirkt wie flüssiges Gold.

Ich räuspere mich, öffne meinen Mund und schließe ihn wieder, nur um danach nervös auf meiner Unterlippe herumzukauen. »Meistens ist es in meinem Kopf laut genug.«

In diesem Moment höre ich das Meer rauschen und die Seevögel schreien, aber in mir ist es still. Ich kann mich nicht erinnern, wann ich das letzte Mal so alleine in meinen Gedanken umherwandern konnte, ohne darauf bedacht sein zu müssen, beobachtet zu werden. Dieses neue Gefühl ist wie viel zu schnelles Autofahren auf freien Landstraßen.

Wir laufen weiter, ich sauge die kühle Luft in meine Lungen und starre auf die unzähligen Wellen, die sich meterhoch aufbäumen, in sich zusammenfallen und langsam an Land treiben.

»Glaubst du an Schutzengel?«

Ich wende meinen Blick ab und schaue Curtis an, bevor ich zu einer Antwort ansetze. »Ich hab auf jeden Fall einen, sonst wäre ich schon längst tot.«

»Vielleicht bin ich ja dein Schutzengel.« Curtis bleibt direkt vor mir stehen. Die einsetzende Dämmerung lässt mich nur Umrisse von ihm erkennen. Mein Atem stockt.

»Bist du dir sicher, dass du das sein willst?«, frage ich ihn halb scherzhaft und er grinst. »Schneewittchen, Schneewittchen. Da mache ich dir ein exklusives Angebot als dein leibeigener Schutzengel und du ziehst es ins Lächerliche.«

☾

Robyn,
Du wirst es hier lieben.

Mir schießen Tränen in die Augen, als ich meinen Fehler bemerke.
Sie würde es hier lieben.

Als ich fünf war und das erste Mal eine Zeit lang
bei Dad gelebt habe, hat er mir bei sich ein eigenes Zimmer eingerichtet. Damals war ich ein
totaler Neonlila-, Puppen- und Barbie-Fan. Und
Dad war ein totaler Fan davon, mir Wünsche zu erfüllen.

Demnach gleicht mein Zimmer bei ihm einem Alptraum.

Kannst du dich noch an Domenico Martini damals
in der Neunten erinnern? Dad hat mich vorhin
nach "Jungs" gefragt, da musste ich an ihn denken. Du hast mir damals von Anfang an gesagt,
dass er nur mit mir spielt, weil du ja einen Sinn
für Zwischenmenschliches hast. Und genau deshalb
frage ich mich, wie es sein kann, dass bei Steven
nicht alle deine Alarmglocken geschrillt haben.

Natürlich wusstest du genauso gut wie jeder andere, dass Steven oft viel zu viel trank und ir-
gendwelches Zeug konsumierte und deshalb einen
Typen bis ins Koma geprügelt hat. Aber das ist es
nicht, was mir jetzt die Luft abschnürt, wenn ich

an ihn denke. Es steckt mehr dahinter, auch wenn ich das nicht in Worte fassen kann.

Wie du vielleicht vermutet hast, wusste ich, dass du mit Domenico recht hattest, wie mit eigentlich allem. Aber ich wollte es mir nicht eingestehen, weil die Freude darüber, dass sich ein Junge auch mal für mich und nicht wie immer nur für dich interessierte, einfach zu unfassbar groß war, als dass ich vernünftig hätte handeln können. Oder Domenico in dem Fall wenigstens so tat, als würde er es.

Robyn, ich habe mir vorgenommen, dir von jemandem zu erzählen, um mir dadurch vielleicht etwas klarer über ihn zu werden. Aber je länger ich auf die Tasten und die schwarzen Buchstaben auf dem weißen Blatt starre, um meine Gedanken zu formulieren, desto mehr entgleiten sie mir.

Manchmal bin ich Chaos, Robyn.

Und jetzt sitze ich wieder hier, an der Schreibmaschine von Babushka, mit der ich dir schon früher unzählige Briefe geschrieben habe, in Dads Haus in der Nähe vom Gerritsen Beach. Es ist mitten in der Nacht und ich schreibe dir.

Goodbye
Paige

PS: Die Empfangsdame im Krankenhaus ist schon richtig am Kotzen, weil ich, seit du dort bist, jeden Tag anrufe und frage, wie es dir geht.

☾

[03]
eXtRaVaGant

Ich sitze in meinem Zimmer und kritzle auf einem Blatt Papier herum. Obwohl, eigentlich ist es viel mehr als nur eine Kritzelei. Die Klaviertastatur nimmt immer deutlicher Form und Gestalt an. Ich setze einen Violinschlüssel auf ein noch freies Notenblatt.

Dann schwebt mein silberner Füller über dem Blatt. Ich habe eine Melodie im Kopf. Das Gefühl ist intensiv.
Zu intensiv dafür, dass ich doch eigentlich genau weiß, dass ich ohne Robyn nie wieder Musik machen kann. Ich setze die Spitze auf dem Blatt an und beginne, die erste Note zu zeichnen.

Als das Blatt voll ist, halte ich es gegen mein Fenster, durch das gerade die letzten Sonnenstrahlen des Tages fallen und es golden leuchten lassen. Die Melodie hallt in meinem Kopf wider. Ich betrachte die Tastatur vor mir und in meinem Kopf bildet sich ein Zwiespalt. Meine Finger streichen über das Blatt.

Ein mattes Lächeln schleicht sich auf mein Gesicht, als ich stumm die Melodie spiele. Stumm heißt in dem Fall aber nicht leise. In meinem Kopf ist es laut. Ohne die Melodie real zu hören, weiß ich, wie sie klingt. Ich fühle sie.

♫

☼

Ich bürste und föhne meine Haare. Gehüllt in ein Handtuch husche ich in mein Zimmer und ziehe mich um.

Im Halbschlaf denke ich über das Meer und goldene Augen nach und bevor ich wegdämmere, mache ich eine freudige Begrüßung unten im Flur aus.

»Die fette Schlampe kommt angerollt!« Deine Mitschüler sehen dich abwertend an. Du läufst mit kleinen schnellen Schritten zu deinem Platz in der hintersten Reihe, streichst dir die Haare nervös hinters Ohr und blickst sehnsüchtig in die erste Reihe.
Wie gerne würdest du dort sitzen.
Du seufzt und legst dein Mäppchen und die Bücher und Hefte auf den Tisch. Du denkst über die Beliebten in der ersten Reihe nach, mit den unglaublich gepflegten und nach Himbeershampoo duftenden Wallemähnen, dem gebräunten Teint und den Markenklamotten und seufzt erneut, während du deinen Haarreif zurechtschiebst.
Der Blick eines Mädchens schweift nach hinten, huscht über Robyns leeren Platz und bleibt augenrollend bei dir stehen. Sie zieht sich den pinkfarbenen Lippenstift nach und zeigt dir ihren perfekt manikürten Mittelfinger, als sie merkt, dass du sie immer noch anstarrst.

Du bist auf der Mädchentoilette. Allein. Robyn ist nicht da, weil sie mal wieder blau macht. Mit Robyn bist du immer draußen bei den Leuten, die für deinen jetzigen Zustand verantwortlich sind.
»Schon in den Spiegel geguckt, Pummelchen?«
In dir dreht sich alles.
»Schleimerin!« »Geh dich umbringen, Bitch.«
»Pummelchen wird nie einen Typen abbekommen.«
Die Stimmen vermischen sich.

☾

»Eine Runde Mitleid für Piggypaige!«
Du taumelst auf die Mädchentoilette zu, ignorierst die Welt und deine Augen brennen schmerzhaft von den zurückgehaltenen Tränen.
»Paigielein, Domenico ist dir ein paar Größen zu klein.«

Würgereiz, Kloschüssel, Taumeln, Finger im Hals, Kotze, fett, Schwindel, schwarz vor Augen, Übelkeit.

Nichts.

»Du weißt schon, warum sie das sagen, die wollen dich nur ein bisschen aufziehen, weil du dir immer so viele Gedanken um dein Essen machst.«
Robyn sitzt auf ihrem Bett und kämmt sich die bunten Haare. Als sie fertig ist, winkt sie dich zu sich und du vergräbst deinen Kopf in ihrer Halsbeuge, damit sie deine Tränen nicht sehen kann.

Schweißgebadet schrecke ich auf, mein Wecker zeigt 01:42 Uhr an. Ich stehe auf, schleiche runter in die Küche und setze Wasser auf. Kaffee wird mir helfen. In dieser Nacht will ich keine einzige Minute mehr schlafen. Wie böse Geister würden mich die Träume heimsuchen.

Ich habe das hier schon so oft gemacht, dass ich mir vorkomme wie eine Geisteskranke.

Niemand kocht sich mitten in der Nacht Kaffee, um freiwillig nicht mehr zu schlafen. Ich kenne die Wasserkocher, die Kaffeemaschinen und die Kaffeepulversorten eines jeden Hauses, in dem ich in letzter Zeit übernachtet habe.

Mir ist das nächtliche Kaffeezubereiten so vertraut, dass alles beinahe automatisch geschieht.

Du wirst niemals alleine über deine Träume bestimmen, vergiss das nicht.

Das Haus ist in Dunkelheit getaucht. Langsam laufen die Tränen über mein Gesicht, tropfen von meinem Kinn, verschleiern meine Sicht. Mein Kreislauf spielt verrückt, ich falle fast hin, stolpere und halte mich im letzten Moment an irgendetwas fest.

♫

Die Wintermorgensonne strahlt quer durch die Küche. Am Frühstückstisch sitzt eine brünette Frau. Sie steht auf und lächelt. Ihre Gesichtszüge erinnern mich an jemanden. Sie hat auffallend grüne Augen, die bei meinem Anblick kurz leuchten. »Hallo Paige. Ich bin Marie. Es tut mir leid, dass ich gestern nicht da war, um dich zu begrüßen.«
Ich will ihr meine Hand reichen, aber sie zieht mich in eine überschwängliche Umarmung.

Damian kommt die Treppe runter und setzt sich an den Küchentisch, bevor er seinen Teller mit Essen vollschaufelt.

»Ich hab um elf ein Date mit Mr. Manager und den Männern«, schmatzt Damian und grinst Marie entschuldigend an, welche unglücklich drein blickt. »Einmal eine normale Familie sein. Das ist doch nicht zu viel verlangt, oder?«, fährt sie Damian an und entschuldigt sich im nächsten Moment wieder.
Ein Mandarinenstück bleibt mir im Hals stecken und ich fange an zu husten. Dad, der bis jetzt noch nichts gesagt hat, klopft mir leicht überfordert auf den Rücken.

☾

»Mr. Manager?«, japse ich.

Marie seufzt und ich sehe in die Runde.

»Also …«, druckst Damian herum und ich mache eine Handbewegung, dass er weiter sprechen soll.

»Also, es ist so, Curtis, noch zwei gute Freunde, mit denen er zusammen wohnt, und ich sind gerade dabei, ein Album aufzunehmen. Wir haben die Band `eXtRaVaGant` schon gegründet, da waren wir alle noch kleine Hosenscheißer. Vor ein paar Jahren hatten wir einen kleinen Auftritt in `Berlin`, wo wir früher gewohnt haben. Und da ist ein Talentscout von `TSoundz`, der um die ganze Welt reist und nach Künstlern sucht, auf uns aufmerksam geworden. Mom ist dann mit Curtis und mir aus Deutschland weggezogen und hier haben wir dann auch unseren Musikproduzenten Max Tanner und unseren Manager Leef Gruber kennengelernt. Sascha Roth und Jules Freeman, die zwei anderen Bandmitglieder, wohnen seit einem Jahr auch in der Nähe des Studios, weil das Pendeln zwischen den USA und Deutschland auf Dauer zu anstrengend wurde. Im Dezember haben wir unsere erste richtige Single `Infinity` veröffentlicht.«

Ich kann nicht glauben, was ich da gerade höre. Damian und Curtis haben eine Band? Und einen fucking Plattenvertrag? – Sicher kommt gleich Gelächter von allen Seiten und ein paar Schulterklopfer für meine Naivität. Zu meiner Verwirrung bleiben alle still sitzen und sehen mich an, als wäre ich eine Außerirdische.

»Ach du heilige Scheiße«, murmle ich.

Jetzt bekomme ich einen Schulterklopfer, und zwar von Marie.

»Ich hab damals das ganze Haus zusammengeschrien, als ich das erfahren habe.«

☼

[04]
Musikbesessen

Momente, die unerwartet geschehen, nehme ich manchmal nur dumpf, wie durch eine dicke Scheibe wahr und handle immer so komisch, dass ich hinterher oft denke, jemand hätte mich fremdgesteuert.

»Curtis, Roth und Mbappé kommen so in einer Stunde vorb-«, kündigt Damian an. »Hör auf, Jules immer ›Mbappé‹ zu nennen, nur weil er schwarz ist!«, unterbricht Marie ihren Sohn.
»Nein, doch nicht deshalb. Die laufen beide so, als wären sie betrunken.«

Und manchmal ist es gut, dass ich mit komischen Situationen komisch umgehe:
»Kann ich vielleicht mitkommen zu diesem Date mit Mr. Manager?«

♫

»Sascha Roth.« Ein Typ mit grauen Augen schnipst seine Zigarette auf den Boden, tritt sie mit dem Schuh aus und reicht mir seine Hand. Ein weiterer Typ mit blauen Haaren betritt den Garten. Ich muss schlucken, als mir klar wird, dass ich eben diesen Blauton nur zu gut kenne.

»Ist Curtis an seinem Haarspray erstickt, oder warum braucht der so lange?«, fragt Damian den Typen und begrüßt ihn.
»Damian, was laberst du?« Sascha lacht laut auf. »WIR verrecken in der WG wegen dem Scheiß, mit dem er sich die Haare einräuchert. Curtis ist doch schon längst immun gegen das Zeug.«

»Jules Freeman.« Der Fremde mit den blauen Cornrows schüttelt meine Hand und stellt sich, ohne ein weiteres Wort zu sagen, neben mich.
»Ich bin Paige«, meine ich etwas verspätet.
»Weiß ich doch.« Jules grinst ein riesiges Grinsen.

Damian läuft im Garten auf und ab und flucht vor sich hin.
Ein Auto parkt vor dem weiß gestrichenen Gartentor. Curtis steigt aus und begrüßt Sascha und Jules. Er riecht wie gestern unverkennbar nach Zimt.
»Warum schaust du mich so an?«, fragt er Damian.
»Halt die Fresse, du Wichser.«
»Hast du deine Tage oder was?«, witzelt Curtis, dessen Sonnenbrille gefährlich instabil in seinen Haaren sitzt.

Die Haustür geht auf und Marie hält ein blaues Tablett voller Melonenstücke in den Händen. »Esst noch schnell was, Kinder.«
Jules, Sascha und Damian nehmen sich eine Scheibe und ich reiche jedem schmunzelnd eine Serviette, bevor ich Curtis fragend anschaue. Er zuckt mit den Schultern und meint dann: »Ich hab eine Allergie gegen Melonenkerne.«

Die ganze Fahrt über starre ich aus dem Fenster und beobachte die Hochhäuser `Brooklyns`. Die Straßen führen uns weg vom Meer.
»Scheiße, mein Kaffee«, murmle ich.

Curtis dreht sich um und lacht. »Wie viele Tassen Kaffee am Tag trinkst du eigentlich?«

Ich zucke mit den Schultern. »Acht.«

Irgendwann beginnt es zu regnen. Die Jungs unterhalten sich auf Deutsch, sodass ich nicht wirklich etwas verstehe. Zwischendurch fallen ein paar Sätze auf Englisch, über die ich so lange nachdenke, bis der nächste gesagt wird.

Man kann die lila Buchstaben, die außen am riesigen Tonstudio angebracht sind und das Wort `TSoundz` bilden, schon von Weitem sehen.

Die Einrichtung drinnen ist gemütlich, meine Haltung entspannt sich, als ich merke, dass das Gebäude von innen lange nicht so unpersönlich und protzig ist, wie es von außen wirkt.

Das Studio ist atemberaubend. Drinnen sitzen drei Männer mit Kopfhörern, es gibt einen Aufnahmebereich, ein Pult und viele leuchtende Knöpfe.

»Hi, wen habt ihr denn mitgebracht?« Ein nett aussehender Mann mit Glatze, Bart und Brille steht auf und schlägt mit den Jungs ein.

»Schneewittchen – Max, unser Produzent. Max – Paige«, stellt Curtis uns vor.

»Du siehst aber nicht so aus wie die üblichen Bettgeschichten. Und die üblichen Bettgeschichten werden auch nicht ›Schneewittchen‹ genannt. Erzähl mir was über dich, Paige.«

Es ist eine ernst gemeinte Aufforderung, nur leider weiß ich absolut nicht, was ich sagen soll.

»Richtig, sie ist keine Bettgeschichte. Und jetzt quetsch sie nicht weiter aus, sie ist ja schon knallrot«, sagt Damian, während sich die Tür öffnet und plötzlich River Phoenix vor uns steht.

Warum gibt es in New York überall so schöne Menschen?

»Oh«, sagt der Fremde, als er mich sieht, und verlagert verlegen sein Gewicht vom einen auf das andere Bein. »Ich hoffe, ich störe nicht.«
»Nein, nein«, sagt Max. »Paige, das ist Brian Dooley.«
Das River-Phoenix-Double kommt auf mich zu und schüttelt meine Hand.
»Ich bin Paige Courtney.« Er lässt meine Hand los und ich runzle die Stirn.
»Kennen wir uns?«, frage ich ihn.
»Nein«, antwortet Brian und sieht mich trotzdem an, als wäre dem so.
»Ich bin nicht von hier«, sage ich dann, in der Hoffnung, er erkennt mich vielleicht.
»Paige Courtney, sagst du?«
Ich nicke und irgendetwas flackert in seinen Augen, das mir nicht gefällt.
»Nein, nie gehört.«
Dann dreht Brian Dooley sich weg und wendet sich an Max.

Mein Blick huscht zu Curtis, der auf seiner Unterlippe herumkaut und einen Punkt in der Leere fixiert.
Dass er mehr für sich behält als Damian, der alles, was ihm so im Kopf herumschwirrt, auszusprechen scheint, das wusste ich schon. Aber zum ersten Mal nehme ich ihn bewusst als ernsten, nachdenklichen Menschen wahr.

Curtis verlässt mit einem Vocalcoach den Raum. Max setzt sich vor das Mischpult und die Tür zum Aufnahmebereich wird geschlossen. Immer wenn Max konzentriert an irgendwelchen Reglern herumhantiert, schneidet Damian Grimassen.

Dann wird eine Melodie eingespielt, die meine Gedanken fliegen lässt. Fast muss ich meine Augen schließen, um mich auf alles konzentrieren zu können, was die Musik in mir auslöst. Stattdessen lasse ich sie geöffnet, schiebe meinen Stuhl näher an das Mischpult und sauge alles in mich auf.

Jules, Damian und Sascha müssen die Melodie wieder und wieder spielen, bis Max zufrieden ist. Es ist offensichtlich, dass sie für diese Kunst brennen und ich kann mir gut vorstellen, wie sie, von zahlreichen kreischenden Fans umringt, auf der Bühne stehen.

Ich habe in meinem Leben bestimmt noch keinen Tag ohne Musik verbracht, entdecke ständig neue Künstler. Und trotzdem muss ich sagen, dass diese Melodie unglaublich ist. Alles in ihr weckt tiefe Emotionen in mir.

Am liebsten würde ich rübergehen und Curtis dabei zusehen, wie er singt. In der Hoffnung, so mitzubekommen, was im Nebenzimmer passiert, schiele ich immer wieder zur Tür.

Ich versinke wieder in den Klängen und werde in einen Strudel aus Gefühlen befördert. Irgendwann stoppt die Musik und ich schrecke hoch. Damian zieht sich den schwarz-weiß karierten E-Gitarren-Gurt über den Kopf und kommt mit einem Grinsen auf mich zu. Verwirrt starren die anderen Damian an.

☾

Dieser jedoch zieht mich vom Stuhl, legt mir kumpelhaft den Arm um die Schultern und führt mich in den Flur, bevor er die Tür zu Raum 1 öffnet.

»Bis später, Paige.« Damian hebt seinen rechten Mundwinkel, dreht sich um und geht. Ich schaue verlegen hinein und knete nervös meine Hände, als ich Curtis in der Mitte des Raumes mit Textblatt, Kopfhörern und dem fettesten Grinsen der Welt im Gesicht auf einem Stuhl sitzen sehe.
Als er mich bemerkt, setzt er die Kopfhörer ab, steht auf und kommt zu mir. »Hi, Schneewittchen.« Seine hellbraunen Augen funkeln, als sie über mein Gesicht wandern.

»Komm.« Er schnappt sich seine Jacke, rollt die Songblätter zusammen und steckt sie sich in die linke hintere Hosentasche.
»Was?« Ich sehe ihn verständnislos an.
»Wir gehen.« Curtis läuft zur Tür, winkt mich hindurch und schließt ab.
»Hier.« Curtis hält mir seinen Coffee-to-go-Becher hin und grinst. »Wir wollen ja nicht, dass du Entzugserscheinungen bekommst.«

»Kurz vor Ende der Weihnachtsferien kommt unser erstes Album raus«, ist das Erste, was er sagt, als wir draußen sind.
Stolz schwingt in seiner Stimme mit. »Die erste Single aus dem Album wurde vor einer Woche released. Es war wundervoll, Menschen das zeigen zu können, woran man seit Monaten gearbeitet hat. Hoffentlich wird das mit dem Album auch so.«
Wir biegen an einer Kreuzung links ab und Curtis zieht seine Kapuze auf.

☼

»Aufgeregt?«, frage ich und kneife wegen der Sonne meine Augen zusammen, der Schnee unter uns ist Matsch.

»Du kannst dir gar nicht vorstellen, wie!«, lacht er und fährt sich über das Kinn.

»Wir sind wahrscheinlich die aufgeregteste Band aller Zeiten«, murmelt er.

»Das, was ich vorhin gehört habe, war magisch. Ich fühle den Chorus von **Infinity** total, künstlerisch gesehen ist das Spitzenklasse. Wo habt ihr gelernt, so geile Melodien zu schreiben?«

Als ich bemerke, dass ich Curtis mit meinem plötzlichen Redeschwall ziemlich überfallen habe, beiße ich mir unsicher auf der Unterlippe herum.

»Das klingt, als würdest du was von Musik verstehen.« Curtis sieht mich forschend an, zieht die zusammengerollten Songblätter aus seiner Hosentasche und hält sie mir hin. »Hier.«

Ich sehe ihm in die Augen und dann wieder auf die Blätter.

Die Zeit scheint stehen geblieben zu sein.

»Eigentlich hab ich keine Ahnung von Musik«, stottere ich.

»Lügnerin.«

Plötzlich bleibt er stehen und schaut nach rechts. »Oha, ich wollte so was schon immer mal machen!« Er zieht mich mit sich in die enge Kabine des Fotoautomaten. Der Vorhang wird zugeschoben und Curtis wirft ein paar Pennys in den Schlitz.

Auf jedem Bild ziehen wir andere Grimassen und lachen darüber, wie bescheuert wir aussehen. Curtis lässt den Fotostreifen gleich zweimal drucken, und als ich in unsere lustig verzerrten Gesichter sehe, weiß ich, dass ich den Streifen von nun an wie einen Talisman mit mir herumtragen werde.

»eXtRaVaGant tritt heute als Vorband auf einem Konzert auf. Hast du Bock?« Ich überlege kurz, weil ich eigentlich noch nie ohne Robyn auf irgendwelchen Konzerten war, aber dann nicke ich.

Curtis grinst wieder sein ganz spezielles Curtis-Grinsen. Ich werfe einen Blick auf mein Handy. »Es ist schon vier, wann fängt das Konzert an?«
»So um neun«, antwortet Curtis und wir laufen Richtung Bus.
Nachdem wir hinten eingestiegen sind, flucht Curtis, weil sein Handyakku leer ist.
Ich versuche ihn abzulenken, indem ich ihm Fragen über die Musik stelle.
»Spielst du eigentlich irgendwas?«
»Nee, das ist eher Damians Ding. Wenn ich etwas nicht in fünf Minuten zumindest ungefähr begriffen habe, versuche ich es gar nicht erst weiter. So ist das bei Instrumenten ...« Er grinst.
»Ich spiele Klavier«, erwähne ich beiläufig.

Ganz beschissener Schachzug, Paige.

Curtis setzt einen besserwisserischen Blick auf. »Tja, mein Instinkt täuscht mich eben nicht.«
»Hast du mich denn in fünf Minuten ungefähr begriffen?« Themawechsel. Bitte.
»Nein, Schneewittchen, du und deine traurigen Augen sind mir ein Rätsel.«

☼

Wahrscheinlich hat mein Gesicht mal wieder die Farbe einer überroten Tomate angenommen, aber ich lächle. Irgendwie macht es mich ziemlich glücklich, hier zu sitzen und mich mit Curtis zu unterhalten.

♫

Es klopft an meine Zimmertür.
»Hey, Kleine.« Damian lehnt am Türrahmen.
»Ist irgendwas?«, frage ich, weil er keine Anstalten macht, sich zu bewegen.

»Darf ich?« Damian nickt mit dem Kopf in mein Zimmer.
»Du solltest etwas wissen … über Curtis«, fängt Damian an, setzt sich breitbeinig auf meinen lila Sessel und ich schließe die Tür.
»Ja?«
»Curtis lebt für die Musik. Die Mädchen, mit denen er was hatte, oder die er einfach nur so kannte, wollten das nie verstehen. Keine Frau könnte für ihn je an erster Stelle stehen. Auch nicht an zweiter. Und ich bin ganz ehrlich zu dir, er ist nichts für dich und du nichts für ihn. Es würde nur unnötigen Herzschmerz geben.«

Damian wirft mir noch einen bedeutungsschweren Blick zu, bevor er aufsteht und mein Zimmer verlässt.

☾

[05]
Infinity

Ich lehne meine Stirn gegen die kühle Scheibe. Draußen ist es dunkel, die Straßenlaternen leuchten matt. Für einen kurzen Moment schließe ich meine Augen.

»Wie lange noch?«, quengelt Damian irgendwann und trommelt mit den Händen auf seinen Oberschenkeln.

»Noch eine Stunde«, sagt Jules und biegt ab. »Okay, Spaß. Wir sind da.«

♫

Seit geschlagenen zehn Minuten stehe ich jetzt schon neben Damian und Jules an der Bar und versuche mich nicht von irgendwelchen Menschen zerquetschen zu lassen.

»Gehen wir?«, fragt Curtis mich.

»Wohin?« Ich sehe ihn verwirrt an und Curtis lacht leise.

»Nach oben auf den Balkon.«

Als ich, benebelt von Curtis' Zimtgeruch, neben ihm durch die Menge ins Obergeschoss laufe, befürchte ich fast, gleich die zynischen Schreie meiner inneren Stimme zu hören zu bekommen.

Aber nichts dergleichen passiert und mir fällt wieder ein, dass ja anscheinend nur Curtis' bloße Erscheinung notwendig ist, um die Geister meines Unterbewusstseins zu vertreiben.

☼

Ich fröstle leicht, als ich mich hinter ihm in die kalte Nachtluft begebe. Wir schweigen und schauen in den schwarzen Himmel, in dem ein paar Punkte leuchten.

»Schon komisch, wenn man weiß, dass in ein paar Tagen nichts mehr so sein wird, wie es einmal war. Entweder wir fallen oder wir fliegen«, meint Curtis leise und dreht sich mit dem Rücken zum Geländer.

»Sie werden dich verehren«, murmle ich.
»Meinst du?«, fragt er und sieht mir in die Augen.
»Ja.«
Curtis lacht und streicht sich die Haare aus dem Gesicht.

»Wann spielt ihr?«
»In fünfunddreißig Minuten.«
Ich weiß aus einem Gespräch von heute Mittag, dass sie eine halbe Stunde vor einem Auftritt alle vier zusammen in einen geschlossenen Raum gehen, um zusammen aufgeregt zu sein, das ist eine Art Tradition.

»Noch fünf Minuten, bis du runter musst«, meine ich und er nickt so langsam, dass ich mir denke, es mir nur eingebildet zu haben.
»Damian hat erzählt, dass Marie vor zwei Jahren mit euch hierher gezogen ist.« Ich hoffe, er versteht den Wink. Als Damian mir von eXtRaVaGant erzählte, bohrte sich dieser Satz ganz besonders in mein Gedächtnis.
Curtis dreht sich zu mir. »Falls du über meine Eltern reden willst, ich hab keine.«

♫

☾

Noch zwei Minuten bis zum Auftritt. Curtis beißt sich nervös auf der Unterlippe herum und Damian sieht immer wieder besorgt zur Tür.

Noch eine Minute bis zum Auftritt. Wir stehen auf und laufen hinter die Bühne. Plötzlich bleibt Curtis stehen. Er stellt sich direkt vor mich, hebt langsam seine Arme und zieht mir dann vorsichtig den Haarreif vom Kopf, um ihn sich selbst aufzusetzen.
Dann zwinkert er mir zu und läuft lachend auf die Bühne.
Perplex sehe ich ihm hinterher und fange ebenfalls an zu grinsen.
Damian und Sascha hängen sich ihre Instrumente um und Curtis schraubt den Mikrofonhalter hoch. Obwohl ich hinter der Bühne stehe, sehe ich, dass seine Hände zittern.

Das Licht geht aus, dann Scheinwerfer auf die vier Jungs. Kreischende Mädchenstimmen. Ich lächle, als Damian und Sascha zum Intro einsetzen. Dann startet Jules. Leidenschaftlich schlägt er in die Drums, dann aufs Becken. Eine bekannte, mitreißende Melodie entsteht.

Das Publikum bebt.

Curtis kommt auf die Bühne. Er dreht sich um und zwinkert mir zu. Sein Einsatz. Ich bekomme Gänsehaut. Seine Stimme geht mir durch und durch. Ich höre mit klopfendem Herzen zu.

☼

eXtRaVaGant - Infinity

Erste Strophe
What I learned at the age of ten:
press your hand against your mouth,
and nobody will hear you cry again.
Now I'm older,
things have gotten colder.
You know, darling,
it's always a hard evening.

Chorus
Smothering
in the thoughts of you.
The memories will guide me through.
The lines, they are my therapy,
seen the past in my dreams.
My screams will be lost in infinity.
I'd be satisfied there, too.

Zweite Strophe
What I want is never what I get.
People are toxic monsters
that I will never understand.
Now I'm older,
things have gotten colder.
You know, darling,
it's always a hard evening.

☾

Chorus
Smothering
in the thoughts of you.
The memories will guide me through.
The lines, they are my therapy,
seen the past in my dreams.
My screams will be lost in infinity.
I'd be satisfied there, too.

Bridge
Please don't
leave me alone,
infinity will
take my soul.
Please don't leave
the house tonight.

Chorus
Smothering
in the thoughts of you.
The memories will guide me through.
The lines, they are my therapy,
seen the past in my dreams.
My screams will be lost in infinity.
I'd be satisfied there, too.

Outro
Please don't
leave me alone,
infinity will
take my soul.
Please don't leave
the house tonight.
Please don't leave me alone.

Curtis strahlt: Sein Wesen nimmt anscheinend nicht nur mich ein, sondern jeden in dieser Halle. Sie alle starren ihn an. Und wenn nicht ihn, dann die anderen drei. Damian wird quasi mit Blicken ausgezogen. Curtis geht auf der Bühne voll ab und wenn er einen neuen Song und dessen Geschichte ankündigt, ist es totenstill. Jeder will seine Stimme hören. Ein paar Menschen versuchen die Bühne zu stürmen. Die Jungs gehen cool damit um. Max stellt sich hinter mich, neben ihm zwei Securitys.

Ich weiß, dass heute etwas anders ist, und das, ohne ihre früheren Auftritte zu kennen.

Nach den drei Songs lassen die Menschen sie nicht gehen.

»Zugabe« wird geschrien, gerufen, gebrüllt. Aus drei Songs werden fünf. Curtis macht noch Promo für ihr Album, dann verschwinden die Jungs von der Bühne. Die Menge wird unruhig. Ich sehe für einen Moment zu Max, der gehetzt hin und her läuft. Im nächsten Moment ist das Geschrei riesig. Viele Menschen stürmen auf die Bühne und rennen geradewegs auf Curtis und Damian zu, bevor die Securityleute sie aufhalten können.

Die Jungs gelangen irgendwie hinter die Bühne, anschließend werden wir an der Menge vorbei aus der Halle gebracht.

Ich laufe neben Jules, Curtis und Damian sind ganz vorne. Die Jungs bekommen zahlreiche Autogrammanfragen.

Als wir die Halle verlassen, kommt ein großes Auto vor uns zum Stehen, wir steigen eilig ein. Der Fahrer bahnt sich einen Weg durch die Menschenmasse. Um uns herum blitzen die Handykameras.

»Das war krass!«, findet Damian als Erster seine Stimme wieder, sein deutscher Akzent ist stärker als sonst.

$$\mathbb{C}$$

»Die eine wollte, dass ich auf ihrem BH unterschreibe«, lacht Sascha und wir stimmen alle mit ein. Max sitzt neben uns, telefoniert durchgängig, es geht um Interviewanfragen fürs Fernsehen und Zeitungen. Es ist kurz nach zehn, als wir am Studio aussteigen.

Max kündigt an, dass die Jungs jetzt gleich ein Interview für die New York Times führen werden. Curtis' Augen funkeln.

♬

Das Haus ist still. Alles ist still. Ich krame die Schreibmaschine hervor und krabble in mein Bett.

Meine Finger gleiten schwerelos über die Tasten, als ich Robyn berichte, was in den letzten Stunden passiert ist.

☼

Robyn,

als ich Jules Freeman, den Drummer von eXtRaVa-
Gant, gestern zum ersten Mal gesehen habe, sind
mir als Erstes seine Cornrows aufgefallen. Seine
Haare haben genau den gleichen Blauton wie deine.
Vor meinem inneren Auge laufen Flashbacks von dir
ab, wie du dich mit deinen blauen Haaren im
Schnee gedreht und laut gelacht hast.

Ich saß in einem Zimmer mit einem Aquarium, in
dem orangefarbene Fische herumschwammen. Auf dem
Glas war dieser schnörkelige Schriftzug der New
York Times. Irgendwann habe ich meinen Stuhl
genommen und ihn direkt vor das Glas geschoben,
damit ich hineinschauen konnte.
Die Tür zum Nebenraum, durch die Damian, Curtis,
Sascha und Jules mit diesen Zeitungsleuten
anderthalb Stunden zuvor verschwunden waren,
wurde wieder geöffnet. Curtis hat dann erzählt,
dass Infinity seit ihrem Auftritt als Vorband auf
Platz acht in den Online-Charts ist.
Das hat sich richtig in den sozialen Medien verbreitet, Robyn.

Damian hat sich dann, immer noch völlig überwältigt und fassungslos, auf den Boden gesetzt und
von dort aus das Aquarium mit den Fischen angestarrt.

☾

Ich freue mich so unglaublich für die Jungs.
Das ist ihr Traum und sie werden ihn leben.

Eigentlich will ich dir noch so unendlich viel
mehr erzählen. Aber es ist 01:44 Uhr und ich kann
meine Augen nicht länger offen halten.

Goodbye
Paige

[06]
Telefongespräch

»Sing mal was von Britney Spears, Curtis. I'm Not a Girl, Not Yet a Woman!« Ein kehliges Lachen ertönt.
»Was träumst du nachts, du Idiot?« Jetzt ertönen zwei Lachen.
»Paige schläft noch!« Das ist die Stimme von Marie.
»Echt?!« Meine Tür wird aufgerissen und ich hebe verschlafen meinen Kopf.
»Jetzt ist sie wach«, sagt Damian und lässt meine Tür wieder zufallen. Ich sinke zurück in mein Kissen. Curtis hat heute Nacht bei Damian geschlafen, wahrscheinlich arbeiten sie an einer neuen Songidee.

Schritte vor meinem Zimmer, die Tür geht auf, Schritte auf dem Teppich, der Schalter meiner Nachttischlampe. Marie setzt sich auf mein Bett. Sie ist ein bisschen kleiner als Damian, hat aber auch eine schmale Figur und die gleichen ehrlichen Augen. »Guten Morgen, Paige. Ich dachte, wir könnten ein bisschen miteinander quatschen.« Sie lächelt mich an.

Ich nicke, streiche mir die Haare hinters Ohr und setze mich auf.

»Ich hoffe, dir hat der ganze Trubel gestern nichts ausgemacht.« Marie sieht mich entschuldigend an, woraufhin ich schnell den Kopf schüttle. »Nein, nein, im Gegenteil. Ich fand es unglaublich toll.« Ich kann mein Grinsen nicht verbergen, als ich daran denke, wie die Menge den

Chorus mitgeschrien hat und Damian, Sascha und Curtis auf der Bühne herumgehüpft sind.

»Du magst ihre Musik?«, fragt sie neugierig und mein Grinsen verrutscht ein wenig. »Ja, schon«, sage ich neutral und versuche gleichzeitig, die lauten Gedanken in meinem Kopf mit meiner Stimme zu übertönen.

»Julien hat erzählt, dass du wunderbar Klavier spielen kannst. Wir haben im Keller einen Flügel stehen, wenn du magst, können wir runtergehen.« In meinem Kopf beginnen die Alarmglocken zu läuten.

»Ich hab aufgehört«, antworte ich und gebe mir mental eine Backpfeife. »Ach so.« Marie zupft verlegen an ihrer Momjeans herum und prompt habe ich ein schlechtes Gewissen.

Sie gibt sich so viel Mühe und du machst alles kaputt.

Nach ein paar Sekunden, in denen ich die Stimme in meinem Kopf zum Verstummen gebracht habe, stehe ich schließlich auf und laufe quer durch das neonlilafarbene Zimmer zu meinem Kleiderschrank. Wenn ich mich auf Zehenspitzen stelle, komme ich an das oberste Fach mit dem Karton ran, den Robyn damals in der kleinen Luke in meinem Boston-Zimmer verstaut hat.
Der Karton ist ziemlich schwer, weshalb ich ihn direkt neben dem Schrank auf den Boden stellen muss.

Mein Herz klopft unglaublich schnell, als ich das Klebeband von der braunen Pappe entferne.

In diesem Karton könnte ich mich blind zurechtfinden. Ganz unten liegen die Songtexte, Geheimbotschaften aus dem Unterricht und Kritzeleien. Rechts und links haben Robyn und ich unzählige Fotos reingesteckt, manche davon in Bilderrahmen, andere als Polaroids. Ganz oben liegen einige DVDs, auf denen sich Videodateien von unseren Auftritten, Partys und Sequenzen, in denen wir uns gegenseitig gefilmt haben, befinden.

Ich nehme meine Lieblings-DVD heraus und starre die Worte in Robyns Handschrift darauf an.

15. sommer in boston

Sie hat schon immer alles in Kleinbuchstaben geschrieben und damit alle unsere Lehrer zur Weißglut getrieben. Sie findet die hübscher als Großbuchstaben und möchte alle ihre Worte und Buchstaben auf einer Ebene haben.

Und sie wollte schon immer alles etwas anders machen als alle anderen.

Wer hätte gedacht, dass das euer letzter Sommer sein würde?

Ich versuche mit aller Macht, mein Unterbewusstsein zum Schweigen zu bringen, damit ich nicht vor Marie anfange zu heulen.

»Ich ... hier, kannst du dir anschauen.« Meine Unterlippe beginnt zu zittern, als ich Marie die silbern spiegelnde DVD hinhalte.

»Danke.« Maries hellgrüne Augen strahlen mich an, als sie die Worte mit schwarzem Edding gelesen hat.

♫

»Paige? Dein Handypasswort!« Curtis hämmert gegen die verriegelte Badtür.

Ich lasse vor Schreck meine Bürste ins Waschbecken fallen.

»Moment, Moment. Bist du an meinem Handy!?«

»Nee, ich tu nur so.«

Ich sehe sein Augenverdrehen bildlich vor mir, als ich hastig meine Haare zu Ende kämme, den Haarreif aufsetze und mich fertig anziehe, bevor ich eilig den Schlüssel im Schloss einmal herumdrehe, um die Tür aufzubekommen.

»Curtis?!«, rufe ich.

»Rescht«, nuschelt Damian, deutet von mir aus gesehen nach links und putzt sich weiterhin seelenruhig die Zähne.

Ich laufe zu Damians Zimmer und hämmere gegen die verschlossene Tür vor mir. »Curtis?!«

Keine Antwort. Ich seufze.

»Was?«, kommt es nach ein paar Sekunden zurück.

Die Tür wird mit Schwung aufgerissen und ich kippe nach vorne. Curtis geht mit Blick auf mein Handy einen Schritt zur Seite und ich falle mit den Armen rudernd auf den Boden.

Der Typ mit den schwarzen Haaren dreht sich zu mir um und sieht mich verwirrt an. Nachdem er sich wieder umdreht, ohne mich zu fragen, ob irgendwas passiert ist, verdrehe ich meine Augen.

Ich stehe auf und stelle mich vor Curtis. Als ich nach meinem Handy greifen will, zieht er es schnell genug weg und hält es mit gerunzelter Stirn nach oben, dass ich es nicht zu fassen bekomme.

☼

Ich funkle ihn böse an. Er macht ein paar schnelle Schritte nach links und quetscht sich dann neben mir durch die Tür. Langsam und vorsichtig setzt er einen Fuß hinter den anderen, um noch mehr Abstand zwischen uns zu bringen, und rennt dann in den Flur.

»Bleib SOFORT stehen!«, kreische ich.
Daraufhin wedelt er nur mit meinem Handy in der Luft herum und ich sehe ihn genervt an.
Aus Damians Zimmer tönt Rapmusik. Er sitzt breitbeinig auf seinem Bett und mustert Curtis und mich belustigt, während er im Takt zur Musik wippt.
»Warum sollte ich, Schneewittchen?«, ruft Curtis zurück und läuft ins Wohnzimmer. Curtis rennt übers Sofa und dann wieder aus dem Wohnzimmer raus. Im Flur brauche ich eine kurze Verschnaufpause und lehne mich an die Wand.

»... hab ihn gestern gesehen, Bristol. Hier in `Brooklyn`.« Als ich Maries Stimme aus der Küche höre, stelle ich mich hinter die angelehnte Tür. Mein Blick liegt auf Curtis, der gerade die Treppe nach oben in Damians Zimmer rennt und die Tür hinter sich zuwirft.

»... er will, dass ich dafür sorge, dass Curtis aus der Öffentlichkeit rausgehalten wird.«
Ich luge vorsichtig durch den Türspalt. Marie läuft mit dem Handy am Ohr in der Küche auf und ab. Ihr Gesicht ist leichenblass. »Und er will die Behörden aus dem ganzen Zeug raushalten. Du weißt ja, was in der Vergangenheit alles passiert ist.«
Ich stelle mich noch näher an die Tür und versuche, keine Geräusche zu machen. Mein Herz klopft unglaublich schnell.

Als ich Damians näherkommende Schritte höre, bringe ich schnell etwas Abstand zwischen mich und die Tür.

Damian läuft mit seinem Lautsprecher die Treppe runter. Marie kommt aus der Küche, steckt ihr Handy in die Hosentasche und ich sehe ihr an, dass sie geweint hat. Da sie sich an einem Lächeln probiert und verstohlen mit dem Handrücken über ihre Wangen fährt, denke ich, es ist ihr lieber, wenn ich sie nicht darauf anspreche.

Langsam bin ich mir nicht mehr so sicher, ob es eine gute Idee war, ihr die DVD zu geben, da sie offensichtlich genug eigene Probleme hat.

`50 Cent` tönt aus Damians Lautsprecher, ich glaube, der Song heißt `I'm The Man`. Ich husche in die Küche und schnappe mir einen Apfel vom Obstteller.
Curtis kommt hinter mir in den Raum und rümpft die Nase. »Auf Äpfel reagiere ich allergisch.« Ich ziehe eine Augenbraue hoch und beiße dann demonstrativ in den Apfel, nur um mich dann extralaut schmatzend auf einen Küchenstuhl fallen zu lassen.

Mir ist klar, dass Curtis keine Allergie gegen Äpfel hat, genau so wenig wie eine gegen Kerne in Melonen.

»Da steht irgendwas von fünf Minuten gesperrt.« Curtis legt mir mein Handy auf den Tisch und grinst dümmlich.
»Was läuft bei dir eigentlich falsch?« Ich schnappe mir schnell mein Handy und lege es auf die Theke.
»Alles. Und bei dir?« Curtis grinst und verlässt den Raum.

☼

[07]
Nachtausflug

Ich schreibe Mom eine Nachricht, bringe meine leere Kaffeetasse nach unten und lasse Change von Lana Del Rey laufen.
Mein Lieblingslied.
Auch wenn ich es mit Robyn schon viel zu oft gehört habe, bekomme ich davon nicht genug.
Mit geschlossenen Augen sinke ich aufs Bett.

Irgendwann höre ich, wie die Tür aufgeht. Ich schlage meine Augen auf und nehme die Kopfhörer ab. Curtis steht in meinem Zimmer und hüpft hibbelig herum.
»Ich hoffe, du hast keine Amphetamine genommen«, sage ich belustigt und setze mich hin.
»Max hat angerufen, wir haben später ein Interview. Damian ist kacken, deshalb soll ich dir Bescheid sagen.«
»Curtis, zu viele Informationen.« Er lacht, zwinkert mir zu und geht wieder aus meinem Zimmer.

♫

Den Abend vertreibe ich mir mit Nirvana, einem Film und der Lektüre, die wir eigentlich letztes Jahr in der Schule hätten lesen müssen. Irgendwann klopft es an meiner Tür, ich weiß, dass das Marie sein muss. Sie betritt mein Zimmer und schließt die Tür hinter sich.
»Hallo Paige«, begrüßt sie mich, und ich lege mein Buch beiseite.

☾

Marie setzt sich auf mein Bett und sieht mich aus ihren hellgrünen Augen an. »Warum machst du keine Musik mehr?« Ihr Blick sagt mir, dass sie die DVD angesehen hat.

»Ich denke, ich bin nicht dafür gemacht, allein zu sein. Und ohne Robyn zu singen ist das einsamste Gefühl, das es gibt.«

Ohne Sonne kann ein Mond nicht leuchten.

Marie zieht mir die Decke über die Schultern und streicht über meinen Kopf. Ich schaue ihr nach, bis sich die Tür hinter ihr schließt.

♫

»Wer ist da?« Du erschrickst, jemand hämmert gegen die Tür deiner verriegelten Toilettenkabine. Du packst eilig deine Brotdose und den dicken Schmöker, welchen du auf Wunsch von deinem Dad geschenkt bekommen hast, in deine Schultasche. Die Tasche geht nicht ganz zu. Erneut wird gegen deine Tür gehämmert:
»Wird's bald?«
Panik steigt in dir auf, als du deine Tasche immer noch nicht zubekommst.

»Hast du deine Zunge verschluckt, oder was?«, fragt dich die Stimme vor der Kabinentür.
Du schüttelst hastig deinen Kopf, bis dir klar wird, dass du ja nicht gesehen wirst.
»Jane, du Flasche, tritt doch einfach die Tür ein!«, ertönt nun eine zweite Stimme. Du fängst an zu zittern, als du endlich deine Tasche schließen kannst und beide Riemen über deine Schulter ziehst. Deine Hand mit dem Freundschaftsarmband greift nach dem Türknauf.

Du schiebst ihn auf grün und bereust es im nächsten Moment.

*Du wirst gegen die Tür geboxt, welche unter deinem schweren Gewicht zu-
rückklappt, dein Körper landet unsanft auf den kalten Fliesen.*
Vor dir stehen die drei Schlägermädchen.
*»Wen haben wir denn da? Piggypaige. Kriegst du deine Skinnyjeans nicht
zu?« Du rutschst reflexartig ein paar Zentimeter nach hinten. So weit, bis
du die kalte Toilettenschüssel an deinem schweißnassen Rücken spürst.*

*Deine Schultasche ist dir von den Schultern gerutscht, du suchst tastend den
Boden ab. Dein Blick wandert nach oben. Jane hält sie in ihren manikürten
Fingern, hinter ihr steht Everly, das stärkste Mädchen aus deiner Stufe.
Jane versenkt deine Tasche geräuschvoll im Mülleimer neben dem
Waschbecken. Auf ihrer Wange kannst du die Reste eines Blutergusses er-
kennen und ihre Haare wirken, als hätte sich ein kleines Kind mit der
Bastelschere ausgetobt. Du wimmerst, beißt aber dann deine Zähne zusam-
men.*
Du weißt, dass es besser ist, keinen Ton von dir zu geben.

»Los, steh auf!«, meint die Brünette, deren Namen du nicht kennst.
*Wäre Robyn hier, würden sie es bei fiesen Bemerkungen belassen, um nicht
von der ganzen Stufe gehasst zu werden, weil Robyn das beliebteste
Mädchen ist und jeder weiß, dass du ihre beste Freundin bist.*

*Als du dich nicht regst, packt Everly dich am Kragen und presst dich an die
Toilettenwand. Du riechst ihren Mundgeruch und öffnest deinen Mund, um
zu schreien.*
Dich hört sowieso niemand.
Der erste Schlag trifft dich direkt aufs Auge.

☾

Lös dich doch in Luft auf, iss nichts mehr, dann wirst du immer weniger, bis du schließlich <u>nichts</u> mehr bist.
Und
nie
wieder
etwas
fühlen
musst.

Alles verschwimmt.

Du öffnest deinen Mund.

Diesmal schreie ich wirklich.

Schnell atmend öffne ich meine Augen, bin viel zu geschockt, um zu weinen.
Angsteinflößende Dunkelheit umhüllt mich und ich versuche, mich zu beruhigen.
Suchend huscht mein Blick über die Wände.
Ich bin hier.
In meinem Zimmer.
Nicht dort.

Die Tür geht auf, ich schreie noch einmal. Draußen donnert und blitzt es, mein Atem geht schneller. Voller Panik rollt mir eine Träne über die Wange.
»Ich hab dich schreien gehört«, flüstert Curtis, und eine Sekunde später ist meine Nachttischlampe an.

☼

Ich wimmere und streiche mir die klebrigen Haarsträhnen aus dem Gesicht.

»Es ist nicht das Gewitter, oder?«, fragt er im Flüsterton und setzt sich auf die Matratze.

Ich schaue zu Boden und versuche, den Tränenfluss zu stoppen.

»Manchmal hilft es, zu weinen, Paige Courtney.«

»Du hast Alyaska vergessen.« Er sieht mich fragend an.

»Mein Zweitname. Das heißt Alaska, wird aber russisch ausgesprochen.« Curtis grinst.

»Das passt nicht zum Rest«, sagen wir gleichzeitig und lachen, er kehlig und ich schniefend.

»Hast du einen Alptraum gehabt?«

Ich nicke zögernd. Es ist mir unangenehm, darüber zu sprechen.

»Hast du eigentlich kein eigenes Zuhause, oder warum bist du andauernd hier?«, frage ich ihn neckend, als ich checke, dass er eigentlich gar nicht hier sein müsste. »Unser Vermieter lässt in meinem Zimmer gerade irgend so ein beschissenes Rohr verlegen und da ist was schiefgelaufen.«

Ich schaue ihn an und denke darüber nach, wie es sein muss, immer nach Zimt zu riechen, mit siebzehn keine Eltern zu haben und in einer Musiker-WG zu leben.

Curtis führt ein komplett anderes Leben als ich.

»Bleibst du noch hier?«, frage ich nach einer Weile, in der jeder von uns seinen Gedanken nachgehangen hat.

»Wenn du willst.«

Im Licht meiner Nachttischlampe erkenne ich, dass Curtis wieder grinst, und ich tue es ihm gleich. Ich lege mich wieder hin und bin mir nicht sicher, wie die Situation weitergehen wird. Curtis hebt meine zu Boden gefallene Decke auf und lehnt sich mit dem Rücken gegen die Wand.

Mein Blick ist an die Decke gerichtet.

»Wie spät ist es eigentlich?«, flüstere ich.

»Kurz nach zwei«, antwortet Curtis leise und schaut mich an.

Ich drehe mich zu ihm, denke nicht darüber nach, wie unwirklich diese Situation eigentlich ist.

»Bist du müde?«, fragt er mich, und ich bin über meine Antwort überrascht: »Nein, du?«

»Nicht wirklich.« Ich grinse und setze mich auf.

Im schummrigen Licht kann ich außer Curtis fast nichts erkennen.

»Gehen wir spazieren?« Er stößt sich von der Wand ab.

»Jetzt?«

»Ja, warum nicht?« Curtis sieht aus, als wäre er gerade dabei, einen witzigen Plan auszuhecken, und ich klettere aus dem Bett, während ich versuche, mein Lächeln zu unterdrücken.

»Wir müssen leise sein, Marie und dein Dad finden es sicher nicht so witzig, wenn sie merken, dass wir weg sind«, flüstert Curtis und ich laufe zu meinem Kleiderschrank, um mir Jeans und Hoodie anzuziehen, weil es draußen eiskalt sein muss.

»Könntest du dich ... umdrehen?«, frage ich stotternd und höre im nächsten Moment Curtis' tiefe Lache. »Ich sehe dich doch da drüben in der Dunkelheit sowieso nicht.«

»Trotzdem!«, flüstere ich und er dreht sich lachend um.

☼

Wir schleichen uns wie Ninjas die Treppe runter und grinsen uns verschwörerisch zu, als wir durch den Hinterausgang in der Küche nach draußen verschwinden.

Es fühlt sich an wie der Anfang eines Abenteuers.

Draußen weht ein eisiger Wind und ich ziehe meine Jacke etwas enger um mich, als wir die Straße entlanglaufen. Hinter den gespenstisch wirkenden Bäumen höre ich entfernt das Rauschen vom `Gerritsen Beach`.

»Warum heißt eure Band eigentlich `eXtRaVaGant`?«, frage ich und lasse es so klingen, als wäre mir die Frage gerade spontan eingefallen, dabei denke ich seit gestern Nacht darüber nach, wie ich ihn das am besten fragen könnte.

Auf Curtis' Gesicht schleicht sich ein belustigtes Grinsen.

»Haben Mädchen wie du nicht einen teuren Laptop, mit dem sie Begriffe und ihre Definitionen googeln können?«

Ich sehe ihn an. »Curtis, du vergisst, dass ich in `Brooklyn` und nicht in der `Upper East Side` lebe. Und mal ganz davon abgesehen will ich nicht irgendeine allgemeine Begriffsdefinition des Wortes ›extravagant‹.«

»Was dann, du `Brooklyn`-Mädchen?«

»Ich möchte wissen, was extravagant für dich bedeutet«, meine ich und bereue es direkt, so neugierig zu sein.

Jetzt schmunzelt Curtis.

»Das klingt jetzt vielleicht total unbesonders, aber wenn ich ›extravagant‹ höre, denke ich immer an alles, was nicht nullachtfünfzehn, nicht Mainstream, sondern sehr speziell und einzigartig ist. Ich möchte, dass die Musik, die wir machen, kreative Köpfe dazu bringt, nachzudenken und über sich hinauszuwachsen. Bei uns ist jeder willkommen, der bereit ist, allen Menschen mit Respekt zu begegnen.

Dabei sind die Hintergründe wie Herkunft, Aussehen und so was völlig egal. Deshalb ist es mir megawichtig, dass sich unter den Menschen, die unsere Platten kaufen, niemand befindet, der Hass verbreitet, du weißt schon, kein Rassismus, keine Homophobie und ähnlicher Scheiß. Unsere Musik soll stärker sein als das.«

Curtis hält inne und bleibt vor einer Bar im Eighties-Look stehen. Auf der Vorderseite prangt ein großes `TheWayStation` in Leuchtbuchstaben. Um uns herum Dunkelheit.
»Das ist mein Lieblingsort«, sagt Curtis leise.

Als wäre mein Leben ein Film, ziehen urplötzlich Szenen von Robyn und mir auf einer Bühne an mir vorbei. Ein Schauer läuft mir über den Rücken.
»Schneewittchen, du siehst aus, als wäre ein Verrückter hinter dir her.« Curtis wedelt mit seiner Hand vor meinem Gesicht herum.

Drinnen erhellen Neonlichter den Raum. Unschwer erkenne ich eine Bar, verschiedene Stühle, Sessel und Nischen. An den Wänden und der Decke sind viele Scheinwerfer angebracht. Ich versuche auszumachen, wohin wir gehen, aber zu viele Menschen nehmen mir die Sicht.

Und dann sehe ich unzählige Blicke, die auf Curtis ruhen, und höre die Stimmen der Mädchen, die versuchen, leise zu reden, es aber nicht schaffen.
»Da steht Curtis Moore.« Ich drehe mich in Richtung der leisen Stimmen, woraufhin mich ein kleines Mädchen schüchtern anlächelt. Meine Mundwinkel heben sich. Ich drehe mich wieder zu Curtis um und folge seinem starrenden Blick, der auf etwas oder jemanden in der Menge gerichtet ist.

☼

»Scheiße.« Mit leerem Blick wendet sich Curtis zu mir.

»Ich werde Alec sagen, dass er dich hier wegbringen soll«, ist das Letzte, was ich von ihm höre. Ich taumle verwirrt ein paar Schritte nach hinten und halte mich am Tresen fest.

Jemand tippt mir auf die Schulter und ich drehe mich um. Vor mir steht ein junger Mann, in der rechten Hand hält er eine Kabeltrommel, in der linken Hand ein MacBook. Er hat Augen, die ich keiner bestimmten Farbe zuordnen kann, da sie alle enthalten, und mittelbraune, streichholzlange Haare.

»Du bist Paige, oder?«, fragt er und lässt mir nicht genug Zeit zum Antworten.

»Du bist die Einzige, die einen Haarreif trägt und aussieht wie Schneewittchen. Wir müssen hier weg.«

»Moment mal: wir?« Ich sehe ihn verwirrt an.

»Curtis hat gesagt, ich soll dich mitnehmen.« Er nickt in Richtung Ausgang und ich entscheide mich, ihm zu folgen.

»Und wohin gehen wir?«

»Ich erzähle dir alles während der Fahrt.« Der Typ hält mir eine knallgrüne Autotür auf und ich steige ein.

»Ich bin Alec, die helfende Elfe der Band.« Er steckt den Schlüssel ins Zündschloss und fährt aus der Parklücke. Ich schmunzle über seine Ausdrucksweise. »Du bist echt mit ihnen befreundet?«

Alec lacht. »Schätzchen, ich bin ihr bester Freund!«

»Du hat gesagt, du würdest mir erzählen, wo wir hinfahren?« Er nickt und kommt an einer roten Ampel zum Stehen, bevor er mich anschaut.

»Ich muss später noch telefonieren, deshalb lasse ich dich gleich wo raus. Wichtig ist, dass du genau das machst, was ich dir jetzt sage.« Er legt eine dramatische Pause ein und sieht mich eindringlich an.

☾

An uns ziehen `Brooklyns` Häuser vorbei und die Gegend ist mir vollkommen fremd.

»Du kannst nicht durch den Besuchereingang gehen. Wenn du aussteigst, läufst du durch die Einfahrt in den Hinterhof und dann musst du die Feuertreppe hoch bis ins oberste Stockwerk steigen. Dort kommst du in einen Gang und am Ende siehst du eine Tür mit einem Zahlenfeld. Hol mal schnell dein Handy raus und tipp dir den Code für das Zahlenfeld ein.« Ich greife in meine Jackentasche, entsperre mit zitternden Fingern mein Handy und notiere den Code.
»Wir sind da, schönes Mädchen. Später hole ich dich wieder ab.«

Schönes Mädchen? Hat der dich mal angeschaut?

Ich muss schlucken. Als Alec den Motor ausmacht und aussteigt, sammle ich mich kurz, bevor ich meine Autotür ebenfalls öffne. Draußen dämmert es bereits und auf dem Gras kann ich noch den Frost erkennen.

Ich schaue die Straße entlang und sehe eine Reihe historischer, typischer `New-York-City`-Häuser. Direkt vor mir ragt ein etwas heruntergekommenes Haus empor, dessen verrostete Eingangstür eine feine Verzierung erkennen lässt, die vor vielen Jahren sehr schön ausgesehen haben muss.

Ich drehe mich zu Alec um, der sich mit dem Handy am Ohr immer weiter vom Wagen entfernt, wende mich wieder nach vorn, seufze und laufe durch die Einfahrt.
Im Hinterhof sind einige Wäscheleinen gespannt und die Feuertreppe, die ich hinaufsteigen soll, ist schon etwas rostig, weshalb ich mich am

☼

Geländer festhalten muss, um nicht auszurutschen. Man sieht meinen Atem in der Kälte. Oben angekommen, drehe ich mich um und schaue auf die ersten Strahlen der aufgehenden Wintersonne, die den Himmel in ein Meer aus vielen verschiedenen Rot-, Orange- und Rosatönen taucht.

Ich fröstle, als ich mich wieder umdrehe und sehe, dass der Gang durch ein weiß-rotes Band und ein Schild, auf dem in großen Lettern EINSTURZGEFAHR steht, abgesperrt wird.

Als ich über das Absperrband steige, klopft mein Herz auf einmal unglaublich schnell.

Was machst du hier eigentlich, Paige?

Dann hebe ich den Kopf und sehe sie. Die Tür am Ende des Ganges.

Ich bewege mich auf sie zu. Stehe am Ende des Flurs. Es riecht modrig. Zitternd tippe ich die Zahlenfolge ein. Mit einem Summen springt die Tür auf. Mein Blick huscht herum.

Und dann fange ich an zu schreien.

Ganz laut.

[08]
Blaubeertörtchen

»Okay, es war ein Fehler dich dort hinzubringen. Tu mir einen Gefallen und mach dir nicht allzu viele Gedanken über das, was du in diesem Apartment gesehen hast. Du musst mir versprechen, es zu vergessen«, meint Alec, als wir vor Dads himmelblauem Haus stehen. Ich nicke stumm, mein Körper zittert. Der Schlafmangel macht sich langsam bemerkbar. Alec klopft mir auf die Schulter, aber diese tröstliche Geste hat nur zur Folge, dass mein Körper sich noch schwerer anfühlt.

Alec dreht sich um und läuft zum weiß gestrichenen Gartenzaun. Ich sehe ihm nach, bis er um die nächste Hausecke verschwunden ist, hinter der sein Auto steht.

Nachdem ich die Haustür aufgeschlossen habe, streife ich mir meine Schuhe von den Füßen. Als ich an der Küche vorbeikomme, nimmt mich sofort der Geruch von Maries Blaubeertörtchen ein, die sie gestern gebacken hat.

Ich bleibe stehen und kämpfe.

Eine keifende Stimme aus meinem Unterbewusstsein drängt mich zum Kühlschrank. Mein ganzer Körper zittert, als ich zaghaft nach einem der Blaubeertörtchen greife.

Langsam entferne ich das rosafarbene Papier mit den weißen Punkten, starre auf den Fettfleck am Boden und drehe das Törtchen in meiner Hand so lange herum, als würden davon die Kalorien weniger werden.

Ich breche ein kleines Stück ab und begutachte den blaubraunen Haufen in meiner Hand, bevor ich ihn in meinen Mund schiebe und bestimmt eine Minute lang darauf herumkaue.

Nachdem ich runtergeschluckt habe, breche ich noch ein Stück ab. Und dann noch eins.

Als ich nach zehn Minuten alle drei Blaubeertörtchen gegessen habe, öffne ich den Kühlschrank ein weiteres Mal.

Schokoladenpudding.

Nach kurzem Zögern stopfe ich die wackelige Masse mit den vielen Kalorien mit bloßen Händen in meinen Mund.

Käse. Eine halbe Packung.

Spaghetti, Chips und Cola.

Mein Magen rebelliert gegen das viele Essen, aber ich fühle mich wie betäubt. Als ich die Gummibärchentüte öffne, gibt mein Handy einen Ton von sich.

5 verpasste Anrufe von Mom

Ich schrecke aus meiner Starre auf. Hastig tippe ich auf den Anrufbutton. Leitung belegt. Shit. Ich verdrehe die Augen, auf dem Weg in mein Zimmer begegnen mir Sascha und Jules.

»Morgen, Kleine.« Sascha salutiert, ich strecke ihm die Zunge raus und die beiden gehen lachend an mir vorbei.

Damian hat echt nur komische Freunde.

Gib es doch zu, du magst diese merkwürdigen Typen, Paige.

☾

Gerade als ich in mein Zimmer gehen will, hält mich eine Stimme zurück.

»Bist du eigentlich morgen auch auf der Release- und Geburtstagsparty von Damian?« Ich muss erst einmal die Gedanken in meinem Kopf ordnen.

»Äh, klar.« Ich lächle unsicher.

In meinem Inneren bricht Chaos aus.

»Marie und Julien wissen Bescheid, aber bitte kein Wort zu dem Idioten.«

Alles was in Robyns kitschigen Büchern stand, konnte innerhalb von kurzer Zeit zur Realität werden.

Zu meiner Realität.

Meine Finger kribbeln, als ich mich ein paar Minuten später an die Schreibmaschine setze.

☼

Brooklyn, New York
05. Januar

Robyn,

ich spürte den Druck von kaltem Metall an meiner
Stirn. Das Fenster schlug laut auf und zu und der
einsetzende Sturm, der draußen tobte, ließ die
ganze Kulisse extrem angsteinflößend wirken.
Noch nie in meinem ganzen Leben habe ich so laut
geschrien, Robyn.

Die Bilder der Vergangenheit zogen wie ein Film
an mir vorbei.
In diesem Moment habe ich wirklich bereut, jemals
einen Schritt in den fremden dunklen Gang getan
und Alecs Code in das Zahlenfeld eingegeben zu
haben.

Mein Blick wanderte von einer schwarzen
Schusswaffe zu einer kleinen Hand mit türkis lackierten Fingernägeln, welche die Waffe hielt,
die auf meine Stirn gerichtet war. Die Hand ge-
hörte zu einem kleinen Mädchen mit zusammengekniffenen, hellgrünen Augen und honigblonden
Haaren. Sie stand auf einem hölzernen Stuhl und
trug ein weißes, knielanges Nachthemd.

"Bitte nimm das Ding aus meinem Gesicht."

Ich hatte das Gefühl, die kleinen Finger an der
Schusswaffe würden gleich abdrücken.

"Das ist kein Ding, das ist eine halbautomatische Desert Eagle 5oAE. Und wer bist du?"

"Paige."

Das kleine blonde Mädchen zog genervt ihre Augenbrauen zusammen.

"Paige und weiter?"
"Paige Alyaska Courtney."
"Und wie alt bist du?"
"Sechzehn."

Diese abstruse Szene fühlte sich mit jeder Sekunde mehr wie ein Polizeiverhör an.
"Und warum bist du hier?"

Sie war noch immer entschlossen, alle möglichen Informationen aus mir herauszubekommen.

"Ich weiß es ehrlich gesagt nicht."
"Du weißt es nicht?"

Sie ließ die Pistole sinken. Ich nickte langsam, um meine Freude darüber zu verbergen, und deutete auf die Waffe in ihrer Hand.

"Woher hast du die?"
"Mrs. Eagle ist ein Geschenk von meinem Dad."
"Deine Pistole hat einen Namen?"
"Klar, alle meine Waffen haben Namen."
"Wer bist du?"
"Leslie Yenene Ivanovna Pavlova, ich bin sieben Jahre alt."

☼

Es schien, als sei für sie längst vergessen, dass sie mir vor gar nicht allzu langer Zeit ihre Knarre an die Stirn gepresst und Polizeiverhör gespielt hat.
Leslie setzte sich auf ein großes Bett, über dem sich ein offenes Fenster befand, strich sich den honigblonden Pony aus den Augen und ich sah mich im Raum um.

"Warum bist du ganz alleine hier?", fragte ich in die Stille und Leslie begann, ihre Beine baumeln zu lassen und dabei die Fersen gegen das Bettgestell zu schlagen.
Bum bum bum.

"Ich bin kein gewöhnliches Kind, weißt du."

Ich nickte, das hatte ich auch schon vermutet.
Leslie stand wieder auf und lief zu einem Regal, auf dem einige Bücher lagen. Sie zog eines heraus und winkte mich zum Bett.

Ich war ziemlich erstaunt, dass ein so kleines Mädchen die alte, schöne, aber gleichzeitig auch todtraurige Ausgabe der Kleinen Meerjungfrau der Version von Disney vorzog.

Sie drückte mir das Buch in die Hand und gab, während ich ihr daraus vorlas, alle drei Sekunden einen Kommentar zur Geschichte ab.

Irgendwann klappte ich das Buch zu und wir sahen uns für ein paar Sekunden stumm an.

☾

"Ich werde bald nach Chicago ziehen. Also sag mir,
wie du die Welt dort draußen siehst", forderte
sie mich auf. Ich erzählte ihr von den leuchtenden Buchstaben in TheWayStation, den vier Jungs,
die gerade dabei waren, der Welt einen neuen Sinn
zu geben, und von dir, meiner besten Freundin,
mit deinen blauen Haaren und deinen überwälti-
genden Gedanken, die ich stundenlang in mich
aufsaugen könnte. Und davon, dass ich dir Briefe
schrieb, um für dich die Welt anzuhalten.

Ich musste lächeln, als ich zu Leslie sah und
merkte, dass sie mir aufmerksam zuhörte.

Irgendwann hörte ich ein Geräusch hinter der Tür.

Und, Scheiße, Robyn, ich vergaß zu atmen.

"Schönes Mädchen?"

Und da stand er im Halbdunkel, die Hände in den
Hosentaschen, und starrte mich an.
Alec Montgomery, der Typ aus TheWayStation, der
mich dort hingebracht hat, würde mich wohl für
immer und ewig "schönes Mädchen" nennen.

Goodbye
Paige

☼

Ich stehe auf und wische mir mit dem Handrücken die Tränen aus meinem Gesicht, als ich daran denke, wie Leslie mich angesehen hat, als Alec mir sagte, dass wir gehen würden. Mein Blick huscht zu meiner Armbanduhr.

Es ist fast dreiundzwanzig Minuten her, seit Alec hinter der Hausecke verschwunden ist. Genau zwanzig Minuten sind vergangen, seit ich den Kühlschrank aufgemacht habe.

Jetzt sind es einundzwanzig Minuten.

Ich lege eine Hand auf meinen Bauch, spüre die Wölbung unter meinen Fingerkuppen und laufe mit sehr langsamen Schritten in den Flur.

Zweiundzwanzig Minuten.

Im Bad schließe ich die Tür hinter mir ab. Meine Augen im Spiegel sehen noch etwas glasig vom Weinen aus, und während ich mir die Hände mit Seife wasche, starre ich auf die kleinen Schaumbläschen, die sich im Waschbecken bilden.

Vierundzwanzig Minuten.

Ich knie mich vor die Toilette, drücke mir mit der linken Hand direkt unter dem Magen auf den Bauch und stecke mir den rechten Zeigefinger so weit es nur geht in den Mund. Ich röchle und würge, starre in die Kloschüssel und kotze, bis nichts mehr kommt. Es riecht nach Erbrochenem.

☾

Ich spüle runter, öffne das Fenster, stelle mich vor den Spiegel, seife meine Hände ein, drehe den Wasserhahn auf und wasche meine Hände und dann mein Gesicht.

Siebenundzwanzig Minuten.

Du hast es wieder getan.

☼

[09]
Geburtstagsparty

»Happy Birthday, Damian!« Ich grinse Damians Bettdecke an, unter der ein paar lange Haarsträhnen hervorlugen.

»Pass auf, dass du nicht deinen ganzen Geburtstag verschläfst«, sage ich, während ich die Rollläden hochziehe und an meiner Kaffeetasse nippe.

Damian gibt einen undefinierbaren Laut von sich und öffnet blinzelnd die Augen.

»Danke, Paige«, sagt er und grinst verschlafen, was sogar ein bisschen niedlich aussieht.

»Ich hab mir heute Nacht irgendwie den Kopf zerbrochen«, murmelt Damian gähnend.

»Und gibt es irgendwelche Ergebnisse?«, frage ich belustigt.

»Ja!«, meint er plötzlich total motiviert und setzt sich auf.

»Warum nennen dich bloß alle Schneewittchen oder schönes Mädchen?«, fängt er an.

Ich unterbreche ihn, um ihm zu erklären, dass mich eigentlich wirklich nur Curtis und Alec so nennen, da bringt er mich mit einer Handbewegung wieder zum Schweigen.

»Oh Paige. Dein Spitzname ... nein, dein Künstlername ... nein! Dein Rufname! ... sollte P, A, C sein. Pac. **PAC**. Paige Alyaska Courtney. Das klingt so Bombe. Wir müssen dich umtaufen.« Er ist so euphorisch, als hätte er gerade als erster Mensch herausgefunden, dass die Erde eine Kugel ist.

Ich breche in schallendes Gelächter aus. »Das klingt wie der Name einer Superheldin.«

»Scheiße, heute ist Releaseday«, erkennt er plötzlich und klatscht sich gegen die Stirn. »Und dein siebzehnter Geburtstag!«, sage ich schnell. Aber er hört mir gar nicht zu.
Innerhalb einer einzigen Sekunde wird unsere alberne Stimmung gegen etwas Schweres ausgetauscht.
Damian kickt Curtis, der neben ihm auf einer Matratze auf dem Boden liegt, um ihn zu wecken.
Oder um ihn nervös zu machen.
»Curtis! Heute ist Releaseday.«
So wird man doch gerne geweckt.
Curtis schlägt seine Augen auf und huscht ohne einen Gruß in meine Richtung ins Bad, gefolgt von dem auf ihn einredenden Damian. Mir wird die Badtür vor der Nase zugeknallt.
»Ich wünsche euch einen tollen Tag«, bringe ich noch hervor.

Mein Blick fällt wieder in Damians Zimmer. Auf seinem Schreibtisch liegen bunt verstreut ein paar Songskizzen, Stifte und zerknüllte Blätter. Ich trete an die Türschwelle, da ein Blatt meine Aufmerksamkeit auf sich zieht, das neben Curtis' Rucksack, ein paar Zigarettenschachteln, einer Haarspraydose und Klamotten auf seiner Matratze liegt.

Ist das nicht das kleine Mädchen mit der Knarre, wegen dem du die ganze Zeit rumheulst?

Oh ja. Curtis hat ein Mädchen gezeichnet, das, verdammte Scheiße noch mal, exakt aussieht wie Leslie.

☼

Als ich noch näher treten will, um mich zu vergewissern, dass es sich bei dem Mädchen wirklich um sie handelt, höre ich vom Flur her Stimmen näher kommen.

Schnell laufe ich zur Treppe.
Ich sollte sofort aufhören, mich in fremde Angelegenheiten einzumischen. In den letzten Tagen bin ich schon in genug Dinge reingeraten, die nicht für mich bestimmt waren.
Schon allein bei dem Gedanken an Maries Telefonat, das Zimmer in dem heruntergekommenen Haus und Leslies hellgrüne Augen, die mich von Curtis' Matratze angesehen haben, als würde sie mir damit etwas sagen wollen, würde ich mir am liebsten ein Taxi zurück nach Boston rufen, mich dort in meinem Zimmer einschließen und nie wieder rauskommen.

Du bist nicht dafür geschaffen, etwas zu verändern.

Marie werkelt in der Küche an Mittagessen und Geburtstagskuchen herum und steckt Dad dann und wann mal etwas davon in seinen Mund.
»Guten Morgen«, brummt Dad.
Marie dreht sich zu mir um und lächelt nervös. »Sind sie sehr aufgeregt?«
Ich nicke und setze mich mit einem Joghurt an den Küchentisch.

Curtis und Damian kommen in ein Gespräch vertieft und perfekt gestylt die Treppe runter. Mir ist schon jetzt klar, dass Damians Geburtstag nur Nebensache sein würde.

Und du offensichtlich auch.

☾

Zwanzig Minuten später klingelt es. Als ich die Tür öffne, blicke ich in die nervösen Gesichter von Sascha und Jules. Wir begrüßen uns alle und Sascha rauscht in die Küche. Jules sieht, im Gegensatz zu den anderen, noch relativ gelassen aus.

»Essen?«, fragt Marie Jules und Sascha. Sie nicken beide und laden sich ordentlich die Teller voll.

Curtis' Blick liegt auf meinem Joghurt und mein Herz klopft schneller, als er mir dann direkt in die Augen schaut. Die Brauen über seinen hellbraunen Augen ziehen sich kurz zusammen, bevor er den Blick zur Tür wendet, an der es gerade wieder klingelt.

Alec steckt seinen Kopf durch die Tür, ich grinse. Curtis und Damian stehen auf und begrüßen ihn. »Hallihallo, schönes Mädchen.« Ich stehe auch auf und er umarmt mich.
»Du auch?«, fragt Marie erfreut über einen weiteren potenziellen Esser und hält Alec den Topf hin.
Es klingelt erneut und Max betritt die Küche. Ich merke, wie die Anspannung ins Unermessliche steigt.

♫

Ich nehme zwei Stufen auf einmal, ein paar Haarsträhnen haben sich aus meinem Pferdeschwanz gelöst. Ein paar Freunde der Jungs, die beim Dekorieren des Hauses helfen, sind schon etwas angetrunken. Curtis und Damian sind gerade bei einem Interview und werden heute Abend hoffentlich pünktlich zur Überraschungsparty wieder zurück sein. Sascha und Jules wurden schon heute Mittag abgedreht, weshalb sie schon früher zurück sind.

☼

Marie und Dad haben mir vor ein paar Minuten mitgeteilt, dass sie die Nacht bei Bristol, der Freundin, mit der Marie letztens das Telefonat in der Küche hatte, verbringen würden, damit wir sturmfrei haben. Ich kann mir vorstellen, dass sie nicht unbedingt Interesse daran haben, Damian mit irgendwelchen Mädchen zu erwischen. Und wie ich meinen Stiefbruder bis jetzt kennenlernen durfte, wird er sich das auf seiner Geburtstagsparty nicht entgehen lassen.

Vorsichtshalber schließe ich meine Tür ab, bevor ich mich umziehe. Ich habe das lila Kleid mit der engen Korsage und der Spitze über dem Tüllrock das letzte Mal vor einem halben Jahr auf der Party eines Freundes von Robyn getragen. Es hat mich so sehr eingeschnürt, dass ich kaum atmen konnte.
Jetzt sitzt es wie angegossen.
Wenn ich mich drehe, breitet sich der Rock aus wie ein Fächer.

Ich drehe den Schlüssel im Schloss herum. Die Tür springt mit einem Knarzen auf. Ich schließe sie von außen wieder ab. Es muss nicht sein, dass jemand mein momentan noch quietschlila Gruselzimmer sieht. Das würde mich von Anfang an zur Lachnummer machen.

Ich sehe nach rechts und links und lasse dann kurzerhand meinen Zimmerschlüssel im Ausschnitt meines Kleides verschwinden. Wozu sollten Ausschnitte sonst da sein?

Sascha kommt um die Ecke.
»Hi.« Er zückt sein Handy. »Gibst du mir deine Nummer, dann kann ich dir schreiben, ob alles nach Plan verläuft. Ich hole Curtis und Damian ja später ab, weil Damian natürlich denkt, wir würden bloß was essen gehen.«

☾

»Mist, ich hab mein Handy in meinem Zimmer vergessen.«

Und du Idiotin weißt deine Nummer nicht auswendig.

»Ja, dann hol es doch einfach.« Er lacht und ich werde knallrot. Ich würde am liebsten im Boden versinken, als ich in meinen Ausschnitt greife, um meinen Schlüssel rauszuholen. Sein Blick wechselt von verwirrt zu belustigt.

Robyn würde sicher ein breites Grinsen aufsetzen, wenn sie uns beide so laut lachend in diesem Flur sehen könnte.

♫

Sascha

Sind in fünf Minuten da.

19:27

Ich grinse, als ein Typ zum Ende des Raumes joggt und das Licht ausschaltet. Der Küchentisch ist überhäuft mit Geschenken. Alec pfeift durch die Finger und alle verstecken sich.

»Hallihallo, schönes Mädchen«, murmelt Alec und hockt sich neben mich hinter die Küchentheke.
»Hey«, flüstere ich zurück, die Außenbeleuchtung geht an. Ich höre auf zu atmen. Der Schlüssel im Schloss dreht sich.
»Hast du eine Ahnung, waru-«, fängt Damian verwirrt an, was mal wieder typisch ist.
Das Licht geht an.
»Überraschung!« Jemand wirft buntes Konfetti.

Es entsteht ein leichtes Gedränge, da alle Damian beglückwünschen und umarmen wollen. Ich lächle unsicher, so viele Menschen bin ich nicht gewohnt. Die Hintertür wird geöffnet und ein Teil der stickigen Luft entweicht in den Garten. Draußen werden die Lampions angezündet.

»Hey!« Ein Mädchen mit knallgelbem Kleid verschafft sich Gehör. »Spielt doch mal was aus eurem Album!«

Ein paar andere Leute nicken zustimmend.

»Ja! Zur Feier des Tages, kommt schon, Leute!«

Mein Blick schafft es nicht durch die Menge zu Curtis und Damian, um ihre Reaktion zu sehen.

Die Menge bewegt sich nach draußen in den Garten. Ich sehe Curtis, wie er Alec mit Damians Zimmerschlüssel zuwinkt.

Ich laufe mit Alec die Treppe nach oben, um ihm zu helfen, die Instrumente nach unten zu tragen. Im Flur angekommen stolpere ich fast über einen Typen, der mit dem Rücken zu uns vor meiner Tür steht und versucht, die Türklinke runterzudrücken.

Als er uns entdeckt, macht er verlegen einen Schritt zurück und sieht uns aus großen River-Phoenix-Augen erschrocken an.

Ich runzle die Stirn.

Was hat Brian Dooley an meiner Zimmertür zu suchen?

»Brian?«

»Alec!«, meint Brian, als müsste er sich vergewissern, dass er es wirklich ist.

»Was machst du hier?«, fragt Alec ihn.

»Ich hab mich in der Tür geirrt«, antwortet er, aber hört nicht auf, mich anzustarren.

»Sag mir, dass nicht nur ich das komisch fand gerade«, sagt Alec leise und sieht mich mit einer Mischung aus Belustigung und Sorge an, als Brian die Treppe herunterläuft.

»Kennt ihr euch irgendwie?«, lacht Alec.

»Wir haben uns eigentlich echt nur einmal gesehen«, antworte ich kichernd.

»Aber was zur Hölle hat der dann an deiner Tür gesucht?«

Ich zucke mit den Schultern und in mir verstärkt sich der Eindruck, dass ich Brian doch schon mal zuvor irgendwo gesehen habe.

Alec läuft durch das Zimmer. »Die zwei Akustikgitarren, das Mikro neben dem Bett und eine Cajon, die Verstärker stehen schon unten.«

Im Garten stimmen Sascha und Damian die Gitarren. Die Menge hat sich in einem Kreis um die Band gestellt und jubelt, als Damian zum Intro von `After The Nights Are Gone` einsetzt.

☼

eXtRaVaGant - After The Nights Are Gone

Erste Strophe
You never asked me
how I feel.
When you talk to me,
you spit the words out.

Chorus
After the nights are gone.
After the nights are gone.
My hands are shaking
and my voice is breaking,
I'm still not enough.
My hands are shaking
and my voice is breaking,
I'm still not alright.

Zweite Strophe
You literally gave
me the gun.
When I shot the man,
I couldn't breathe.

☾

Chorus
After the nights are gone.
After the nights are gone.
My hands are shaking
and my voice is breaking,
I'm still not enough.
My hands are shaking
and my voice is breaking,
I'm still not alright.

Bridge
Please, man, do you wanna hear:
"Take your steps and don't look back.
And give a fuck 'bout everything and me.
Give a fuck 'bout everything and me."

Chorus
After the nights are gone.
After the nights are gone.
My hands are shaking
and my voice is breaking,
I'm still not enough.
My hands are shaking
and my voice is breaking,
I'm still not alright.

☼

Ich mag es, wie Curtis die Worte betont und mich dabei anschaut. Etwas in seinem Blick gibt mir das Gefühl, dass dieser Song mehr ist als nur die Worte, die er singt und die Melodie, die Damian, Sascha und Jules spielen. Ich habe das Gefühl, dieser Song hat einen tieferen Sinn.

Aus dem Haus tönt ein Song von den Arctic Monkeys. Ich drehe mich Richtung Garten, wo sich ein paar Menschen in langen Mänteln unterhalten oder tanzen. Ich beobachte sie eine Weile, bis ich wieder einen Blick zur Menschenmenge hinter mir wage.

»Warum so alleine, schönes Mädchen?« Alec stupst mich leicht an der Schulter, ich antworte nicht, stattdessen deute ich mit dem Kopf zur Tür, wo sich die Menschenmasse einfach nicht verringern will.

»Du darfst deinen Abend nicht davon abhängig machen«, meint er altklug und nickt zu Curtis und Damian. Eine undeutbare Nervosität hat sich in den letzten Minuten in mir ausgebreitet.

»Hab ein bisschen Spaß!«, sagt er noch, bevor auch er in der Menschenmenge verschwindet.

Ich seufze, so habe ich mir den Abend bestimmt nicht vorgestellt. So alleine, obwohl ich von Menschen umringt bin.

»Hey, du.« Etwas tippt auf meine Schulter.

Ich habe eine Weile einfach nur in die Leere gestarrt, langsam komme ich wieder in der Wirklichkeit an. Wirklichkeit, obwohl doch alles so unwirklich ist.

»Hey ... du!« Die Stimme ist immer noch da.

Langsam drehe ich mich von der Tür weg. Ein Mädchen steht vor mir.

☾

Sie sieht asiatisch aus und ihre rotbraunen Haare leuchten in dem gedimmten Licht.

»Ja?«, bringe ich heraus.

»Ich hab dich noch nie gesehen, wie heißt du?« Ihre Stimme ist angenehm, sie spricht langsam, nicht so, wie man angesichts ihres schrillen Aussehens annehmen würde.

»Ich ... bin Paige«, stottere ich.

Sie mustert mich einen Augenblick, bevor sie mir ihre Hand reicht. »Yang.«

»Ich bin neu«, füge ich noch hinzu, als sie, ihren Blicken nach zu urteilen, versucht, mich irgendwem zuzuordnen.

»Dachte ich mir schon«, meint sie und nickt zur Küche, die in eine provisorische Bar umfunktioniert wurde.

»Lass uns was trinken«, schlägt sie vor.

Jetzt hast du wenigstens einen Anlass, dich zu betrinken.

»Du kennst hier also noch niemanden, oder?«, fragt Yang mich.

»Ist das so offensichtlich?«

»Du sahst ziemlich verloren aus.« Ihre direkte und ehrliche Art ist mir irgendwie sympathisch, auch wenn ich mir jetzt schon Sorgen mache, dass sie mich irgendwann damit verletzen könnte. Nachdem wir uns Cocktails geholt haben, erzählt sie mir, dass sie mit Curtis und Damian in eine Klasse geht.

»Woher kennst du Damian?«, fragt sie mich.

»Ich bin quasi seine Stiefschwester.«

Ihre Augen werden groß. »Natürlich! Ich hätte gleich drauf kommen müssen. Du bist das schöne Mädchen!«

Ich räuspere mich vollkommen überrumpelt. »Woher ...?«

Sie lächelt. »Willkommen in der Familie.« Sie nimmt mich fest in den Arm.

Jetzt verstehe ich nichts mehr.

»Alec hat was mit meinem besten Freund. Sie sind seit zwei Monaten verlobt.«

Ich lächle und gönne es Alec so sehr.

»Warte, ich hole ihn.«

»Hi, Schätzchen. Ich bin Yves.« Der fremde Junge umarmt mich und verschränkt dann seine Hände mit Alecs. Ich spüre, wie der Alkohol langsam seine Wirkung zeigt und meine Zunge schwerer wird.

»Du bist also das schöne Mädchen mit den Haarreifen, von dem Alec schon so viel erzählt hat, aha.« Er nickt mir lächelnd zu und fächert sich dann mit der freien Hand Luft zu.

»Hi«, sage ich und lächle ihn an. Sein Make-up sieht aus, als hätte er Ahnung davon, und seine Haare zeigen eine Mischung aus verschiedenen Galaxyfarben.

»Ich liiiebe deine Haare«, schwärmt Yang und streicht andächtig über meinen Kopf. Wir unterhalten uns noch ein wenig, bevor wir auf die Tanzfläche gehen, die sich im Garten gebildet hat.

Wahrscheinlich traue ich mich nur zu tanzen, weil ich getrunken habe.

Als die langsameren Lieder kommen, gehen wir auf die Tanzfläche, wirbeln herum und kriegen uns nicht mehr ein vor Kichern.

»Wie gefällt dir die Musik von eXtRaVaGant?«, fragt sie mich.

☾

Du solltest versuchen, deiner Begeisterung nicht zu sehr Ausdruck zu verleihen, wenn du nicht möchtest, dass in deinen Augen rosa Herzen mit den Worten ›Curtis Moore‹ aufpoppen.

»Joa, die Lieder, die sie mir vorgespielt haben, sind ganz okay«, meine ich.

Herzlichen Glückwunsch für die Untertreibung des Jahrhunderts, Paige Courtney.

Mein Blick huscht zu Curtis und Damian. Ich lächle, Curtis unterhält sich angeregt mit jemandem, den ich nicht erkennen kann. Ich drehe meinen Kopf ein bisschen weiter, damit ich sie besser sehen kann. Mein Lächeln erlischt.
Es ist ein blondes Mädchen. Sie ist sehr dünn, hat Grübchen in den Wangen, wenn sie lächelt, und rosa Lippen. Es genügt nur ein Blick, um zu wissen, dass sie das hübscheste Mädchen auf dieser Party ist. Ihr Arm liegt auf Curtis' Schulter und sie flüstert Damian etwas ins Ohr. Etwas in mir zieht sich schmerzhaft zusammen, als Curtis seine Hand auf ihre Taille legt und sie lachend zu sich zieht. Sie ist vielleicht ein bisschen älter als Curtis und Damian. Ich beiße mir auf die Lippen, als ich ihr teures Markenkleid sehe, und weiß, dass ich jetzt roten Lippenstift an den Zähnen habe. Es ist eng anliegend und beige. Ich starre an mir hinunter und dann wieder zu ihr. In der Hand hält sie eine schlichte Clutch.

Wer würde sich nicht Hals über Kopf in sie verlieben?

»Und das ist Mara, seit Kurzem die Stylistin der Band. Niemand weiß bis jetzt mehr über sie als ihren Namen.« Yang macht eine bedeu-

☼

tungsvolle Handbewegung. Ich schlucke. Auch das noch. Die geheimnisvolle Unbekannte. Andererseits weiß hier auch niemand über mich Bescheid.

Du bist aber weder geheimnisvoll noch hübsch, Paige.

Ich fand es nie cool, wenn Menschen sich auf Partys betrinken, bis sie vollends ihr Bewusstsein verlieren, weil sie nicht merken, wann sie übers Dazugehören und Lockersein hinaus getrunken haben.
An diesem Abend verstehe ich die Besoffenen ein bisschen. Sie haben keine Angst, sie sind einfach nur da. Und obwohl ich ihnen ansehen kann, dass ihnen kotzübel ist, sehen sie glücklicher aus als ich nachts am Wasserkocher.
Eigentlich wollen wir doch alle nur unsere eigene Unsicherheit überspielen.

Ich werde aus meinen Gedanken gerissen, als ein rothaariger Typ im Vorbeitorkeln seinen Cocktail auf Yang verschüttet.
»Arsch.« Sie sieht auf ihr nasses Shirt.
»Komm mit, ich geb dir eins von mir.«
Wir gehen nach oben und sie sieht sich fasziniert in meinem Zimmer um. »Wow, das ist voll vintage.«
Ich reiche ihr lachend ein Shirt. »Wir können gern tauschen.«
Während sie sich umzieht, beobachte ich durch mein Fenster im Garten ein paar Leute mit witzigem Tanzstil.
»Na ja, wenigstens ist mein Rock nicht nass.«

Wir kommen wieder unten an, als Alec gerade auf den Küchentisch steigt und laut durch die Finger pfeift.
Das Licht wird erhellt und die Musik leise gestellt.

☾

»Alle, die Bock auf Flaschendrehen haben, ins Wohnzimmer.« Er springt vom Tisch und zwinkert Yang und mir zu.

»Komm, das wird sicher witzig!« Yang nimmt meinen Arm und schleift mich ins Wohnzimmer.
Witzig. Ich weiß zwar nicht, ob ich das wirklich so witzig finde, aber ich lasse mich ergeben neben Yang auf dem Wohnzimmerboden nieder. Wir sind eine Runde von ungefähr zwölf Menschen, alle anderen befinden sich mehr oder weniger betrunken an der Bar oder im Garten. Mara sitzt zwischen Yves und Damian. Curtis sitzt mir gegenüber.

Yang neben mir zappelt die ganze Zeit herum. Sie gehört zu den Menschen, die überdrehen, wenn sie getrunken haben. Die Flasche in der Mitte dreht sich das erste Mal. Ich nippe an meinem Cocktail. Das Mädchen, auf das der Flaschenkopf zeigt, hat viele Sommersprossen. Sie muss ihr Kleid ausziehen, das ohnehin nicht viel mehr von ihrem Körper bedeckt als ein Badeanzug.

Als sich die Flasche erneut dreht, bekomme ich Schluckauf. Die Stimme meiner Babushka schleicht sich in meinen Kopf, wie sie lacht und auf Russisch sagt, ich solle die Luft anhalten, wenn ich Schluckauf bekomme.

Ein Junge mit sehr langem Namen muss eine Flasche Bier exen, da er nicht mit der Freundin seines besten Kumpels rummachen wollte. Diese Party ist so abgefuckt.

☼

Ich halte die Luft an und alles dreht sich. Ich greife nach meinem Becher, mein Mund ist taub. Alles um mich herum schaltet sich aus, der Junge mit der Bierflasche verschwimmt.

Mir ist übel, ich fühle mich wie abgeschnitten. Für ein paar Sekunden schließe ich die Augen, muss sie aber sofort wieder öffnen, damit das beschissene Schwindelgefühl nachlässt.

»Hast du Feuer, Curtis?«, höre ich Maras Stimme.

»Jo, lass mal rausgehen.« Die beiden verlassen den Raum und ich spüre, wie alle Farbe aus meinem Gesicht weicht.

»Alles okay?« Alecs Stimme mischt sich in mein Unterbewusstsein. Ich reagiere nicht, fühle mich wie in einer Blase. Wie in Trance trinke ich noch einen Schluck.

Du siehst ein kleines Mädchen vor dir, das sich den honigblonden Pony aus den Augen streicht.

»Leslie«, flüstere ich.

Sie lächelt und erzählt etwas von Meerjungfrauen. Du hörst dich selbst, deine Stimme, die etwas liest, »Die kleine Meerjungfrau ist die Jüngste und Anmutigste.« Du siehst, wie Leslie sich dreht, wie ihr weißes Nachthemd in die Höhe weht. Du bekommst keine Antwort.

Leslie blickt dich aus ihren riesigen hellgrünen Augen verwirrt an.

Leslie lächelt, als du ihr das Märchenbuch in die Hand gibst.

Leslie setzt sich auf ihr Bett und sieht dich mit dem Kopf auf die Knie gestützt an.

Gemurmel, zwei Stimmen, dann drei, dann eine. Ich werde hochgehoben.

Ich öffne meinen Mund, doch es kommt nichts heraus. »Schneewittchen.« Es ist Curtis' Stimme, ich werde abgesetzt, auf etwas Hartem.
»Leslie«, flüstere ich wieder. Keine Antwort.
Ich werde an den Schultern gepackt und geschüttelt. »Paige!« Ich winde mich aus dem festen Griff.

Ein lauter Knall ertönt. Ich öffne meine Augen, Curtis nimmt flu-
chend seine zitternde Hand vom Tisch. Es ist eiskalt hier draußen.

Er sieht mich aus leeren Augen an. Ich starre zurück, keiner sagt etwas. Fast fünf Minuten schweigen wir uns an, genauso gut könnte es
aber auch nur eine gewesen sein. Mein Zeitgefühl ist verloren, als wäre es nie da gewesen. Curtis' Hand liegt wieder auf dem Tisch, seine
Knöchel bluten.

Er sieht mir zum ersten Mal an diesem Abend direkt in die Augen und
zieht seine Hand vom Tisch, als er merkt, wie ich sie anstarre. In den
letzten Stunden hat sich etwas zwischen uns verändert. Ich kann
nicht deuten, was es ist. »Du hast gezittert und dir ist Schweiß über
die Stirn gelaufen, noch dazu hast du die ganze Zeit deine Lippen
bewegt«, durchbricht er schließlich die Stille.
»Da stand ein Mädchen, Curtis. Oh, du riechst schon wieder so nach
Zimt.« Er schüttelt den Kopf, hält aber Blickkontakt.
»Scheiße, bist du betrunken.«
Er schüttelt wieder den Kopf und beißt sich auf die Unterlippe. »Erzähl
mir davon.«

»Sie ... hatte blonde Haare und grüne Augen und hat mir eine Knarre
an den Kopf gehalten ...« Wieder tauche ich in die Erinnerung ein.
»Sie war klein und hatte ein weißes Nachthemd an ...«, fahre ich fort.

»Du warst bei Leslie?«, fragt er mich und ich kann nicht einschätzen, was als Nächstes passiert.

»Alec hat mich hingebracht«, sage ich eingeschüchtert.

Curtis rauft sich fassungslos die Haare. »Alter. Ich sagte ihm, dass er dich aus `TheWayStation` wegbringen soll, weil dort plötzlich mein Vater aufgetaucht ist und ich vermeiden wollte, dass du in die Scheiße reingerätst. Und dieser Idiot bringt dich ausgerechnet zu Les. Wahrscheinlich glaubt er immer noch, dass du irgendwas ändern kannst.«

Darum also wollte Alec, dass ich das Ganze schnell wieder vergesse.

»Was habt ihr gemacht?« Etwas liegt in seinem Blick, das mir einen Schauer über den Rücken laufen lässt.

Ich öffne meinen Mund. »Sie wollte, dass ich ihr `Die kleine Meerjungfrau` vorlese.«

Curtis blickt auf den Tisch, scheint mit sich selbst zu ringen. »Leslie liebt Meerjungfrauen. Für dieses Mädchen ... « Curtis' Stimme bricht. Ich vergesse zu atmen.

»Für dieses Mädchen, meine kleine Schwester, würde ich leben, töten und sterben.«

Mein Herz setzt für einen Moment aus.

☾

[10]
Katerstimmung

Curtis klemmt sich eine Zigarette zwischen die Lippen. Ich schwanke ein wenig und muss mich an der Tischkante festhalten, um nicht umzukippen. Er kramt ein Feuerzeug aus seiner Hosentasche. Die Zigarette glüht in der Dunkelheit und ich kann meine Augen nicht abwenden, obwohl ich Robyn schon rauchen sehe, seit ich vierzehn bin. Curtis' Wangen ziehen sich zusammen, als er den Rauch in seine Lungen zieht. Im nächsten Moment bläst er ihn gen Himmel.

Ich beobachte ihn stumm. Mir ist kotzübel und ich habe stechende Kopfschmerzen. So vieles könnte ich sagen, so vieles, was ich auch schon zu Robyn gesagt habe, um sie von den Zigaretten abzubringen. Aber so lange er mir den Rauch nicht ins Gesicht pustet, werde ich meine Klappe halten. Seine Wangen ziehen sich wieder zusammen, als er den Rauch ein weiteres Mal einatmet.

Eine Falte bildet sich zwischen seinen Augenbrauen, während er mich einen Moment lang mustert, mein Gesicht nach etwas absucht, wie er es so oft tut. Dann steht er auf, ohne mich noch eines Blickes zu würdigen, läuft bis zum Hauseingang und zieht an seiner Zigarette, als er das hell beleuchtete Haus betritt.
Ich stapfe ihm hinterher. Curtis nimmt den roten Becher, der ihm hingehalten wird, und stößt mit irgendwem an.
Er grinst, als hätte er vergessen, worüber wir noch vor einer Minute gesprochen haben.

Ich taumle ins Haus und zur Treppe, um mich nach oben in mein Zimmer zu wuchten. Als ich vor meiner Zimmertür angekommen bin, kotze ich in die Blumenvase, bevor ich umkippe.

♫

Die ersten Leute verlassen die Party. Spätestens um fünf Uhr wird Alec alle rauswerfen. Yves und Yang sind vor eineinhalb Stunden gegangen. Seitdem Alec mich vom Flurboden in mein Zimmer verfrachtet hat, liege ich mit höllischen Kopfschmerzen auf meinem Bett und starre die Puppen auf dem gegenüberliegenden Regalbrett an meiner Wand an. Schlafen kann ich bei diesem Lärm niemals. Seit ich vorhin meinen gesamten Mageninhalt in der Blumenvase vor meiner Zimmertür entleert habe, geht es mir schon ein bisschen besser.

Schlafen kann ich nicht und die Kopfschmerzen sind gerade nicht ganz so schlimm, also setze ich mich an den Schreibtisch mit dem knarzenden Stuhl und streiche über das schwarz glänzende Gehäuse der Schreibmaschine. Sie riecht alt und ist kalt unter meinen Fingerkuppen. Ich atme einmal tief durch, bevor ich meine Finger über die Tasten fliegen lasse.

℃

Brooklyn, New York
07. Januar

Robyn,

Yang: "Bitte sag mir nicht, dass du Curtis gut
findest. Er bricht naive Mädchenherzen, Paige."

Ich: "Ich weiß."

Es ist 06:32 Uhr, Robyn.

Diese Nacht ließ mich viele Tode sterben.

Goodbye
Paige

Mein Handy klingelt und ich nehme ab.

»Hi!«, ertönt Yangs Stimme aus dem Lautsprecher.

Ich kneife meine Augen zusammen, da ihre Stimme heute gegensätzlich zu meinem ersten Eindruck ziemlich schrill klingt und ich noch immer schreckliche Kopfschmerzen habe.

»Ich stehe in sieben Minuten vor deiner Haustür.« Bevor ich protestieren kann, hat sie aufgelegt.

Ich renne ins Bad, rette meine Haare mit viel Trockenshampoo, putze meine Zähne und sprühe mich mit Deo ein. Gerade als ich ein frisches Shirt schlüpfe, klingelt es. Ich sprinte die Treppe hinunter und öffne die Tür unelegant mit meinem Ellenbogen.

»Komm doch rein«, meine ich leicht unbeholfen und sie lässt ihre Handtasche auf den Boden fallen, um mich zu umarmen.

Ich schiebe schnell ein Kinderbild von mir mit zehn Jahren und einem lila Haarreif, auf dem ich peinlich aussehe, hinter einen Bücherstapel und setze mich auf einen Stuhl.

In meinem Kopf dreht sich alles. Yangs Lächeln verblasst auch dann nicht, als ich mich krampfhaft auf dem Stuhl winde, weil mein Kopf sich anfühlt, als würde ein Vorschlaghammer darauf eindreschen. Robyn wäre das sofort aufgefallen.

Robyn, Robyn, Robyn.

Mir wird schwarz vor Augen.

»Noch mal danke für dein Shirt gestern. Alles okay bei dir?« Yang stoppt ihre wilde Gestikulation und legt mein Shirt auf den Tisch.

»Der Alkohol gestern war keine gute Idee«, antworte ich.

»Ach so«, meint sie kichernd.

»Ich lege mich am besten ins Bett«, bringe ich noch heraus und stehe von meinem Stuhl auf.

Ich bin mir nicht sicher, ob sie mich wirklich gehört hat, denn sie starrt nur auf ihr Handy und nickt abwesend.

»Du, ich muss dann auch mal wieder«, sagt Yang, als ich im Flur stehe, und starrt weiterhin auf ihr Handy.

»Klar«, meine ich und scheitere kläglich bei dem Versuch, ein Lächeln zu fälschen.

»Wir treffen uns morgen früh am Schwarzen Brett, ja?«, ruft sie noch und öffnet die Haustür.

Ich nicke und murmle ein weiteres »Klar.«

Natürlich habe ich keine Ahnung, wo sich das Schwarze Brett befindet.

♪

Mein Handy klingelt. Blinzelnd öffne ich meine Augen und taste mit der linken Hand auf meinem Nachtkästchen herum, dann reiße ich meine Augen auf und starre auf Curtis' Namen auf dem Bildschirm.

Die Erinnerungen an die Party flimmern nur noch als Fetzen vor meinem inneren Auge auf.

Mädchen, du warst betrunken mit Curtis allein und hast irgendeinen Mist geschwafelt.

»Hallo?« Meine Stimme hört sich verschlafen an.

»Hey, Schneewittchen.«

»Alles okay?«, frage ich nur, um gar nicht erst den Eindruck zu erwecken, über meinen Alkoholkonsum auf der Party reden zu wollen.

Ich runzle meine Stirn, als ich mich aufsetze. Shit, Kopfschmerzen.

»Äh, warte kurz.« Ich höre durch das Handy, dass im Hintergrund Stimmen auftauchen. Nach ein paar Sekunden entfernen sie sich wieder und ich höre nur noch Curtis' Atem.

»Ich bin bei den Toiletten«, flüstert er und ich höre, dass ihm etwas auf dem Herzen liegt.

»Was ist los, Curtis?«

»Die Songs aus dem Album sind oben in den Trends und wir haben einen blauen Haken auf Instagram bekommen und ... ich wollte es dir als Erster sagen. Wollte übrigens noch wissen, ob du das gestern ernst gemeint hast: Rieche ich wirklich nach Zimt, Paige?« Ich drücke vor Schock auf den roten Hörer und sitze mit schnell klopfendem Herzen auf meinem Bett.

Kein Alkohol mehr für die kleine Paige.

[11]
Highschool

Da stehe ich nun, schutzlos, ausgeliefert und völlig übermüdet vor dem Schulgebäude.

Willkommen zurück im Schulleben, Paige.

Aus dem Augenwinkel erkenne ich, wie Curtis und Damian sich Sonnenbrille und Kapuze aufziehen. Sie stehen mit ein paar Leuten, die ich nur flüchtig von der Party kenne, vor dem Eingang und sehen in meine Richtung. Ich folge ihrem Blick.
Kameras.
Und das direkt am Schultor. Ich wende meinen Blick ab.

Durch die bodentiefen Glasfenster erkenne ich Yangs rotbraunen Schopf.
Ein Schrei ertönt.
Damian und Curtis drehen sich in die Richtung, aus der er kommt.
»Oh. Mein. Gott! Da vorne stehen Damian Winter und Curtis Moore!«
Und als wäre es das Normalste der Welt, rennt eine Horde Mädchen auf sie zu und ich werde nicht gerade rücksichtsvoll zur Seite geschubst.
Ich hätte es kommen sehen müssen.

Und wieder einmal bist du die, die allein auf dem Pausenhof steht.

»Alles okay bei dir, schönes Mädchen?«

Ich drehe mich erschrocken um. Alec steht hinter mir, zieht seine cappuccinobraune Sonnenbrille ein Stück von der Nase und sieht mich dann mit seinem speziellen Alec-Blick durch die von Ringen geränderten, mehrfarbigen Augen an. Ich sage nichts, sondern schleife Alec am Arm hinter mir her ins Schulgebäude.

»Was machst du denn hier?« Diese Stimme gehört definitiv Yves. Er und Alec küssen sich und ich stelle mich neben Yang, welche die Clubaushänge studiert. »Hey«, meint sie grinsend und wir umarmen uns kurz.
»Wir haben den ersten Block zusammen.« Yang zückt ihren zusammengefalteten Stundenplan.

»Zuerst Französisch, dann hab ich Kunst. Den Kurs für Tanz und Schauspiel.« Sie reibt sich freudig die Hände und ich stelle meine Tasche auf den Boden, um meinen Stundenplan rauszukramen.

»Ich hab auch einen Kunstkurs, aber den für Zeichnen.« Mir graust es schon jetzt davor, diesen Kurs alleine besuchen zu müssen.
»Komm, wir müssen los, wenn wir nicht zu spät kommen wollen!« Yang zieht an meinem Cardigan und deutet mit dem Kopf zum Gang. Ich werfe einen letzten stirngerunzelten Blick auf meinen Kursplan, bevor ich ihn wieder in meine Tasche stopfe.

Der Französischraum befindet sich im Obergeschoss, in einem der vielen Korridore, zu welchem mehrere Wege führen. Ich kann meinen Blick kaum von den knutschenden Pärchen an den Spinden nehmen.

☾

An meiner alten Highschool hatten wir einen überstrengen Direktor, der jegliche Körpernähe innerhalb des Schulgebäudes untersagte.

Es sticht in meiner Brust, als ich mit den Gedanken in eine Zeit schweife, in der meine Welt von außen betrachtet noch okay zu sein schien.

Die Tür steht offen, Yang und ich huschen schnell hindurch und sie lässt sich auf einem Stuhl in der ersten Reihe fallen. Ich setzte mich neben sie, bin froh darüber, dass ich nicht wie in `Boston` in der letzten sitzen muss.

♫

Ich laufe neben Yang in Richtung der Spinde, um dort die Bücher für die nächste Stunde zu holen. Diese Highschool ist bestimmt dreimal größer als meine alte und es gibt auch mehr Gebäude.

Ich sehe mich immer wieder unauffällig nach Curtis und Damian um, aber unter den vielen Menschen, die mir entgegenkommen, finde ich sie nicht.
Es könnte sogar sein, dass sie zwei Meter von mir entfernt stehen, aber von der Menschenmenge, in der sie sich befinden, abgeschirmt werden und ich sie dadurch nicht sehen kann. Ich seufze und schaffe es nur durch Fragen zu meinem nächsten Kurs, was sich als relativ schwierig herausstellt, da mir jeder Schüler etwas anderes erzählt.

Neben den Spinden sitzen über ihre Hefte gebeugte Schüler, die ihre Hausaufgaben abschreiben.

☼

»Fahren wir heute nach Englisch zu Brandy nach Manhattan? Hab gestern Bilder auf Insta von der neuen Kollektion gesehen und muss mir unbedingt was davon für die Party holen«, höre ich eine Mädchenstimme neben mir sagen.

Typisches Brandy-Melville-Mädchen.

Sie hat braune Haare, ist nicht auffällig groß, wirkt sehr sportlich und hat einen ehrgeizigen Ausdruck auf dem Gesicht.

Neuntklässlerin wahrscheinlich.

»Voll gerne. Ich hab extra noch ein Workout gemacht und eine neue Diät begonnen, dass mein Bauch nicht so scheiße darin aussieht«, meint ein anderes Mädchen mit kurzen schwarzen Haaren, die in alle Himmelsrichtungen abstehen.

Ihr Gesicht ist hübsch, sie hat rote Wangen, eine schmale Nase und große grüngraue Augen.

Ich zwinge mich, weiterzulaufen und meinen Blick abzuwenden. Aber es fällt mir schwer, weil alles, was diese Mädchen sagen, alles worüber sie sich gerade Gedanken machen, mich so sehr an Robyn und mich erinnert.

Die Tür zum Raum meines nächsten Kurses steht offen und ich bahne mir einen Weg durch die Menschen, um mich an irgendeinen Tisch zu setzen. Ich spüre ein kurzes Zupfen an meinem Rock, als ich meine Tasche auf die Bank stelle.

»Na, Hübsche?«

Erschrocken drehe ich mich um und sehe in das Gesicht eines anzüglich grinsenden Typen.

»Hi, ähm … John«, antworte ich belegt, den Namen auf seiner Footballteamjacke entziffernd und fieberhaft überlegend, wie ich ihn schnellstmöglich wieder loswerden kann.

»Hör zu, ich hab grad echt keine Zeit«, stottere ich und drehe mich demonstrativ mit dem Rücken zu ihm, um meine Bücher auszuräumen.

Als der Junge mich an den Schultern packt und wieder zu sich umdreht, sehe ich aus meinen Augenwinkeln schwarze Chucks. Mein Blick wandert nach oben zu einer knallroten Jeans und Fingern, die einen schwarzen Edding halten. Curtis und Damian stehen mit dem Rücken zu mir gedreht und verteilen Autogramme.

Ich schaue zu dem Jungen vor mir, der gerade dabei ist, seine Handynummer auf meinen Block zu schreiben.

»Ähm ...« Ein Mädchen rennt hektisch ins Klassenzimmer.

»Mr. Brown kommt!« John lässt zwinkernd von mir ab und alle Schüler setzen sich auf ihre Plätze.

Ein verschwitzter Mann mit Halbglatze knallt seinen Aktenkoffer auf das Pult und sieht mit seinen kleinen, flinken Äuglein durch das Zimmer, bevor er zweimal in die Hände klatscht.

»Neuzugänge?«, bellt er.

Ich hebe meinen Arm und hoffe gleichzeitig, dass er mich nicht bemerkt.

Die Köpfe drehen sich zu mir um und ich beginne, nervös mit dem Fuß auf dem Boden herumzutippen, als der Lehrer einen Blick auf die Anwesenheitsliste wirft und grunzt.

»Kommen Sie nach vorne, Courtney.«

Ein Schauer fährt mir über den Rücken. Vorstellungsrede.

Wie ich solche Lehrer hasse.

Mein Stuhl knarzt, als ich aufstehe und mit schlurfenden Schritten durch die Reihen zum Pult laufe. John, der bis gerade eben noch mit seinem Sitznachbarn diskutiert hat, dreht sich zu mir um und setzt prompt wieder seinen Aufreißerblick auf. Ich versuche, ihn zu ignorieren, aber seine knallrote Footballteamjacke wirkt wie ein unübersehbarer Leuchtturm.

Ich stelle mich vor die Tafel und räuspere mich.
Was soll ich bitte sagen?
Will ich denn überhaupt etwas über mich sagen?
Ich stehe vorne, mein Blick schweift durch die Reihen. So ziemlich jeder in diesem Raum sieht mich gelangweilt an.

Zwei leuchtende, hellbraune Augen schauen mich an. Während ich ein paar Sätze über mich stottere, kann ich meinen Blick nicht von Curtis nehmen. Er versinkt durch seine Haltung fast unter dem Tisch, seine Arme sind verschränkt und er beobachtet mich schamlos. Irgendwann während meiner Rede, die vielleicht eine Minute geht, zieht sich Curtis' rechter Mundwinkel nach oben.

Ich präge mir Details aus seinem Gesicht ein. Leslie ist ihm bis auf die Augen wie aus dem Gesicht geschnitten. Allein die perfekte Nase, die vollen Lippen, das Kinn, die hervorstechenden Wangenknochen und die hohe Stirn. Ob Curtis wohl auch so honigblonde Haare wie Leslie hätte, wenn er sie nicht färben würde?
Für einen Moment bin ich von diesem Gedanken so abgelenkt, dass ich ins Stocken gerate.
Im gleichen Moment raschelt es durch die Lautsprecher. »Damian Winter und Curtis Moore bitte umgehend ins Sekretariat!«

Damian öffnet den Mund. »Diesmal haben wir wirklich nichts angestellt.«

Der Schweiß-Lehrer zieht eine grimmige Fratze und wendet sich dann wieder an mich: »Setzen!«
Während ich zu meinem Platz laufe, schaue ich Curtis und Damian über die Schulter nach, wie sie aus dem Raum verschwinden.

Also besonders traurig sehen die nicht aus.

♫

Da heute alle Schüler früher Schluss haben, ist die Schule für mich nach der Doppelstunde beendet. Als ich auf den Pausenhof gehe, klingelt mein Handy. Ich nehme ab, ohne nachzuschauen, wer anruft. Mit der freien Hand halte ich mein Ohr zu, um die Stimme am anderen Ende besser verstehen zu können.

»Hallo?«
»Hi, Paige, hier ist Sascha.«
Ich runzle meine Stirn. »Es ist doch nichts passiert, oder?« Meine Stimme ist zum Ende hin leiser geworden.
Sascha räuspert sich und meint dann mit leerer Stimme: »Hinter der Highschool wartet Alec auf dich und bringt dich nach Hause.«
»Aber ich kann auch mit dem Bus fahren«, protestiere ich.
Ich mag nicht, dass Alec mich immer herumkutschieren muss, wie irgendein billiges Taxiunternehmen.

Mit schnellen Schritten laufe ich um die Schule herum. Alec steht mit Sonnenbrille und tief ins Gesicht gezogener Kapuze an seinem knallgrünen Auto und lächelt mich an.

»Hallihallo, schönes Mädchen.«

Ich setze mich auf den Beifahrersitz.

Alec steigt ein und braust los.

»Also. Was ist passiert?«, fange ich das unumgängliche Gespräch an.

Er sieht mich belustigt an. »Was soll denn passiert sein?«

Ich ziehe eine Augenbraue hoch. »So viel Aufwand für nichts?«

Er lacht wieder nur.

»Dein verehrter Stiefbruder und Curtis wurden soeben aus der Schule geworfen«, meint er nur und biegt in eine Seitenstraße ein.

»Was?«, frage ich entsetzt. »So viel zu, ich zitiere: Diesmal haben wir wirklich nichts angestellt.«

»Nein, nein!« Er lacht. »Du verstehst mich falsch, Damian und Curtis können erst mal nicht mehr in die Schule gehen, wegen der Presse und Fanansammlungen in den Pausen. Weil die Situation vor den Ferien schon schwierig war – neben den vielen Proben war auch keine Zeit zum Lernen und so –, haben sich Curtis und Damian mit der Schulleiterin darauf geeinigt, dass es besser ist, eine Pause in der Schule einzulegen.«

Mir bleibt der Mund offen stehen, als ich mich an die Menschenmassen vor dem Schulgebäude erinnere, Curtis' Edding, das ganze Geschrei und die Kameras. Das alles erscheint jetzt für mich in einem ganz anderen Licht.

Alec grinst vor sich hin, während ich versuche, mich wieder zu sammeln. Wir halten vor unserem Haus, Alec steigt aus und öffnet mir die Autotür.

Zurück in Dads Haus werden wir von allen mit einem Nicken begrüßt. Wir setzen uns an den Küchentisch, selbst Max, Sascha und Jules sind gekommen. Marie sitzt auf einem Stuhl. Sie lächelt zwar, aber ich weiß, dass sie damit nur verbergen will, wie sehr sie das Ganze mitnimmt.

Eine lange Diskussion folgt, in der ich die meiste Zeit einfach nur stumm zuhöre und hin und wieder mal nicke.

Die Runde löst sich nach und nach auf.

Fest steht, dass Damian und Curtis auf unbestimmte Zeit freigestellt sind. Jules und Sascha gehen ja zum Glück nicht mehr zur Schule. Sie werden jeden Tag proben und Songs produzieren können. Ich merke, wie die Anspannung langsam von mir abfällt.

Wir sitzen alleine in der Küche. Ich stehe von meinem Platz auf der Küchenbank auf und laufe zu Curtis rüber, der auf ein Blatt in seiner Hand starrt, und schaue über seine Schulter.

Es ist die Zeichnung, die ich am Samstag neben seiner Tasche und den Zigarettenpackungen auf seiner Matratze gesehen habe.

»Das ist wunderschön«, wispere ich.

Curtis dreht seinen Kopf zu mir und dann wieder zur Zeichnung. »Ich hab Angst, sie nie wiederzusehen«, sagt er so leise, dass ich fast denke, es mir nur eingebildet zu haben.

♫

Es klingelt an der Tür. Yves trägt mehrere aufeinandergestapelte Pizzakartons in den Händen und stellt diese auf den Wohnzimmertisch. Curtis taucht an der Treppe auf und begrüßt die Truppe. Jules und Sascha machen sich sofort über die Pizza her und Alec zappt die Programme durch, bis er einen Actionfilm findet. Yang versucht, ihm die Fernbedienung wegzunehmen. Irgendwie finden wir alle auf dem

Sofa Platz und schauen Filme, bis uns vor Müdigkeit die Augen zufallen.

Frühling

[12]
Klavier

Robyn,

vor genau zwei Monaten habe ich hier in New York
City das erste Mal einen Fuß in die Highschool
gesetzt.

In den frühen Morgenstunden, wenn es draußen
noch stockdunkel ist, liege ich häufig wach und
höre, wie Damian von irgendwelchen Partys nach
Hause zurückkommt.

Wenn er nachmittags ausgeschlafen hat und ich
von der Schule zurück bin, kommen die anderen
vorbei, proben oder hängen im Studio rum.
Marie und Dad finden das Ganze nicht so geil,
aber sie sind ziemlich tolerant, weshalb sie
Damian relativ viel durchgehen lassen.

Gestern war ein Filmteam hier, um eine Homestory
für eXtRaVaGant zu drehen.
Ich saß völlig unvorbereitet im Badezimmer auf
dem Wannenrand und kämmte meine nassen Haare,
als ich hörte, wie sie die Treppe hochgingen und
ich durch die Tür des Badezimmers dumpf Worte wie
"Take 1", "Klappe" und "Kameraeinstellung" ver-
nahm.

☼

Dann wickelte ich hektisch meine Haare in ein
kleines Handtuch, saß stumm auf dem Klodeckel,
las Dads Musikzeitschriften, hörte Musik durch
meine Kopfhörer und versuchte, keinerlei
Geräusche zu machen.
Ich hatte davor nicht genug Zeit gehabt, mir einen ganzen Satz an frischen Klamotten und ein
großes Handtuch herauszusuchen, und war deshalb
nur mit frischer Unterwäsche ins Badezimmer ge-
huscht (auch weil ich dachte, es gäbe noch ein
großes Handtuch von mir im Bad). Was ich davor
anhatte, war mit großen Kaffeeflecken übersät und
roch nach Schweiß, weshalb ich nervös auf meiner
Unterlippe herumbiss und betete, dass alle bald
verschwinden würden, sodass ich schnell in mein
Zimmer konnte und nicht Gefahr lief, von irgendjemandem gesehen zu werden.

Irgendwann, es musste eine Ewigkeit vergangen
sein, hörte ich nichts mehr.
Weder die penetrante Stimme des Regisseurs, der
andauernd den Kameramann anmeckerte, noch die
von Curtis, Sascha oder den anderen.
Ich wartete ein paar Minuten und öffnete dann
vorsichtig meine Tür.

So was passiert immer nur mir, Robyn.
Okay, Themawechsel!

Die Schule hier in Brooklyn ist toll, ich verstehe mich mit ein paar Leuten aus meinem Kunstkurs
ganz gut und hänge in den Pausen mit Yang und
Yves rum.

Gestern hat Max angekündigt, dass die Band bald
auf Tour gehen wird. Die Jungs freuen sich auf
das ganze Vorbereitungsprozedere. Ihr
Vampirleben können sie dann noch mehr ausleben.

Ich erwische die vier jetzt immer öfter in
Damians Zimmer, alles voll Rauch und vieler lee-
rer Bierflaschen.
Das ist der Stress, sagen sie immer.
Solange sie dabei keine Scheiße machen, kann es
mir eigentlich egal sein.
Aber irgendwie ist es das nicht.
Du bist der Mensch, der mich am allerbesten
kennt, Robyn.
Du weißt, dass ich mir immer viel zu viele
Gedanken über alles mache.

Goodbye
Paige

☼

Ich nehme das Blatt aus der Maschine, falte es und lege es auf meinen Nachttisch.

Marie steht in meiner Zimmertür. Es ist Samstagmorgen und wir sind allein zu Hause.

Sie öffnet ihren Mund, schließt ihn aber gleich darauf wieder, nur um ihn dann noch einmal zu öffnen.

»Möchtest du, dass wir zu Robyn fahren?« Sie versucht sich an einem Lächeln und ich sehe die Angst in ihren Augen, davor, dass ich Nein sagen könnte.

Ich sehe sie für ein paar Sekunden an und nicke dann reflexartig.

Ich lege meinen Kopf an die Fensterscheibe des Autos und spüre Maries Blick auf mir. Die Bäume und Häuser ziehen vorbei und verschwimmen zu bunten Punkten.

Marie parkt vor dem Krankenhausgebäude. Wir laufen durch den Schnee über den Parkplatz bis zur Eingangstür.

Mrs. Smith sitzt auf ihrem Platz am Empfang und schiebt sich die Brille auf ihrer spitzen Nase zurecht, als sie uns kommen sieht.

»Wir möchten Raven Obyn besuchen«, sage ich.

Mrs. Smith klickt sich durch das Krankenhaussystem und schaut mich mit mitleidigem Blick an.

Marie und ich stehen vor ihrer Zimmertür.

»Möchtest du sie sehen?«, frage ich unsicher. Sie nickt und ich drücke die Türklinke herunter.

Robyns Kopf ist auf ein weißes Kissen gebettet. Ihre Augen sind geschlossen und ihr Gesicht ist nicht wie letztes Mal durch eine sperrige Atemmaske verdeckt. Ein Schlauch hängt aus ihrer Nase und überall sind irgendwelche Kabel an ihren Körper angeschlossen, die mit einem Tropf und verschiedenen Geräten verbunden sind. Sie sieht aus wie das schlafende Dornröschen.

Marie stellt sich neben mich vor das Bett. Ich trete einen Schritt näher an Robyn heran und greife nach ihrer Hand. Unter ihren Lidern scheinen sich ihre Augen zu bewegen und ich halte für einen Moment die Luft an.
»Hey, Robyn«, sage ich leise und setze mich auf ihr Bett.

Als ich auf den Monitor neben dem Bett sehe, der regelmäßige Linien anzeigt, wische ich verstohlen eine Träne von meiner Wange, die mir erst jetzt auffällt.
Ich höre Schritte hinter mir.
Kurz bevor Marie den Raum verlässt, lächelt sie mir noch einmal zu. Ihr Gesicht ist tränenüberströmt und ihr Körper zittert. Sie sieht dem kleinen Mädchen mit den hellgrünen Augen so verdammt ähnlich.

Am liebsten würde ich sie umarmen, aber Robyns Hand fühlt sich so kalt und leblos an, dass ich mich nicht bewegen kann.

Mir wird zum ersten Mal bewusst, dass Maries Stärke nur eine Maske war, mit der sie andere Menschen in dem Glauben lassen wollte, sie könnte die Last der ganzen Welt auf sich nehmen und würde nicht daran zerbrechen. Wieder schaue ich in ihre glasigen hellgrünen Augen und sehe Leslie vor mir.
Marie schließt die Tür hinter sich und ich drehe mich wieder zu Robyn, die vor mir liegt.

»Ich würde so gerne wissen, wo deine Gedanken gerade sind.« Ich schaue auf Robyns blaue Haare, die auf dem Kissen verteilt sind.

Ich schaue sie erwartungsvoll an.
»Du spürst doch, dass ich hier bin, oder?«, frage ich sie leise, während ich leicht ihre Hand drücke.

»Ich vermisse dich. Es fällt mir so schwer, ein normales Leben zu führen, während ich weiß, dass unsere Welt immer mehr verblasst, je länger du hier liegst.« Ich mache eine Pause und erinnere mich daran, dass es ihr nichts bringt, wenn ich sie noch mehr belaste, weshalb ich ihr längst Geschehenes erzähle.

»Du meintest immer, die Musik würde dich davor bewahren, durchzudrehen. Ich würde wieder für dich Klavier spielen, wenn du aufwachen würdest. Wir könnten wieder zusammen auf der Bühne stehen und das machen, was wir lieben. Ich kann das nicht ohne dich.«
Meine Tränen tropfen auf ihren Arm und ich hasse mich dafür, nicht die positive Freundin zu sein, die Robyn hilft, schnell wieder gesund zu werden, sondern die, die ohne sie nicht leben kann und nichts mehr in den Griff bekommt. Ich streiche meine Tränen von ihrer Haut und sehe in ihr Gesicht.

Ihre Augen sind offen.
Mein Herz steht still.

»Robyn?« Sie sieht starr an die Decke und ich weiß, dass ihr Bewusstsein noch immer nicht hier ist. Ihre hellblauen Augen leuchten nicht wie sonst, aber sie nehmen mich trotzdem vollkommen ein.

☾

»Letzten Herbst hast du Abführmittel in meiner Schreibtischschublade gefunden und anstatt mich anzuschreien und mir zu sagen, wie dumm das doch sei, wie Mom es wohl getan hätte, hast du mich in den Arm genommen und mir gesagt, dass alles gut werden würde.«
Ich sehe sie an und wünsche mir so sehr, dass sie mich hört.
»Du warst immer für mich da und ich weiß, dass ich nicht stark genug bin, dir das zurückzugeben.«
Plötzlich höre ich Robyns Worte in meinem Kopf, als wäre sie hier.
»Paige, du musst selbst die Sonne sein. Es fällt dir nur so schwer, weil du den Mond nicht loslassen kannst. Es liegt nicht an mir, sondern an dir.«

Es fühlt sich an, als hätte Robyn sich in mein Herz gesetzt. Und obwohl meine Augen voller Tränen sind, lächle ich, weil ich Robyn in diesem Moment so stark spüre.

»Du gibst mir Kraft. Ich wünschte, ich wäre wie du«, flüstere ich und drücke ihre Hand.

♫

In meinem Zimmer angekommen, setze ich mich auf mein Bett. Ich höre leise Gitarrenklänge von unten, vermischt mit dem Regen, der an mein Zimmerfenster prasselt.

Curtis' Stimme dringt zu mir nach oben und ich schließe meine Augen. Wärme umgibt mich und mein Herz pocht laut, als ich von einer Sekunde auf die andere realisiere, dass sie einen Song spielen, den ich vor vielen Jahren hier geschrieben habe.

☼

Als ich höre, wie meine Tür sich öffnet, blinzle ich und sehe Dad ein paar Meter entfernt stehen.

»Ich, ähm ...«, meint er dann und ich nicke, da ich weiß, dass er den Satz nicht beenden wird.

»Kommst du mit nach unten?«, fragt er mich.

Ich stehe auf und laufe mit Dad die Treppe runter, bis wir im Flur stehen. Eine Träne läuft über meine Wange. Mein Blick ist regungslos, als ich ins Wohnzimmer starre und dann zu Curtis, der mich still beobachtet.

Mein Mundwinkel zuckt, eine weitere Träne fällt. Ich schaue Curtis an, spüre den Blick von Marie und Dad auf mir und schluchze in meine Hände.

Ein Flügel.

Ich streiche mir mit den Händen die Tränen aus den Augen, schaue für ein paar Sekunden den schwarzen Flügel an und beginne zu lächeln.

Ich öffne mein altes Notenheft und schlage Seite 24 auf.

Ich lege mein Heft wieder auf den Notenständer, meine Hände auf die Tasten und vermassle zwei Töne, als ich Damians Akustikgitarre höre. Ich nehme meine Hände von dem Flügel, beiße mir auf die Innenseite meiner Wange und schmecke eine metallische, warme Flüssigkeit.

Die Welt um mich herum verschwimmt. Als würde es in diesem Moment passieren, sehe ich Robyn und mich auf meinem Bett sitzen und den Bildschirm anstarren. Ich höre ihre Stimme.

☾

»Wenn du die singenden Menschen im Fernsehen siehst, dann merkst du schnell, wer die Worte nur singt und wer für jede einzelne Note und jedes einzelne Wort brennt. Ich möchte, dass Menschen etwas fühlen, wenn sie Kunst erschaffen. Ich will, dass das, was ich für die Musik empfinde, niemals verschwindet und durch den ausdruckslosen Mainstreamlärm im Radio eingetauscht wird. Ich weiß, dass du für die Musik lebst und dass dieses starke Gefühl niemals aufhören wird, egal wie sehr du es versuchst und egal wie sehr es vielleicht schmerzen wird.«

Ich öffne meine Augen wieder und starre an die Wand, schalte mein Gehirn aus und höre auf ihre Stimme in meinem Kopf.
Ich schlage eine Taste an, spiele ein paar Noten.
Dann singe ich einen Ton.
Und noch einen.
Und es fühlt sich unglaublich an.

Robyn wusste es schon immer: Wenn man daran glaubt, dass Menschen zu etwas bestimmt sind, dann ist es bei uns die Musik.

☼

Paige Courtney - Whataboutism.

Erste Strophe
What's being human all about?
Please make a sound,
please make a sound.
Lead me through this empty town.

Can't tell you what I'm scared of at night,
gone for a year,
leaving me here.
Swimming in my tears without a sound.

Chorus
I hear all those people discussing
with whataboutism.
Can't you just give me an answer
to my question?

Zweite Strophe
What's going on inside your head?
Tell me about,
tell me about.
I'm questioning the sense of life.

Chorus
I hear all those people discussing
with whataboutism.
Can't you just give me an answer
to my question?

☾

```
    I hear all those people discussing
            with whataboutism.
    Can't you just give me an answer
            to my question?
```

Bridge
```
      You want me to be alright.
         Goddamn my mind,
         goddamn my mind.
       Oh no, I won't be fine.
```

```
  Sun goes down, you're not here,
         Coney Island Queen,
       drown letters in the sea.
  Listen clearly, you will hear me cry.
```

Dritte Strophe
```
    What's being human all about?
         Please make a sound,
         please make a sound.
    Lead me through this empty town.
```

Chorus
```
    I hear all those people discussing
            with whataboutism.
    Can't you just give me an answer
            to my question?
```

```
    I hear all those people discussing
            with whataboutism.
    Can't you just give me an answer
            to my question?
```

Das ist ein Moment für die Unendlichkeit.

Ich klappe den Flügel wieder zu und stütze mich mit dem Ellenbogen auf den Deckel.

»Warum hast du nichts gesagt?« Curtis steht von der Couch auf, stellt sich vor den Flügel und sieht mich vorwurfsvoll an.
»Weil Pac besser singt als du!«, feixt Damian, der am Wohnzimmer vorbei in die Küche läuft.
»So würde ich das jetzt nicht sagen«, meint Curtis und trotzdem zuckt sein Mundwinkel, als er mich wieder ansieht.

»Aber jetzt mal ehrlich. Wie zur Hölle machst du das?« Damian deutet auf mich und den Flügel.
»Ähm.« Ich hätte nicht gedacht, dass ihn das wirklich interessiert.
»Ich wollte mal selber Klavier spielen lernen.« Damian klappt den Deckel wieder hoch und inspiziert die verschiedenen Klaviertasten.
»Das wusste ich ja noch gar nicht.« Curtis grinst seinen besten Freund an.
»Zeig mir was, irgendwas.« Er hüpft herum und ich lache laut auf.
»Langsam, Damian, langsam.«

An diesem Abend schreibe ich einen neuen Song.

☾

[13]
Stay Alive

Ich sitze auf meinem gewohnten Platz neben Yang, als Mrs. Aly das Klassenzimmer betritt. Sie lässt ihre Aktentasche mit einem lauten Knall auf das Pult fallen, um für Ruhe zu sorgen. Die Gespräche verstummen augenblicklich und die Abschreiber verstecken flüchtig ihre Blöcke. Von irgendwoher wird mir mein Kugelschreiber zugeworfen.

Mrs. Aly wartet, bis wir alle aufgestanden sind, um sie zu begrüßen, bevor sie durch die Reihen läuft, um sich unsere Aufsätze anzuschauen.

Jemand tippt mir auf die Schulter, es ist Yves.
»Zeig mal.« Er deutet auf meinen Aufsatz.
Instinktiv will ich den Kopf schütteln, aber da ich nicht gut im Neinsagen bin, reiche ich ihn unauffällig nach hinten. Aber er schüttelt nur den Kopf.
»Wollte nur sehen, wie viel es ist, du Streberin.«
Er sagt es neckisch, aber trotzdem versetzt es mir einen Stich, weil es mich zu sehr an früher erinnert.

»Fleißig, fleißig, Courtney«, meint Mrs. Aly und sieht anerkennend auf meine acht Seiten zum Thema Inspiration.
Eigentlich hätten es nur vier sein müssen.
Die meisten in der Klasse haben drei Seiten und ein paar Zeilen geschrieben und das nur, weil Mrs. Aly in der letzten Stunde nicht dazu gesagt hat, dass die vierte Seite voll sein sollte.

Viele aus meinem Kreatives-Schreiben-Kurs verdrehen die Augen wegen des Lobs. Ich drehe mich wieder nach vorne und setze mich eilig. Mir passt der Gedanke gar nicht, dass Mrs. Aly sich bei mir eine Notiz auf ihren Vorlesezettel macht.

Sie erklärt, wie jedes Mal, die Bedeutung des Schreibens, dass Schreiben etwas Persönliches sei und man nur konstruktive Kritik geben dürfe.
Ich schrumpfe immer mehr in mich zusammen.
Was das Wort ›konstruktiv‹ betrifft, sind einige in diesem Raum wohl nicht sehr aufgeklärt.

♫

Ich sitze am Flügel und presse konzentriert meine Lippen zusammen, während ich transkribiere. Schritte hinter mir. Curtis setzt sich neben mich, er riecht nach Zigaretten. Meine Mundwinkel zucken, aber ich bleibe auf mein Blatt blickend sitzen. Irgendwann sehe ich ihn aus den Augenwinkeln an. Ich sehe sein Lächeln, als er merkt, dass ich ihn beobachte.

»Würdest du mitkommen, wenn ich dich fragen würde?«
Ein paar Sekunden verstreichen.
Ich nicke, dann fällt mein Blick auf die aufgeschlagene Seite des Ringbuchs in seiner Hand. »`Eight Cups Of Coffee`«, lese ich laut.
Er schaut auf das Blatt und klappt das Ringbuch schnell wieder zu.
»Neuer Song?«, frage ich ihn und lächle. Curtis nickt, steht auf und läuft in den Flur, wo er aus einem Schrank diverse Utensilien herauszieht und damit in Damians Zimmer läuft. Nach ein paar Minuten kommt er wieder raus, und ich fange augenblicklich an zu lachen.

Curtis zeigt mir seinen Mittelfinger und läuft die Treppe runter. Er trägt eine rote Latzhose, eine platinblonde Perücke und einen braunen Wintermantel.

Ich gehe in mein Zimmer, um mir meinen Mantel und die Dr. Martens zu holen. Dad hat Mom diese Schuhe vor Ewigkeiten geschenkt, als sie noch zusammen waren – sie passen mir wie angegossen. Und irgendwie mag ich es, mit einem Stück meiner Eltern durch die Welt zu laufen. Als ich meine Tür öffne, stoße ich mit Damian zusammen, der gerade vorbeiläuft.

»Pac, nicht so stürmisch!«, meint Damian amüsiert und ich lache, dann fällt mein Blick auf Curtis.

»So willst du aber nicht ernsthaft rausgehen, oder?«, frage ich Curtis kichernd, der am Treppengeländer lehnt. Damian hebt den Kopf und sieht jetzt ebenfalls Curtis an.

»Starleben und so, hm?«, meint Damian und zwinkert uns zu, während er sich eine Jacke überstreift, seine langen Haare zusammenbindet und sie unter einer hellgrauen Mütze verschwinden lässt. Wir drei laufen die Treppe runter zum Hinterausgang.

»Hier geblieben.«
Wir drehen uns erschrocken um.
»Wohin des Weges, junge Herrschaften?« Dad steht mit verschränkten Armen am Türrahmen und sieht ein wenig aus wie einer der Polizisten an Stevens Geburtstag.

»Um zwölf seid ihr spätestens wieder hier. Du hast morgen Schule, Paige.«
Ich nicke und Damian schiebt mich aus der Tür, bevor Dad es sich anders überlegt. Ich stolpere ein paar Schritte und Curtis zieht sich

☼

auf dem Weg eine Sonnenbrille und einen Schal an, die fast sein ganzes Gesicht verdecken. Es muss ungewohnt sein, dass Curtis und Damian sich draußen frei bewegen können, ohne von einer Schar Teenager umgerannt und angeschrien zu werden.

Draußen herrschen immer noch winterliche Temperaturen, die Straße ist eine Mischung aus Schnee und Matsch.

Ich kenne den Weg, den die zwei einschlagen.
»Nein! Gehen wir ins TheWayStation?«, frage ich grinsend und eine Spur zu hoch.
Ihre zuckenden Mundwinkel verraten sie. Von Weitem sehe ich die geschwungenen Leuchtbuchstaben. Ein warmes Kribbeln und etwas Aufregung umhüllen mich.

Die Sonne geht unter und ich habe das Gefühl, die Nacht fängt gerade erst an, als mir einer der Sicherheitsmänner im Eingangsbereich der Bar einen Stempel auf die Hand drückt. Wir laufen durch einen Raum mit vielen Menschen und ich knöpfe meinen Mantel auf. Am anderen Ende angekommen, öffnet Curtis die Tür und führt Damian und mich in einen Backstage-Raum.

Die ersten bekannten Gesichter, die ich sehe, sind die von Alec und Yves.
»Belami, Casanova und das schöne Mädchen!« Alec steht schelmisch grinsend auf und läuft auf uns zu. Durch die Tür höre ich bassbetonte Musik.

Curtis dreht sich zu mir, dreht den Ring an seinem Zeigefinger einmal und dann schaut er mich an. »Okay, Schneewittchen.«

☾

Ich begreife nicht, was hier gerade passiert.

»Hier.« Alec zieht etwas hervor. Nach genauerem Hinsehen merke ich, dass es das Blatt ist, auf das ich vor ein paar Tagen meinen neuen Song geschrieben habe.

»Es lag auf deinem Schreibtisch«, sagt Damian verlegen, als würde das rechtfertigen, dass er in meinen Sachen herumgeschnüffelt hat.
»Was wollt ihr damit?« Ich höre meinen schnellen Puls so laut, dass ich kaum die Worte verstehe, die meinen Mund verlassen.
»Dass du damit auf die Bühne gehst.«
»Nein. Das mach ich nicht. Ich möchte nicht vor so vielen Menschen singen … und ich hab doch noch nicht mal geübt.« Meine Stimme durchschneidet den Raum und ich schüttle meinen Kopf.

»So oft, wie du den Song in den letzten Tagen gespielt hast, kann sogar ich den mittlerweile auswendig«, schaltet Alec sich ein.

»Bitte, Schneewittchen.« Curtis schaut mich an und ich bin mir nicht sicher, ob er weiß, was er damit in mir anrichtet. Er riecht wie immer unglaublich nach Zimt.

Ich seufze. »Nur wenn ihr mir die Wahrheit über Leslie erzählt.«

»Was willst du wissen?« Curtis' Stimme klingt distanziert und ich habe Angst, dass er gerade dabei ist, eine weitere Mauer um sich zu bauen.

»Warum ist Leslie wie Marie? Und warum sollte ich etwas verändern können?«
»Das ist Alecs Meinung, nicht meine. Er hat herausgefunden, dass die

☼

Zahlen des Codes, übersetzt ins Alphabet, die Buchstaben deines Namens ergeben.«

Damian schaut für einen kurzen Moment Curtis an, bevor er sich zu mir dreht. »Mom war früher mit Curtis' Vater zusammen. Leslie Yenene ist ihre Tochter.«

Ich runzle verwirrt meine Stirn. »Aber war-«, fange ich an, aber Curtis unterbricht mich und sieht mich mit starren Augen an. »Das reicht für heute. Und jetzt geh auf die Bühne.«

Das ist keine Aufforderung, es ist ein Befehl. Als ich mich umdrehe, um durch die Lücke im Vorhang zur Bühne zu laufen, fühlt es sich an, als wären Curtis und ich noch nie so weit voneinander entfernt gewesen.

Meine Gedanken rasen und mein Herz klopft mir bis zum Hals, als ich mit schnellen Schritten über die Bühne zum Klavier laufe und mich auf den Stuhl setze. Man hört meinen stockenden Atem durch das Mikro hindurch.

Immer wenn ich auf der Bühne bin, gibt es diesen einen Moment, kurz bevor ich den ersten Ton spiele, in dem mein Herz so schnell klopft und sich anfühlt, als würde es heiß laufen, dass ich mir einbilde, ich würde sterben.

Buchstäblich.

Ich.

Auf der Bühne.

Mit den Händen auf den Tasten.

Meine Lippen blutig vom Draufherumbeißen.

Die Augen zu.

Das Herz schmelzend.

Und ich sterbe.

Buchstäblich.

Und dann spiele ich den ersten Ton.

((

PAC — Stay alive.

Erste Strophe
I wanna say something,
but my mouth disagrees.
I wanna feel something,
but my heart cries.
I wanna dance with you,
but my thoughts are so loud.
I wanna write her letters,
but my days are full of pain.

Chorus
You know that I'm lying
when I say that I'm fine.
You know my demons will
stay alive.
You know that I'm empty
even when I write much.
You know it's my cause to
stay alive.

Zweite Strophe
I wanna change something,
but my head feels heavy.
I wanna keep everything,
but it's flowing round here.
I wanna dance with you,
but my thoughts are so loud.
I wanna write her letters,
but my days are full of pain.

☼

Chorus
You know that I'm lying
when I say that I'm fine.
You know my demons will
stay alive.
You know that I'm empty
even when I write much.
You know it's my cause to
stay alive.

Bridge
Shit, I wanna think about
something that's important,
something that means something,
but I'm struggling, staying,
struggling with you.
But I'm struggling, staying,
struggling with everyone.
Always struggling with myself.
Always struggling.

Chorus
You know that I'm lying
when I say that I'm fine.
You know my demons will
stay alive.
You know that I'm empty
even when I write much.
You know it's my cause to
stay alive.

☾

Der letzte Klavierton hallt durch den Raum.

Jubelnde Menschen überall.

Mein Herz fühlt sich noch immer an, als sei es kurz davor, zu explodieren, weshalb ich die Situation noch nicht richtig realisiert habe.

Benebelt stehe ich auf, laufe mit einem unsicheren Lächeln über die Bühne, die Treppe runter, geradewegs in eine Menschenmenge.

Ich schaue in die vielen Gesichter, die mich anstarren. Zettel werden mir hingehalten, es ist laut und ich brauche einen Moment, um die Situation zu erfassen.

Dann wird mir von hinten ein schwarzer Edding gereicht.

Ich blicke hoch.

Curtis.

Er zwinkert mir zu und ich grinse.

Plötzlich höre ich Damians Stimme in meinem Kopf.

»Warum nennen dich bloß alle Schneewittchen oder schönes Mädchen?«, fängt er an. Du unterbrichst ihn, um ihm zu erklären, dass dich eigentlich wirklich nur Curtis und Alec so nennen, da bringt er dich mit einer Handbewegung wieder zum Schweigen.

»Oh Paige. Dein Spitzname … nein, dein Künstlername … nein! Dein Rufname! … sollte P, A, C sein. Pac. PAC. Paige Alyaska Courtney. Das klingt so Bombe. Wir müssen dich umtaufen.« Er ist so euphorisch, als hätte er gerade als erster Mensch herausgefunden, dass die Erde eine Kugel ist.

Ich breche in schallendes Gelächter aus. »Das klingt wie der Name einer Superheldin.«

Ich kritzle die drei Buchstaben auf ein paar Zettel und lächle.

PAC ist geboren.

[14]
Mond

Ich schlürfe verschlafen meinen Kaffee aus der Barbietasse, während ich in meinem Bett sitze und vor mich hin summe. Es klopft laut an meiner Tür.

»Du bist in der Zeitung, Paige.« Dad läuft an mein Bett und legt etwas auf meinen Nachttisch.

Ich gebe einen undefinierbaren Laut von mir, als ich mich von der aufgeschlagenen dritten Seite angrinse.
Moment.
Dort stehen Damian und Curtis.
Man sieht sie zwar nur verschwommen im Halbdunkel des `The-WayStation`, aber ich erkenne deutlich die platinblonde Perücke, Damians hellgraue Mütze und die rote Latzhose. Ich klatsche mir an die Stirn, als Curtis in meiner Tür erscheint.

Dad geht aus meinem Zimmer und Curtis' Blick wandert zu mir. Dann nimmt er mir die Kaffeetasse aus der zitternden Hand und trinkt selbst daraus. Nachdem er sie auf den Nachttisch gestellt hat, schnappt er sich den Zeitungsartikel und sieht ihn sich an, bevor er in seiner Hosentasche nach einer Zigarettenschachtel greift und meine Augen alarmiert groß werden.

»Bei aller Liebe, du inhalierst dieses Zeug nicht in meinem Zimmer!«

☾

Curtis' Mundwinkel bewegen sich für einen kurzen Moment nach oben und während er zu meinem geöffneten Fenster läuft, murmelt er immer wieder das Wort »Liebe« vor sich hin. Am Fenster zündet er sich eine Zigarette an und ich seufze, bevor ich mich mit einem Tuch vor der Nase neben ihn stelle und ihn beobachte. Er sieht mich kurz belustigt an, bevor er den Rauch aus dem Fenster bläst.

Curtis drückt seine Zigarette an einem meiner Blumenkübel aus, ich fiepe leicht und er schnippt den Stummel aus meinem Fenster, direkt vor Dads Füße, welcher Marie beim Umpflanzen im Garten hilft.

»Im Haus wird nicht geraucht, Curtis!«, ruft Marie nach oben und wieder erkenne ich Leslie in ihr.
»Jaja«, murmelt er.
»Wie geht es dem Rohr in deinem Zimmer?«, frage ich ihn.
»Ganz gut, schätze ich«, antwortet er, drückt sich am meinem Fensterbrett ab, läuft rückwärts aus dem Raum und verzieht an der Tür seinen Mund zu einem Lächeln.
Mein Herz rast.

Der Zimttyp ist hier, obwohl er weiß, dass mit seinem Zimmer alles wieder in Ordnung ist?

Auch wenn ich mich fast nicht traue, den Gedankengang weiterzuführen, denke ich, dass er nur nicht schon längst abgehauen ist, weil er es mag, hier zu sein.

Dann setze ich mich an meinen Schreibtisch und beginne zu schreiben.

☼

♫

Mein Handy gibt einen Ton von sich.

»Courtney, elektronische Geräte sind im Schulgebäude auszuschalten!« Mr. Brown mustert mich streng, ich werfe einen flüchtigen Blick auf mein Handy.

> Neu auf YouTube!
> eXtRaVaGant
> #01 Die Moon or Sun Tour

Meine Augen werden groß.

Die Tour heißt nicht ernsthaft ›Mond oder Sonne‹.

»Ich will mich nicht wiederholen.« Mr. Brown sieht mich aus seinen flinken Augen mahnend an und ich frage mich wieder einmal, was dieser Lehrer gegen mich hat. Linas Handy hat vor ein paar Minuten noch viel auffälliger geklingelt und er hat es einfach überhört. Seufzend schalte ich es aus und reiche es meinem Lehrer.

Nach der Stunde, welche glücklicherweise die letzte für heute ist, gehe ich vor, um mein Handy abzuholen. Mr. Brown schenkt mir nur einen bösen Blick und ich laufe schnell hinaus zu Yves, der am Parkplatz auf Alec wartet.

»Wo ist denn Yang?«, frage ich, da es die zwei in der Schule sonst nur im Doppelpack gibt.

»Unterleibsschmerzen.« Ich nicke verstehend und gleich darauf hält Alecs knallgrünes Auto neben uns.

Ich setze mich auf den Rücksitz.

»Hast du schon das Video gesehen?«, fragt Alec mich, als wir warten müssen, weil eine alte Frau mit Rollator über die Straße läuft.

»Nee. Mein Lehrer hat mir das Handy abgezogen, als ich die Nachricht bekommen habe.«

♫

Ich höre, wie Curtis und Damian, die gerade nach Hause gekommen sind, leise miteinander reden. Mittlerweile dämmert es draußen und ich nicke immer wieder an meinem Schreibtisch ein, weil ich in letzter Zeit nicht viel Zeit zum Schlafen gefunden habe.

Eigentlich seit ich bei Dad lebe.

Ich stehe von meinem Stuhl auf und ignoriere mein klingelndes Handy. Die Jungs streiten schon wieder, bestimmt geht es wie so oft um eine Uneinigkeit in ihren Songs. Ich öffne die Tür, beide sind über Damians Handy gelehnt und deuten auf etwas.

»Hallo Jungs.«

»Hi.« Mehr kommt nicht, ich runzle meine Stirn.

»Ist irgendwas?« Ich gehe einen Schritt auf sie zu.

Mein Handy hört auf zu klingeln.

»So kann man es sagen«, haut Damian raus und kassiert dafür von Curtis einen Schlag auf den Hinterkopf.

»Was ist passiert?« Meine Stimme fühlt sich kratzig an.

Ich ahne, dass es etwas Unschönes ist, und spüre, wie jegliche Farbe aus meinem Gesicht weicht, als Damian mir sein Handy entgegenhält. Erst verstehe ich nicht, worum es geht. Der Bildschirm zeigt den oberen Flur, durch den man in Damians und mein Zimmer gelangt. Damian drückt auf Play, im Vordergrund laufen die Jungs, machen Witze und beantworten Scherzfragen, die sie auf kleine Zettel geschrieben aus einem großen Marmeladenglas ziehen. Damian drückt auf Stopp und deutet auf die Verbindung zwischen meinem Zimmer und dem Bad, bei der man eine Gestalt mit zwei unordentlichen Dutts sehen kann, die nicht mehr als ihre Unterwäsche am Körper trägt und sich einen Klamottenstapel an die Brust drückt.

Ich schlage die Hände vor dem Mund zusammen, als ich meine weißwurstartigen Beine erkenne.
Ohne Zweifel.
Das bin ich.
Und das Schlimmste ist nicht einmal, dass Millionen Menschen nun meine Unterwäsche analysieren können.
Nein.
Ich tanze und singe mit Kopfhörern durch den Flur.

Damian pausiert das Video und reicht mir sein Handy. Ich scrolle runter und lese mir die Kommentare durch.
Ach du heilige Scheiße.
»Man kann dein Gesicht sehen und muss wegen dem Bild in der Zeitung nur eins und eins zusammenzählen«, seufzt Curtis.

♫

Ich bin eindeutig aufgeregter als sonst, als ich zu Alec ins Auto steige und meinen Kaffee fast über die Sitze schütte beim Versuch, den Becher zwischen meine Knie zu klemmen, um mir den Haarreif zurechtzurücken.
»Guten Morgen, singende Paige«, flötet Yves, der mich im Gegensatz zu seinem Freund noch mit meinem offiziellen Vornamen anspricht.
Gute Laune zu so früher Stunde finde ich sehr bedenklich.

»Alles gut bei dir?«, frage ich ihn und ziehe grinsend eine Augenbraue nach oben.

»Jaja Schätzchen, und du siehst furchtbar aus«, Yves beobachtet mich durch seine kritischen Kenneraugen und schüttelt den Kopf, als wäre ich eine Schande für die Welt. Ich bin gestern erst spät ins Bett gekommen, da wir noch sehr lange mit Max telefoniert und diskutiert haben. Normalerweise fahre ich nämlich morgens mit dem Bus zur Highschool, aber das wäre wohl nicht möglich gewesen nach dem ganzen Aufruhr, den die Fans um die paar Sekunden im Video gemacht haben, in denen ich zu sehen war.

Alec hält auf dem Schulparkplatz und als wir aussteigen, sehe ich mich direkt nach allen Seiten um, auch wenn ich mir dabei ziemlich merkwürdig vorkomme, da niemand, wirklich niemand auch nur annährend in meine Richtung sieht.
Ich kann den Menschen hier nicht übelnehmen, dass sie jemandem wie mir niemals zutrauen würden, dass ich an meinen Nachmittagen mit der zurzeit beliebtesten Teenieband abhänge. Denn ganz ehrlich, wenn ich es nicht besser wüsste, würde ich es mir selbst nicht glauben.

In der Geografiestunde schlafe ich fast ein.
Ich werde mir nachher den dritten Kaffee holen.

♫

Ich schlürfe an meinem Kaffeebecher. »Hey, du da!« Ich drehe mich um, da die Stimme bedrohlich nah scheint.
»Du bist doch die aus dem Video von eXtRaVaGant, oder? Ich hab dich vorhin mit der Chinesin reden gehört und deine Stimme kam

mir bekannt vor.« Ich will etwas darauf erwidern, aber meine Kehle ist wie zugeschnürt und ich bekomme leichte Panik.

»Wie heißt du?«, fragt sie mich und ich sehe sie nur stumm an. »Für den Fall, dass du mit eXtRaVaGant rumhängst, unterschreib mal bitte hier.« Das Kaugummi kauende Mädchen hält mir mit ihren langen orangefarbenen Gelnägeln ein rosa Papier entgegen, auf dem Fotos von den Jungs kleben.

♪

Der Weg nach Hause verläuft trübselig. Im Bus werde ich von ein paar streitfreudigen Neuntklässlern angerempelt und dann beginnt es auch noch wie verrückt zu schütten.
Klatschnass betrete ich das Haus. Stille umgibt mich. Kein Wunder, die Jungs sind seit ein paar Stunden im Studio und Marie und Dad arbeiten. Hastig streife ich mir meine vom Regen dunkellila verfärbten Chucks von den Füßen und versuche dann, mein Handy aus der Jackentasche zu bekommen, bevor ich mir in der Küche Zeitungspapier schnappe, um damit die Schuhe zum Trocknen auszustopfen.
Ich schalte mein Handy an, das sofort einige Töne von sich gibt.

78 neue Nachrichten aus 60 Chats

Die Zeitung fällt mir runter und ich hebe sie schnell auf, bevor ich noch einmal auf mein Handy starre.
So ziemlich meine ganze Stufe hat mir geschrieben. An den Profilbildern erkenne ich, dass es sich dabei überwiegend um Mädchen handelt. Ich überfliege die ersten paar Nachrichten, bis ich feststelle, dass es in jeder um eXtRaVaGant geht.

☾

Ich reiße eine Seite aus der Zeitung und dabei fällt mir etwas ins Auge, was mich dazu bringt, meine versifften Schuhe im Flur stehen zu lassen und mich mit der Zeitung an den Küchentisch zu setzen.

Band eXtRaVaGant
Wer ist das Mädchen aus dem neusten YouTube-Video?

Brooklyn Im Hintergrund des neusten eXtRaVaGant Q&A Youtube-Videos ist ein singendes Mädchen zu erkennen, das unter den Fans der derzeit beliebtesten Teenie-Band für viel Unruhe sorgt. Im Internet trendet aus diesem Grund gerade #ihrestimmeisteXtRaVaGant. Der Hashtag wurde allein landesweit schon Tausende Male geteilt, um das Mädchen zu identifizieren.

♫

Du treibst allein auf dem dunklen Meer. Vor dir der riesige vertraute Mond und hinter dir die Sonne, die schon viel zu lange nicht mehr geschienen hat, um dich mit ihren Strahlen zu wärmen.
Auch wenn du langsam, aber unweigerlich ertrinkst, fühlst du dich sicher, da das Licht in deinem Rücken dir Trost spendet.
Du möchtest lieber hier in dem riesigen Meer deiner Gedanken ersticken, als von den gierigen Blicken und lauten Meinungen anderer Menschen gefunden zu werden.

Ich bin ein Mond, keine Sonne. Und das wird auch für immer und ewig so bleiben.

»Hast du schon gehört ...« Marie stürmt in mein Zimmer und ich unterdrücke meine innere Stimme.

Seit Stunden liege ich reglos auf meinem Bett und starre mit einem riesigen, ohrenbetäubend lauten Chaos im Kopf an die Decke. Marie setzt sich neben mich. Ich blicke zu ihr und in ihren grünen Augen erkenne ich einen unbeschreiblichen Ausdruck. »Hast du ... hast du es schon ... mitbekommen?« Ihre Stimme ist vorsichtig, tastend, als sei ich ein Vulkan und es bestehe Gefahr, dass ich explodiere.

☾

[15]
Mut

Die Tageszeitung liegt auf der Badezimmerheizung. Das Wasser aus meinen nassen Haaren tropft auf die Überschrift, als ich meine Hand nach ihr ausstrecke.

SEITE 5 Das *eXtRaVaGant*-Mädchen ist identifiziert

Es vergehen Minuten, in denen ich nur diesen einen Satz anstarre. Mein schriftlich dokumentierter Untergang.
Mit wieder einmal zitternden Fingern und stark pochendem Herzen blättere ich zu Seite fünf, was allerdings mehrere Anläufe benötigt, da meine Finger so fahrig sind, dass ich die Seiten nicht zu greifen bekomme.

Band eXtRaVaGant
Das Mädchen aus dem Video ist identifiziert

Brooklyn Die Teenie-Band eXtRaVaGant sorgte in den letzten Tagen für viel Fanhysterie. Im Hintergrund ihres neusten Q&A Youtube-Videos ist ein singendes, leicht bekleidetes Mädchen erkennbar. Bei genauerem Hinsehen müsste das dünne Mädchen mit langen dunklen Haaren einigen Fans bekannt vorkommen. Jetzt gibt es Neuigkeiten: Die Wunderstimme gehört der sechzehnjährigen PAC aus Brooklyn.

☼

♫

»Weiß jemand den Unterschied zwischen Lyrik und musischen Mitteln an diesem Beispiel aufzuzeigen?«

Textanalyse. Schon wieder.

Ich hebe meine Hand und ernte dafür einige genervte Blicke und Kommentare.

Ich bin nicht glücklich darüber, dass die Deutschstunde so schnell vergeht. Die Kurse sind momentan mein Zufluchtsort vor dummen Bemerkungen. Die letzte Reihe grölt gerade `Infinity`, während alle nach und nach das Klassenzimmer verlassen.

Ich packe meine Schulbücher ein und laufe gerade durch die Tür, da hält mich eine Stimme auf.

»Na, Hübsche?« Déjà-vu.

Wow, der Typ redet immer noch mit dir, obwohl du aussiehst, als hätte dich ein Auto überfahren.

Ich mache noch ein paar Schritte in den Flur, bevor ich mich zu John umdrehe.

»Ist was?«, frage ich ihn, als er mich wieder nur dreckig grinsend ansieht.

»Deine Unterwäsche aus dem Video, woher hast du die?« John kommt zwei Schritte auf mich zu und ich gehe drei von ihm weg. Ein paar umherstehende Schüler werden auf uns aufmerksam und schauen das Szenario mit großen Augen an.

»Ich wüsste nicht, was dich das angeht«, meine ich halblaut und fühle mich schrecklich unwohl.

»Darf ich mich denn nicht über meine Mitmenschen erkundigen?«

Ich spüre, wie es mir hoch kommt, als er sich erneut nähert und mit einer schnellen Bewegung seine Hand auf meinen BH-Verschluss am Rücken legt.

»Wenn du bei den Wichsern zu Hause in Unterwäsche rumlaufen und ein Liedchen trällern kannst, dann machst du das doch sicher auch gerne hier.«

Ich weiß, dass es für ihn ein Leichtes wäre, meinen BH durch mein Shirt hindurch zu öffnen, weshalb ich nur still dastehe und versuche, ihn wütend anzustarren.

Oh Robyn, ich wünschte, du wärst hier.

»Oder kannst du ohne die Hurensöhne nichts?« John schaut erst mich an und dann zu den Menschen, die sich um uns herum versammelt haben. Allgemeines Lachen.

Natürlich lachen sie. John gehört zur Footballmannschaft, ist beliebt, sieht gut aus und alle Schüler träumen davon, in den Pausen an seinem Tisch zu sitzen. Sie haben insgeheim alle nur selbst Angst davor, Außenseiter und somit Zielscheibe der ganzen Schule zu werden. Ich kann es verstehen. Wenn ich mir aussuchen könnte, ob ich lieber dort lachen und mich über Schwächere lustig machen würde, oder hier, mit einer fremden Hand am BH-Verschluss stehen möchte, würde ich auch Ersteres wählen, auch wenn das vielleicht nur ein weiterer Beweis dafür ist, was für eine Schisserin ich in Wirklichkeit bin.

»Lass mich los«, sage ich ruhig und versuche, mir nicht anmerken zu lassen, wie viel Angst ich vor ihm habe.

»Habt ihr das gehört? Sag das noch mal.« John schaut in die Menge und wartet.

Er zieht eine riesige Show ab.

»Hast du keine Freundin?«, frage ich ihn.

»Doch, hä?« Er versucht, es ins Lächerliche zu ziehen, aber bevor er wieder einen Witz reißt, öffne ich meinen Mund.

»Denkst du, die findet es cool, dass du gerade im Begriff bist, meinen BH zu öffnen?« Die Menge um uns herum wird still und wartet auf Johns Antwort.

»Alter, die Tuss ist mir echt egal.«

Krass.

»Ah okay, das wird ihr gefallen.« Ich atme einmal tief durch, bevor ich weiterspreche. »Und was ist mit deinem Trainer? Denkst du, er findet es geil, wenn ich gleich zu ihm gehe und ihm das erzähle?« Ich sehe zwar, dass John langsam unsicher wird, weshalb er auch schon längst die Hand von meinem BH genommen hat, aber sein arrogantes Grinsen sitzt noch immer.

»Mein Wort gegen deins.«

Jetzt lächle ich und deute nach rechts oben.

»Nee. Mein Wort und die Aufnahmen der Überwachungskamera gegen deins.«

Ich drehe mich um, laufe an der Menge vorbei und beginne breit zu grinsen.

Wow.

♫

»Krig isch'n Audogramm?« Ich wende meinen Blick vom Busfenster ab und schaue auf ein Mädchen mit grünen Haaren, das mir ein T-Shirt mit fetter KEEP CALM AND LOVE eXtRaVaGant!-Aufschrift entgegenhält.

»Klar, ... warum nicht?« Ich lächle unsicher und sie reicht mir einen Edding. »Danggeschö!« Was ist das bloß für ein Dialekt?
»Gerne.«

»Hoisch du oigendlich echd Päg, odor isch des an Günschdloanoama? Des däd i gern wissa. Moine Freundenna sen au dodaale Fängörls von dera Band ond du bisch ja jeds bei dera Familie, gell?«

Es fällt mir echt schwer, sie zu verstehen. »Also, ähm ...« Ich suche nach einer passenden Ausrede. »Tut mir voll leid, aber ich muss hier raus!« Sehr glaubwürdig. »Oh, des isch jeds schad, i häd gern no a weng mit diar gschwädzd! Über die Tybbies unnso, gell? Abo ma siehd sich hoffendlich nommal, Päg!« Ich nicke und lächle überfordert.
Meine Güte, diese Band hat schrille Fans.

♫

»Grüne Haare, sagst du?« Damian sitzt mir gegenüber am Küchentisch und schlürft an seinem Milkshake. »Yep, die hatte auch so einen eigenartigen Dialekt, den ich nicht zuordnen konnte.«

»Nimm die Füße vom Tisch, du Ekel!« Alec setzt sich an den Küchentisch.
»Alec, du Mutti!« Damian legt seine Füße auf Alecs Schoß. Ich lache.

»Es gibt Essen, Kinder.« Marie dreht sich mit einem Topf zu uns um, und stellt ihn auf den Tisch, bevor sie sich wieder umdreht, um den zweiten zu holen. Damian hebt den Topfdeckel ab und sieht hinein.
»Ach so, wir sind jetzt Vegetarier«, sagt er dann.
»Was soll das denn jetzt heißen?« Marie ist wahrscheinlich einem

Herzinfarkt nahe. »Das haben wir vorhin beim Rauchen entschieden.«
Curtis nimmt sich meinen Teller, weil Marie mir zuerst zu essen gegeben hat und noch keine Soße darauf ist.

»Ihr habt doch einen Dachschaden.« Die anfängliche Wut wechselt in
Verzweiflung. »Und wir wollen uns demnächst ein eigenes Haus kaufen ... und eine Katze.« Curtis grinst.

»Okay, raus!« Ich sehe, wie Marie um Beherrschung kämpft.

Es klingelt an der Tür, ich stehe auf und laufe in den Flur, um zu öffnen. Vor mir steht meine Mutter, die ziemlich wütend aussieht.

»Hey Mom, was machst du denn hier?«, frage ich verdattert und sie
marschiert an mir vorbei ins Haus. »Hallo, Paige. Wie siehst du denn
schon wieder aus? Ich erwarte, dass du mir sofort verrätst, wo dein
Vater steckt.« Meine Mutter zupft an meinem schwarzen Oversizepulli
mit den großen Löchern an beiden Ärmeln und dem Totenkopf-
aufdruck herum. Ich schlucke. Was hätte ich auch anderes erwarten
können. Mom stöckelt auf ihren Pumps den Flur entlang, mir wird
bewusst, dass sie hier nicht her gehört, noch weniger als je zuvor. Marie
kommt aus der Küche auf uns zu und lächelt Mom freundlich an.

»Und wer sind Sie?« Moms Bemerkung klingt abfällig. Maries Lächeln
verrutscht etwas, ist aber dennoch beständig. »Ich bin Marie.«
Mom zieht daraufhin eine Augenbraue hoch. »Können Sie mir sagen,
wo Julien sich aufhält?« Ihr Tonfall ist zickig. Meine Zähne knirschen
aufeinander.

Deine Mom wird dich absolut blamieren, Paige.

»Sicher, ich bin hier, Anastasia.« Dad kommt in die Küche und runzelt die Stirn. Mom klatscht einen Zeitungsartikel vor ihm auf den Tisch.

»Ich verstehe dich nicht, du hast so viele Kilometer auf dich genommen, um mir das zu zeigen?« Dad lacht auf und schüttelt seinen Kopf. »Winde dich nicht wieder aus deiner Verantwortung heraus, das ist nicht alles!« Etwas sagt mir, dass gleich die Fetzen fliegen werden. Mom wirft noch mehr Artikel auf den Tisch.
»Anastasia, hör auf, so zu schreien. Es ist ihr Leben und sie soll das machen, was sie richtig findet. Paige ist sechzehn, sie wird sich nicht für immer nur nach dir und deinen Ansichten richten!« So habe ich Dad noch nie erlebt.

»Ich war immer für sie da«, zischt Mom.
»Darum geht es nicht. Und du warst nicht da, als sie dich gebraucht hat. Anastasia, eine Mutter belügt ihr Kind nicht.« Dads Stimme ist ruhig und bedacht, nicht annährend so hysterisch wie die von Mom.
»Du kannst mich mal.« Und dann ist Mom weg, einfach verschwunden, genauso schnell, wie sie aufgetaucht war.

Ohne sich zu verabschieden.

☼

Brooklyn, New York
14. März

Robyn,

habe ich dir schon von diesem Football-John erzählt, der am ersten Schultag seine Handynummer
auf meinen Block geschrieben hat?
Er ist ein Vollidiot.

Marie hat vorhin an meine Zimmertür geklopft.
Ihre Wimperntusche war verschmiert und ihre
Augen waren gerötet vor Freudentränen. Sie hat
sich auf mein Bett gesetzt und meine Hände genommen. Dann hat sie mich angeschaut und mir gesagt,
dass wir morgen Leslie abholen werden.

Bald startet die Amerika-Tour von eXtRaVaGant.
Robyn. Sie heißt Moon or Sun.
mOnD oDeR sOnNe.

M
O
N
D

O
D
E
R

☾

S
O
N
N
E

Ohne dass ich ihnen jemals von dir erzählt habe.

Goodbye
Paige

☼

»Wer ist denn jetzt PAC?«

Marie und ich sitzen auf der Couch und starren wie gebannt auf den Fernseher.

Damian fährt sich durch seine langen Haare. »Pac ist die Tochter des Freundes meiner Mom.«

»Und sie singt gut?« Ich halte die Luft an.

»Wie ein Engel.« Sascha lacht und die anderen nicken.

»Dann richtet ihr doch bitte aus, dass sie nächstes Mal auch in unserer Runde dabei sein soll.« Der Moderator lacht.

»Ich glaube, das können Sie ihr selbst sagen …«

»… denn sie schaut die Sendung gerade mit ziemlicher Sicherheit an«, beendet Damian Curtis' Satz, wie sie es so oft gegenseitig tun.

»Gut, Pac, du hast es gehört.«

Das hier kann nicht die Realität sein. Die Zuschauer in der Sendung klatschen und ich laufe knallrot an.

♪

Mitten in der Nacht höre ich, wie meine Tür sich leise öffnet und wieder schließt, dann Schritte, und schließlich spüre ich, wie jemand sich neben mich auf die Matratze setzt.

»Du solltest längst schlafen.« Ich drehe mich zu Curtis um.

»Ich kann nicht«, flüstere ich zurück.

»Wieso?« Curtis stützt seinen Kopf auf einen Arm und ich kann seine Augen im Mondschein leuchten sehen, der durchs Fenster in mein Zimmer fällt.

»Meine Gedanken sind so laut.«

»Ich kenn das.« Er legt sich neben mich und starrt die Decke an.

Ich beobachte ihn lange, doch als ich schon fast eingeschlafen bin, steht Curtis auf und sieht mich kurz an, bevor er mein Zimmer verlässt und leise die Tür hinter sich schließt.

Der Zimtgeruch bleibt.

Ich liege lange wach und wälze mich in meinem Bett hin und her, während die Gedanken über Curtis in meinem Kopf rasen.

Das Gefühl, dass ihn das, was morgen ansteht, mehr bewegt, als ich mir vorstellen kann, verlässt mich nicht.

☼

[16]
Schwester

Warme Sonnenstrahlen tanzen durch das geöffnete Fenster auf meiner Haut. Überall erwachen Pflanzen und blühen in bunten Farben. Mein Zimmer ist verdächtig ordentlich, als hätten kleine Zwerge die ganze Nacht damit verbracht, aufzuräumen. Ich rapple mich auf und fahre mir mit der Hand durch die Haare.

»Wo sind denn alle hin? Es ist so still hier.« Ich setze mich an den Küchentisch vor Marie, die am Herd herumwerkelt.
»Ach, ich hab die Männer auf den Fußballplatz geschickt, hier stehen sie nur im Weg«, winkt sie ab.
»Fußballplatz? Können die das denn?«
Marie grinst auf meine Frage hin. »Curtis nicht.«
Wir sehen uns für einen Moment still an, dann brechen wir beide in schallendes Gelächter aus.

♫

»Ich bin Ms. Jovic, aber Sie können mich Paula nennen, Sie müssen Mrs. Winter sein«. Eine junge Frau mit großen Locken stellt sich vor Marie und schüttelt ihr freundlich die Hand.

»Wenn Sie mir folgen würden.« Wir gehen ihr nach und betreten ein kleines, buntes Zimmer mit einem Tisch und vier Stühlen.

»Wasser?« Sie schiebt uns zwei Gläser über den Tisch und wir setzen uns.

»Also, fangen wir an.« Paula lächelt mich freundlich an, während sie einen Schrank unter dem Tisch aufschließt und eine große Mappe herauszieht. »Geburtsurkunde, Reisepass, Impfpass und die anderen Papiere.« Sie klappt die Mappe zu und schiebt sie uns ebenfalls über den Tisch.

»Jetzt möchten Sie sicher zu Leslie.« Paula steht auf und wir laufen einen Gang entlang. Vor einer Tür bleibt Paula stehen und öffnet sie.

Leslie dreht sich um. Ihre Augen leuchten nicht mehr so stark wie beim ersten Mal. Ich bücke mich zu dem kleinen Mädchen runter und schließe meine Arme um sie. Mir wird klar, dass ich sie vermisst habe, obwohl ich sie kaum kenne.

♪

Leslie öffnet das weiß gestrichene Törchen zu Dads Grundstück und rennt durch den Garten, bis sie bei Curtis und Damian angekommen ist. Sie springt Curtis in die Arme, der sie herumwirbelt und kurz zu mir schaut. Er spricht russisch mit ihr, ich lache und bin gleichzeitig verwundert darüber, wie natürlich und gut sich das in meinen Ohren anhört.

Ich schließe die Autotür und laufe mit Marie ins Haus.

Damian und Curtis sitzen am Küchentisch und lachen mit Leslie, während sie auf Deutsch irgendetwas diskutieren, bevor Damian seine Gitarre aus dem Wohnzimmer holt und ein paar langsame Akkorde spielt.

Dad lächelt das blonde Mädchen an. »Schön, dass du hier bist, Leslie.«

Ich sehe zu Marie und merke, dass sich Tränen in ihren Augen sammeln.

Wir laufen die Treppe hoch ins Dachgeschoss. Damian und Dad tragen für Leslie mein altes Kinderbett aus dem Keller nach oben in mein Zimmer und ich räume einen Schrank für ihre Klamotten frei. Ich habe das Gefühl, etwas bedrückt sie, aber immer wenn ich sie anlächle, lächelt sie zurück und vielleicht beruhigt mich das ein bisschen.

Marie und Leslie backen in der Küche Schokokuchen und kommandieren Dad herum, der ihnen alle Zutaten bringt und sich darüber amüsiert, dass Marie heute schon den ganzen Tag strahlt.
Damian, Alec, Curtis und ich sitzen im Wohnzimmer und schauen alte Fotoalben durch, während leise Musik läuft.
Irgendwann klingelt es. Als ich die Tür öffne, sehe ich in die grinsenden Gesichter von Jules und Sascha. Sie umarmen mich flüchtig und sehen dann suchend an mir vorbei, ich lache.
»Und? Wo ist Klein Moore-Winter?«, fragt Sascha und reibt sich die Hände.
»In der Küche, Gentlemen.« Ich trete kichernd einen Schritt zur Seite, damit sie das Haus betreten können, aber Jules hält Sascha am Arm zurück.
»Ich bitte dich, hör auf so zu grinsen, das macht ihr Angst.«
»Ich will eben ihr Lieblingscousin werden.« Sascha zuckt unschuldig mit den Schultern.

♫

»Boah, ich würde sagen, wir gehen heute feiern!«, wirft Damian in die Runde. Mittlerweile ist es halb zehn. Ich versuche, mich für die Idee zu begeistern. Leslie liegt oben im Bett und schläft, es war ein langer Tag und eine zu große Menge an Kamillentee für sie.

»Wer fährt?« Jules hebt den Autoschlüssel nach oben.
»Du!«, ertönt es im Chor.
»Passen wir da überhaupt alle rein?« Yang runzelt die Stirn.
»Was ist das eigentlich?«, fragt Yves und fährt seinen Lipgloss im Rückspiegel nach. »So ein Musikevent.«

Wir bekommen alle einen Stempel auf die Hand. Am Empfang wird beim Anblick von eXtRaVaGant wie so oft ein Auge zugedrückt, was den Alkoholkonsum von Minderjährigen betrifft. Damian, Sascha und Yang stürzen sich wie die Geier auf die Welcome-Drinks. Die Luft ist stickig, das Licht flimmert und die Musik dröhnt in meinen Ohren. Ich flüchte mit einer Tasse Kaffee in der Hand ins Obergeschoss und öffne ein Fenster. Eisiger Wind weht.

Als ich Schritte höre, drehe ich mich um und streiche mir die Tränen aus dem Gesicht, die wegen der Kälte draußen über meine Wangen laufen. »Pac!« Damian legt mir seine Hand auf die Schulter und brabbelt so unschlüssige Scheiße vor sich hin, dass ich ihm seinen – bestimmt nicht ersten – Becher aus der Hand nehme und aus dem Fenster werfe.
»Ss hr«, meint er noch, bevor er sich wieder umdreht und zur Treppe stolpert.
Welch aufschlussreiche Information.

☼

Ich blicke ihm hinterher. Ein kalter Windzug weht mir durch das Fenster entgegen, als ich mich dazu entschließe, ihm zu folgen. Je näher ich der Treppe komme, desto lauter wird die Musik. Etwas in mir sagt, ich solle nicht nach unten gehen. Ich kämpfe dagegen an, laufe entschlossen die Treppe runter und erstarre in der Bewegung, als ich sie sehe.

Mara Dooley.
Das blonde Mädchen von der Party.

Und sie sieht heute noch umwerfender aus als letztes Mal.
Etwas in mir bricht.

In einem Moment steht er bei dir und im nächsten flirtet er mit ihr.

Eine hüpfende, winkende Gestalt erscheint in meinem Sichtfeld. Yang legt es mal wieder darauf an, so auffällig wie möglich meine Aufmerksamkeit zu erlangen. Sie deutet auf Yves und Alec. Ich runzle meine Stirn, als ich auf die Gruppe zugehe. »Sie werden bald heiraten!«, quietscht Yang, als ich in Hörweite bin. Das war mir irgendwie klar, da die beiden nach Yangs Angaben schon ewig verlobt sind.

»Ich hätte niemals gedacht, dass das noch passiert.« Yang seufzt und ich hebe fragend eine Augenbraue. »Ist das nicht die übliche Reihenfolge, ich meine, verloben, heiraten?«
Yang schmunzelt. »Das ist bei Alec und Yves eher eine Überraschung als eine Selbstverständlichkeit. Von uns hat ehrlich gesagt keiner erwartet, dass sie es wirklich durchziehen wollen.« Sie kichert.

Mein Blick huscht wieder durch den Raum und mein Grinsen erlischt, als ich Mara, Curtis und Damian erkenne, wie sie sich einen Weg durch die Menge bahnen, um zur Treppe zu gelangen, die ins zweite Geschoss führt. Ich merke, wie die Eifersucht sich in mir einnistet, wie ein lästiges Virus. Mara dreht sich lachend um, silberne Kreolen baumeln neben ihrem schlanken Hals und in ihrer rechten Hand hält sie eine silberne Clutch.

Plötzlich vermisse ich Robyn so sehr, dass es schmerzt. Ich schlucke die Tränen herunter und gehe mit wackeligen Beinen aus dem Raum mit den vielen Menschen und der lauten Musik. Ich lande in der Empfangshalle und laufe bis zur Tür.
»Mädchen, wenn du einmal draußen bist, kommst du nicht mehr rein.« Ein wuchtiger Türsteher baut sich vor mir auf und ich nicke eingeschüchtert.

Er nickt und öffnet mir mit Pokerface die Tür. Ich stolpere in die kalte Nachtluft und fühle mich so unglaublich verloren.

Was ist nur aus dem kleinen Mädchen aus Boston geworden?

Ich öffne meine Handtasche und taumle ein paar Schritte seitwärts.
Scheiß Kopfschmerzen.
Mit meinem leuchtenden Handy in der Hand lehne ich mich an einen Baum und tippe auf Taxiservice. Ein verschlafen klingender Mann meldet sich und ich gebe Namen und Adresse an.

Zehn Minuten lang warte ich in der Kälte, sitze auf der Bordsteinkante vor der Halle und meine Augen fallen vor Müdigkeit immer wieder zu, bevor Scheinwerfer in die Straße einbiegen.

☼

Die Fahrt verläuft schweigsam. Ich hauche meinen Atem ans Fenster und male Dinge hinein. Ich weiß nicht genau, warum ich das tue, aber solange ich dadurch nicht einschlafe oder beginne, den Taxifahrer mit meinen Problemen vollzulabern, tue ich es. Einfach, weil ich das Gefühl habe, dass ich es sollte.

♫

Ich stehe vor der Haustür, als ich merke, dass ich meinen Schlüssel nicht mitgenommen habe. Seufzend klingele ich, im Haus geht das Licht an. Die Tür wird aufgerissen. »Hallo, Les.« Ich hebe sie hoch und wirble sie einmal herum, bevor ich sie wieder auf dem Boden abstelle und wir die Treppe nach oben in mein Zimmer schleichen.

»Du solltest schon schlafen«, flüstere ich auf Russisch und Leslie setzt sich auf ihr Bett und sieht mich an, offenbar erstaunt über meine Russischkenntnisse. »Warum? Du bist doch auch noch wach, Paige«, flüstert sie grinsend zurück.
Ich lasse den ›Aber-ich-bin-sechzehn-und-du-sieben-Spruch‹ aus, da ich weiß, dass dieser bei einem Kind wie Leslie nichts bringt, und lächle schwach.
Bei mir hätte er etwas gebracht, aber ich habe ihn nie zu hören bekommen.

Während Leslie in ihrem Märchenbuch blättert, ziehe ich mich um.
»Paige?« Ihre kindliche Stimme klingt zart.
»Ja, Leslie?«, frage ich, weil sie, anders als andere Menschen, die ich kenne, oft wartet, bis sie zum Reden aufgefordert wird.
»Ich kann leider nicht lange hier bleiben.« Sie schaut mich an und ich halte inne. »Ich werde nach **Chicago** gehen, um in einem Film mit-

zuspielen. Ich weiß, dass Mom hier bleiben muss, bei deinem Dad. Und ich weiß, dass Curtis' und Damians Leben es nicht zulässt, mir dabei zu helfen, meine Träume zu verwirklichen. Ich habe es von Anfang an geahnt und jetzt ist es mir klar. Der Mensch, der mit mir kommen wird, bist du, Paige.« Als hätte mein Kopf das, was sie gerade eben gesagt hat, schon verarbeitet, beginne ich zu nicken.

»Und was ist mit Marie? Ich bin erst sechzehn und `Chicago` ist sehr weit weg«, meine ich dann.

»Ich habe schon mit ihr gesprochen. Sie hat dich vorgeschlagen.«

Ich starre an die Decke und hundert Gedanken schießen in meinen Kopf.

»Les«, sage ich leise und als ich mich zu Leslie drehe, sehe ich, dass sie lächelt.

»Fangen wir zusammen ein neues Leben in `Chicago` an?« Ich halte kurz inne und ihre Augen leuchten, als sie nickt.

»Ich mache noch dieses Schuljahr fertig und dann fahren wir zusammen, ja? Ich möchte sehen, ob ich schwimmen kann, wenn das Wasser aus Musik besteht.«

»Du möchtest Musik machen?«, fragt sie mich und ich grinse.

»Lass uns versuchen, unsere Träume zu leben«, meine ich und weiß, dass wir zusammen alles schaffen können.

»In der Schule reden sie immer über dich, weil du zu Curtis und Damian gehörst, habe ich recht?«, fragt sie mich vorsichtig.

Ich stocke und sehe sie lange an.

Wie kann ein so kleiner Mensch so viel wissen?

»Irgendwann würde ich sonst vielleicht nicht mehr unterscheiden können, wer ich selbst bin und wen `eXtRaVaGant` aus mir gemacht hat.«

»Chicago wird uns guttun, Paige.« Ihr Blick fühlt sich an wie eine Umarmung von Robyn.

Ich lege mich ins Bett und schalte die Nachttischlampe an.
Der Traumfänger am Fenster dreht sich dreimal.
Ich drehe mich wieder zu Leslie.
»Wie hast du dir das mit dem Schauspielen eigentlich vorgestellt, Les?«, frage ich schläfrig.
»Morgen ist mein Casting in Queens, ich wollte die Subway nehmen.«
»Ich könnte dich fahren«, überlege ich laut.
»Das würdest du tun?« Plötzlich ist sie wieder hellwach.
Ich lächle. »Schwestern machen so was.«

[17]
Casting

»Paige, weißt du wo Damian ist?« Ich laufe mit Leslie die Treppe runter, Marie schaut durch das Küchenfenster.

»Sind er und Curtis nicht hier?«, fragt Leslie sie.

Marie schüttelt den Kopf und dreht sich dann zu uns um. »Sie sind heute Nacht nicht hier gewesen.«

Das ist wie ein Faustschlag in den Magen für mich.

»Ich ... ich rufe Alec an«, stottere ich und laufe die Treppe wieder nach oben.

»Alec Montgomery?« Seine Stimme klingt verschlafen.

»Wo sind Curtis und Damian?« Meine Stimme klingt schriller als beabsichtigt.

»Die pennen bei Mara, sie hat die beiden gestern gleich mitgenommen wegen dem Shooting heute.«

»Was hat Mara mit dem Shooting zu tun?«, frage ich, ohne dabei großartig darauf zu achten, meine Eifersucht zu verbergen.

»Ach, das weißt du ja noch gar nicht; Mara ist meine neue Kollegin. Speziell für Curtis und seine Extrawünsche quasi.« Alec lacht auf und ich runzle meine Stirn, weil ich mir nicht sicher bin, ob ich lachen oder weinen soll.

»Du kommst nicht mit heute, oder?« Alecs Stimme klingt besorgt.

»Ja.« Ich verschweige, dass ich heute mit Leslie nach Queens zu ihrem Casting fahren werde.

☼

»Ich ... ich wollte dich noch fragen, ob du vielleicht zusammen mit Yang unsere Trauzeugin sein möchtest, ich meine ... Yang ist Yves' beste Freundin und du ... ich hab dich echt gern, schönes Mädchen«, druckst Alec herum, ich fange an zu grinsen.

»Oh, Alec. Natürlich mach ich das.«

Dann lachen wir beide und ich weiß, dass er da sein wird, egal was passiert.

Er hat mich gern.

So gern, dass er mich fragt, ob ich seine Trauzeugin sein möchte. Das macht man nicht einfach so. Und er hätte auch Curtis, Damian oder die anderen fragen können.

Aber er wollte, dass ich es bin.

Bei dem Gedanken daran wird mir vor Glück ganz schwindelig.

Und dann kotzübel.

Eigentlich weißt du doch, dass das hier viel zu schön ist, um wahr zu sein, Paige.

Alles, was gut ist, ist zu gut für dich.

Bestimmt bereut er es jetzt schon, dich gefragt zu haben.

Ich ringe für einen Moment mit mir, dränge alle bösen Gedanken von mir fort und öffne meinen Mund: »Könntest du mir vielleicht dein Auto leihen?« Ich beiße mir auf die Unterlippe und hoffe, dass er mich für meine Idee nicht auslacht.

»Schönes Mädchen, was führst du im Schilde?« Ich erkläre ihm die Lage und er ist gleich Feuer und Flamme.

»Damian ist bei Mara«, verkünde ich und setze mich neben Leslie an den Tisch. »Mara?« Les sieht mich für einen Moment erschrocken an, doch als ich sie fragen möchte, ob alles okay ist, ist der Ausdruck verschwunden.

»Die neue Stylistin. Sie passt auf, dass die Jungs nicht mehr so bescheuert aussehen.« Ich schiebe Leslies Stuhl ein Stückchen näher an den Tisch.

»Aber sie haben doch Alec.« Ich nicke einfach nur.

»Wir treffen uns mit Alec.« Ich räume Leslies Teller in die Spülmaschine.

»Macht das, Mädels.« Marie und ich sehen uns lange an. Leslies Worte hallen in meinem Kopf nach.

»*Sie hat dich vorgeschlagen.*«

Marie zieht uns beide in die Arme und ich weiß, dass es ein stummes Versprechen ist. Sie vertraut mir. Sie möchte, dass ich mit Leslie nach **Chicago** ziehe, damit wir unsere Träume erfüllen können.

Mit einer großen Tasche bewaffnet, stehen wir nun also an der Haustür und ziehen uns die Schuhe an. Ich blicke auf die Uhr, Alec müsste gleich da sein. Wir laufen nach draußen und das knallgrüne Auto parkt vor uns. Alec steigt aus und öffnet uns die Türen.

♫

»Leslie Yenene Winter.« Les reicht dem Mann mit dem gemusterten Anzug und den zwei Frauen mit den Stilettos nacheinander die Hand, bevor sie sich in die Mitte des Raumes stellt und einmal tief durchatmet.

»Worum geht es in der Szene?«, flüstert Alec mir ins Ohr.

»June Elliot wird verfolgt und kommt in einen Raum mit vielen Ecken und vielen Türen. Sie muss durch eine bestimmte Tür fliehen und bekommt langsam Panik, weil sie nicht weiß, welche die richtige ist«, flüstere ich zurück, halte kurz inne und sehe Leslie zu, wie sie angstvoll ihre Augen schließt und sich langsam dreht, nachdem sie zwei Schritte geradeaus gemacht hat.

Es ist totenstill im Raum.

»Mit diesen Türen ist es wie mit meinem Spiegelbild. Wenn ich lange genug darauf starre, bilde ich mir irgendwann ein, da wäre mehr.« Sie läuft vorsichtig ein paar Schritte auf eine der Türen zu und bleibt dann wieder stehen.

»Und mit jeder Sekunde wird es schlimmer.« Sie dreht sich um, öffnet schnell eine der Türen und rennt los.

Als Alec und ich uns anschauen, müssen wir beide grinsend nicken. Leslie ist unglaublich.

Spät abends parkt Alec vor dem weißen Gartenzaun. Les und ich lachen und staunen immer noch, nachdem er sich von uns verabschiedet hat und wir müde und glücklich ins Warme laufen. Marie kommt uns sofort entgegen und überschüttet uns mit Fragen. Ich deute erschöpft auf Leslie und dann nach oben. Ich werde nichts dazu sagen, sondern einfach nach oben gehen und schlafen. Im Hintergrund höre ich Leslie, die der fröhlichen Küchenrunde von unseren Erlebnissen erzählt.

♫

Du hast doch nicht ernsthaft gedacht, der Besuch bei Robyn oder diese neuen Menschen in deinem Leben könnten mich davon abhalten, dich zu zerstören, Paige. Wenn du isst, mache ich dir dein Leben zur Hölle.

☾

Den ganzen Tag über habe ich versucht, die Wahrheit zu verdrängen, jetzt holt sie mich wieder ein.

Es ist mitten in der Nacht und ich liege schon seit Stunden zitternd in meinem Bett und zerbreche mir den Kopf über alles Mögliche.

Ich stehe auf und laufe aus meinem Zimmer in den Flur. Bis auf den Mondlichtstreifen, der durch das Flurfenster fällt, ist es stockdunkel hier. Die hölzernen Treppenstufen knarzen unter meinen nackten Füßen.

Blind laufe ich in die Küche. Die Spülmaschine läuft und der Kühlschrank surrt laut. Ich laufe den Geräuschen entgegen. Der Griff des Kühlschranks fühlt sich unter meinen Fingerkuppen kalt an. Als ich ihn öffne, muss ich meine Augen zusammenkneifen, da das Licht so hell ist. Meine Hand greift nach dem Erdbeermarmeladenglas. Zögernd hebe ich die andere Hand und öffne es, bevor ich mit einem Finger die süße Masse probiere.

Als würde ein Stromschlag durch meinen Körper zucken, schraube ich das Glas wieder zu und stelle es in den Kühlschrank. Mein Atem geht stoßweise.

Robyn und Steven.
Mom und ihr neuer Lover.
Domenicos Hand auf deinem Rücken.
Mom und Dad, wie sie sich anschreien.
Robyn und du am ersten Schultag auf der Highschool.
Robyn, wie sie random mit Leuten auf Schulpartys rumknutscht.
Du, wie du heulend auf der Schultoilette sitzt und mit Robyn telefonierst.
Domenico, wie er dir in der neunten Klasse einen Zungenkuss gibt und du angeekelt deine Augen aufreißt.

☼

*Curtis, wie er im Wohnzimmer auf der Party seine Hand auf Maras Taille
legt und sie lachend zu sich zieht.*

Bilder in meinem Kopf, die ich nie wieder loswerde.
Tränen fließen über meine Wangen, als ich erneut in den Kühlschrank
greife und gleichzeitig weiß, dass ich es so bitter bereuen werde.
Ich kann nicht klar denken.
Kann überhaupt nicht denken.

Die Küchentür geht auf und das Licht an. Meine Hände und der Mund
sind verschmiert. Die kalte Pizza in meiner Hand fühlt sich auf einmal unglaublich falsch an.

»Paige?« Es ist Curtis. Erschrocken lasse ich das Pizzastück fallen.
Voller Scham drehe ich mich zum Waschbecken und tue so, als hätte
ich ihn nicht gehört, während ich die Essensreste entferne.
Ich ekle mich vor mir selbst.
Eine Hand auf meiner Schulter.
»Was machst du da?« Seine Stimme klingt eindringlich, als er sich di-
rekt vor mich stellt.
»Ich hab den ganzen Tag noch nichts gegessen«, stottere ich.
Ich bin so unglaublich bescheuert.

»Alles okay? Tut mir leid, dass nur noch so wenig Pizza da ist ... gehst
du nach oben?«, fragt er, als ich ihn eine Weile angesehen habe, als
wäre er ein Geist. Ich nicke hastig und versuche auf der spiegelnden
Tischplatte flüchtig einen Blick auf mein Gesicht zu erhaschen.

Mein Magen schmerzt, als ich ein paar Schritte Richtung Tür gehe.
Wie viele Kalorien waren das?

☽

Ich bin so undiszipliniert.
Mir wird schlecht.

»Pizza, hm?«, fragt Curtis und es schwingt keine Spur Sarkasmus in
seiner Stimme mit.
Ich bin leicht verwirrt, als ich nicke. »Ja, ich liebe Pizza.«
Lüge.

Alles in mir tobt.
Curtis legt seine Hand auf mein Kinn und dreht es zu sich. »Weinst
du?«
Erst jetzt bemerke ich die heißen Tränen, die wie vorhin über mein
Gesicht laufen und meine Sicht verschleiern.
Curtis streicht mit dem Daumen über meine Wange und fängt die
Tränen auf.

Ich weiß, dass Menschen am liebsten von Gleichgesinnten umgeben
sein wollen.
Robyn war immer nur mit hübschen Jungs zusammen.
Nur gut aussehende Menschen sagen, das Aussehen spiele keine Rolle.

»Wer bist du?«, frage ich ihn schluchzend, dabei kenne ich nicht ein-
mal mich selbst.
»Ich weiß es nicht.«
»Wirst du mir jemals sagen, was damals in der Nacht im TheWay-
Station passiert ist?«, frage ich in seine Richtung und vermeide es,
ihm dabei in die Augen zu sehen.
Das einzige Geräusch im Raum ist der Kühlschrank, der ein leises
Surren von sich gibt.

»Jeder in diesem Haus hat ein Geheimnis, Schneewittchen«, sagt er und blickt in meine Augen, als kenne er meins.

☾

[18]
Träume

»Ich bin so früh pennen gegangen, hab ich irgendwas verpasst?«
Damian setzt sich verschlafen an den Küchentisch. Curtis, der neben
mir steht und sich eine Tasse Kaffee einschenkt, sieht mich für einen
kurzen Moment an, bevor er sich zu Damian dreht. »Nee, warum?«
Damian runzelt seine Stirn. Der viele Schlaf tut ihm eindeutig nicht
gut, er schärft seine Sinne.
»Was ist eigentlich mit der WG, Curtis? Seit Pac hier wohnt, bist du
zum Dauergast geworden.«
Ich schaue Curtis an. Damian weiß gar nicht, dass bei Curtis' Zimmer
alles wieder in Ordnung ist?

»So Rohrzeugs dauert ewig. Ich kenn das von Moms Wohnung«, sage
ich und beiße auf meine Unterlippe, als ich den Satz beendet habe
und wieder Curtis anschaue.

So ist das also, Curtis Moore lügt für mich und ich für ihn.

Ich lehne mich an die Küchentheke und in dem Moment fängt mein
Handy an zu klingeln. Ich laufe ins Wohnzimmer und gehe dran,
ohne zu sehen, wer dran ist. »Hallo?«

»Guten Tag, hier spricht Mr. Tomson.«
Das ist der Casting-Director.
Ich verschlucke mich an meiner eigenen Spucke.

☼

»Wie bitte?« Ich reiße meine Augen weit auf und setze mich auf den Teppichboden. Der Mann am anderen Ende der Leitung lacht einmal auf. »Sie amüsieren mich, wie ist Ihr Name?«

Ich bin überrumpelt. »Courtney ... ich heiße Paige Courtney, ähm, Sir«, stottere ich. »Auf dem Formular von Leslie Yenene Winter stand Ihre Nummer.«

»Ja, ähm ... ich bin ihre Schwester.« Meine Stimme zittert ein wenig.

»Nun gut, Ihre Schwester Leslie Yenene Winter hat sich gegen viele Bewerberinnen für die Rolle der June Elliot in Sommerschnee durchgesetzt.«

»Ernsthaft?« Falls das ein Scherz ist, habe ich vollstes Verständnis dafür.

»Natürlich, das ist alles ernst, Miss Courtney.«

Fassungslos grinse ich das Display an.

»Ich schicke Ihnen einen Vertragsentwurf, den Sie bitte von Miss Winters Erziehungsberechtigten unterschreiben lassen. Wir erwarten Sie nächsten Montag um zwölf Uhr in unserem Büro an der Seventh Avenue. Sie werden da sein?«

»Natürlich, Sir.«

»Auf Wiedersehen.« Mr. Tomson legt auf und ich bleibe mit dem tutenden Handy in der Hand benommen auf dem Boden sitzen.

Damian kommt ins Wohnzimmer und runzelt die Stirn. Ich bin fast am Hyperventilieren. »Ist irgendwas, Pac?« Damian klingt zwar nicht gerade interessiert, aber ich bin mir sicher, dass es ihm nicht so sehr am Arsch vorbei geht, wie er vorgibt. »Das war Mr. Tomson, der Casting-Director von Sommerschnee. Leslie ist in der engeren Auswahl.« Da sitze ich jetzt und weiß nicht, was ich fühlen soll.

☾

»Was ist denn das bitte für ein wilder Name für einen Film?« Damian schaltet mit hochgezogener Augenbraue seine PS4 an.

♫

Auf dem riesigen Hochhaus vor uns steht in riesigen Lettern TOMSON MOVIES. Der Times-Square-Ticker zeigt gerade die neusten Zitate irgendeines Promis. Ich blicke runter zu Leslie.

Wir betreten das Gebäude und sehen uns suchend um.
»Mr., haben Sie einen Termin?« Die Empfangsdame schiebt sich ihre Brille ein Stückchen weiter von der Nase.
Alec grinst wissend. »Ich nicht, Ms., aber diese beiden entzückenden Ladys haben einen.«

»Ich kann gerne einem Assiste-«, sagt die Empfangsdame, aber Alec unterbricht sie. »Nein, die beiden haben einen Termin mit Mr. Tomson.«
»O-okay. Er empfängt sie im zweiten Obergeschoss, dritte Tür rechts. Dort ist der Aufzug.«
»Danke, wir laufen.« Ich lächle und Leslie winkt der völlig verdatterten Empfangsdame.

»Herzlich willkommen.« Wir vier setzen uns auf die Stühle und ich streiche Leslie ihren Pony aus den Augen.
»Es freut uns, hier sein zu dürfen.« Leslie reicht Mr. Tomson ihre Hand. »Herzlichen Glückwunsch zur Rolle der June Elliot, Miss Winter.« Er grinst Leslie an.
Es ist etwas ungewohnt, dass ein so kleines Mädchen von einem

Erwachsenen mit Miss angesprochen wird, aber nahezu alles, was mit Leslie zu tun hat, ist besonders.

»Die Dreharbeiten starten Anfang Juni, Sie müssten dafür natürlich Ihren Wohnsitz über die Sommerferien nach `Chicago` verlegen. Ich hoffe, der Termin des Drehstarts stellt kein Problem für Sie da, weil der letzte Schultag ja erst Ende Juni ist.«

»Nein, das macht bestimmt nichts. Leslie bekommt ganz sicher eine Beurlaubung, sie ist richtig gut in der Schule und holt den Stoff locker nach, und ich könnte meine Highschool bitten, meine Finals ausnahmsweise schon Ende Mai schreiben zu dürfen«, meine ich und höre mich dabei nicht an wie ich selbst. Kein Wunder, denn es sind Maries Worte. Wir haben alles schon besprochen.

Ich schiebe Mr. Tomson den von Marie unterschriebenen Vertrag über den Tisch. »Bist du dir sicher, dass du das willst, Pacie?«, raunt Alec und sieht mir direkt in die Augen.

Irgendwie finde ich es so süß, wie er Damians Spitznamen noch mehr verniedlicht, dass ich vor Ergriffenheit grinsen muss.

Ein Blick in Leslies Gesicht genügt. »Tausendprozentig.«

Den Rest des Gespräches verpasse ich, bin gedanklich schon woanders.

»Sagen Sie mal, sind Sie DIE PAC?« Mr. Tomson sieht verwundert von Alec zu mir. Ich nehme Leslies Hand, wir stehen auf.

»Vielleicht, wer weiß das schon?« Leicht lächelnd und schulterzuckend gehen wir auf den Gang.

Alec sieht über die Schulter und nimmt Leslies freie Hand.

Alec parkt und diesmal springen wir raus, kreischend, uns in die Arme fallend, Freudentränen weinend. Die Haustür wird aufgerissen, Damian und Curtis rennen aus dem Haus, alles geschieht in Zeitlupe,

☾

Curtis rennt zu mir. Ich laufe ihm in die Arme, er hält mich fest, wir taumeln ein paar Schritte seitwärts, lachen, weinen. Er legt seine Hand auf meinen Rücken und drückt mich an sich.

Es ist, als hätte jemand etwas in uns angezündet.

Wir flüchten alle zusammen ins Haus und ich ziehe meine Jacke aus.

Wir drängen uns um den Tisch, ich mustere Curtis von der Seite. Er trägt einen roten Wollpullover und hat sich frisch rasiert. Die schwarzen Haare sind noch feucht und hängen ihm in die Stirn.

Die Stimmen sind für einen Moment lautlos.

Leslie sitzt neben Alec auf einem Stuhl, gestikuliert wild, schneidet Grimassen, lacht, öffnet wieder den Mund, schaut Damian böse an, als er sie nicht zu Ende sprechen lässt. Bei diesem riesigen Durcheinander schleicht sich ein Lächeln auf meine gefrorenen Lippen.

♫

Es klingelt an der Haustür. Ich laufe in den Flur, um zu öffnen. Max steht in der Dämmerung und begrüßt mich. »Ich möchte mit dir reden.«

Ich bin völlig perplex. »Okay, sollen wir uns in die Küche setzen?«

Max nickt und streift seine Schuhe an der Fußmatte ab, bevor er mir folgt und seine Jacke öffnet. Wir setzen uns an den Tisch.

»Moore, Winter, Roth und Freeman haben mir gezeigt, dass es Wunder gibt. Ich dachte, mir würde so etwas nie wieder passieren. Und dann habe ich dich singen gehört, Paige.« Max schaut mich an.

»Damian hat erzählt, dass Leslie und du nach Chicago ziehen werdet. Mein Sohn Dave ist dort der Geschäftsführer von TSoundz.« Max hält mir etwas Lilafarbenes entgegen. Ich bin bewegungsunfähig.

☼

Die Küchentür öffnet sich. Alec nimmt Max die Visitenkarte aus der Hand und steckt sie mir in die Jackentasche. Nachdem Max und Alec ins Wohnzimmer verschwinden, sitze ich noch immer regungslos am Küchentisch. Ich ziehe die Visitenkarte aus meiner Jackentasche. Lilafarbenes, kantiges, dickes Papier.

Ich weiß nicht, ob ich das ganze Ausmaß dieser Situation begriffen habe, aber in diesem Moment genügt es mir zu wissen, dass ich nicht träume.

♫

Ich laufe durchs Haus. Es ist mitten in der Nacht und ich lag stundenlang wach.

In der Küche schalte ich den Wasserkocher an, greife ins Regal, hole den Kaffee hervor und mache mir eine Tasse Kaffee.
»Kannst du auch nicht schlafen?«
Ich verschlucke mich. Curtis steht vor mir.
»Schleich dich doch nicht so an«, huste ich und er lacht leise.
»Ich war eine rauchen.«

»Warum hast du Damian nicht von unserem Aufeinandertreffen in der Küche vor ein paar Nächten erzählt, als er dich gefragt hat?«, frage ich und habe gleichzeitig Angst vor seiner Antwort. Ich erkenne nur Umrisse seines Gesichts.
»Damian muss nicht alles wissen.«

♫

»Ja?«, rufe ich. Damian schließt meine Zimmertür hinter sich und setzt sich auf Leslies leeres Bett.

»Hab gehört, dass ihr die Flucht ergreift.« Er seufzt, bevor er mich anschaut und grinst.

»Ihr geht ja auch«, meine ich leise.

»Stimmt.«

Ich sage nichts mehr.

»Wohnung suchen, hm?« Ich nicke und drehe den Laptop auf meinem Schoß um, sodass er den Bildschirm sehen kann.

»Ich hab einen Kennerblick«, sagt er mit breitem deutschem Akzent.

»Ach, seit wann das?« Ich kichere.

»Meine Freundin hat was mit Häusern am Hut.«

»Du? Freundin?« Habe ich mich verhört?

»Ja, ich bin Musiker. Jeden Tag eine Neue am Start.« Ein freches Grinsen schleicht sich auf sein Gesicht.

»Wenn das mal gut geht«, sage ich, bevor ich mich im Schneidersitz neben Damian setze und ihm den Laptop reiche.

Sommer

[19]
Chicago

Chicago, Illinois
29. Mai

Robyn,

wir wohnen in einem riesigen Wolkenkratzer und
ein unendliches Lichtermeer erstreckt sich vor
mir, wenn ich aus dem Fenster sehe.
Ich habe Mom gebeten, mir die alte Kommode von
Babushka vorbeizubringen, die in meinem Zimmer
stand, die passt sicher gut in den Flur.
Theo, der Kater von Damian und Curtis, tigert im
Wohnzimmer umher und schnurrt leise.
Seit die Jungs vor ein paar Tagen ihre Tournee
begonnen haben, ist Theo bei Leslie und mir.

Die elfte Klasse ist vorbei.
Heute ist Dienstag und gestern war Memorial Day.
Dad und Marie haben uns über das verlängerte
Wochenende unglaublich viel mit dem Umzug geholfen und Marie wird auch alle paar Wochen vorbeikommen.
Leslie und ich sind seit Samstag hier in Chicago.
Ich habe alle Prüfungen vorziehen können. Auch
wenn unsere Rektorin deshalb ein bisschen Stress
gemacht hat. Die Lehrer von Leslie wirkten sogar
fast etwas erleichtert, dass sie schon jetzt nach

☼

Illinois geht. Ich glaube, sie fühlen sich immer
noch ein wenig überfordert von ihr.

Es war so komisch, ohne dich zur Highschool zu
gehen, vor allem, weil ich ja wieder in der Stadt
gelebt habe, in der wir einen großen Teil unserer
Kindheit verbracht haben.
Unsere gesamte Schulzeit über hatten wir alle
Fächer zusammen und saßen in jeder Stunde neben-
einander.
Nach den Sommerferien ein Senior zu sein, fühlt
sich irgendwie echt merkwürdig an.
Besonders, weil ich weiß, dass ich das nicht mit
dir zusammen erleben werde.
Dad und ich haben nicht viel darüber gesprochen,
wie es nach den Ferien mit der Schule weitergeht.
Das ist auch noch so weit weg.

Ich hab dich lieb, Robyn.
Du wirst für immer mein Lieblingsmensch bleiben.
Das hätte ich dir noch öfter sagen sollen.

Goodbye
Paige

☾

Der lila Lack blättert von meinen Fingernägeln ab. Es ist zwei Uhr nachts, als ich mich mit einer heißen Tasse Honigmilch an ein Fenster im fünfzehnten Stock eines Hochhauses in `Chicago` stelle und dem Mairegen dabei zusehe, wie er an die Scheibe peitscht.

Ich stelle meine Tasse auf dem Fenstersims ab, drehe mich um und wühle in meiner Handtasche herum, bis ich meine Blätter und den silbernen Füller finde, den Mom mir aus Paris mitgebracht hat. Sie brachte mir immer Geschenke von ihren Tourneen mit.

Wahrscheinlich setzte ihr Gewissen sie unter Druck.

Der Regen ist meine Muse für die Zeilen, die ich schreibe. Etwas in mir fühlt sich tot an, als ich hier am Fenstersims dieses fremden Hauses stehe und nicht aufhören kann, an ihn zu denken.

♫

Leslie hüpft neben mir auf und ab. Der Dutt auf ihrem Kopf ist unordentlich und ihre hellgrünen Augen strahlen.
Sie ist ein starkes Mädchen. Ich sehe Schmerz in ihren Augen, aber ein Lächeln auf ihren Lippen.

Wir gehen in die Bank und ich beiße schon die ganze Zeit auf meiner Unterlippe herum. Was ich gleich zu sehen bekomme, wird mir nicht gefallen, ich weiß es.

Mit zitternden Fingern stecke ich die Karte in den Schlitz. Eine schwarze, dreistellige Zahl erscheint auf dem Bildschirm.

☼

Ich halte die Luft an. Das geht weg wie nichts. Wir sind so gut wie pleite.

Leslie flüstert die Zahl vor sich hin, wie sie es immer tut. Ich schlucke und ziehe die Karte wieder raus. In meinem Geldbeutel befinden sich noch knapp zweihundert Dollar, ich muss mich beruhigen, sonst drehe ich durch.

♫

Vor unserer Wohnungstür liegt ein Paket. Wir tragen es hinein und machen es mit der Bastelschere auf. Darin sind ein zusammengefaltetes Moon or Sun-Tourplakat, das Leslie direkt unübersehbar aufhängt, und ein eingerahmtes Familienfoto. Auf dem Bild klebt ein Post-it mit der Aufschrift:

Für Pac und Les
von eurem Lieblingsbruder

Es ist unverkennbar Damians krakelige Schrift. Ich gebe es Leslie in die Hand und wir tanzen in die Küche, um das Bild an die Wand zu hängen. Wir setzen uns vor den Fernseher und ich flechte Leslie die Haare.

Du hast ihn nur angeschaltet, um Curtis bei irgendwelchen Interviews zu sehen.

In der Sekunde, als mein Blick seine hellbraunen Augen erfasst, lasse ich Leslies Haare los und stürze ins Bad.

Ich wollte nicht, dass es hier passiert.

Überhaupt noch einmal passiert.

☾

Und dabei vergesse ich mich für einen Moment.

In meinem Kopf stehe ich in einem endlosen, leeren Gang und bin nicht in der Lage, etwas zu denken oder zu fühlen.

Die Stimme ist still.

»Paige?« Leslie klopft an die Badtür.

»Ich komme gleich, bleib im Wohnzimmer, Les.« Meine Stimme zittert. Ich spritze mir kaltes Wasser ins Gesicht, um wieder zur Besinnung zu kommen.

Es fällt mir schwer, Leslie anzusehen.

Sie hat diese vollen Lippen und diese voluminösen Haare, diese langen Wimpern und diese perfekte Nase.

Aber sie kann nichts dafür, dass sie Curtis so ähnlich sieht.

Ich setze mich auf die Couch zu Theo und Leslie und versuche krampfhaft, den Bildschirm auszublenden.

»Wir könnten auch Karten spielen.« Meine Stimme hört sich an, als hätte ich fünf Stunden am Stück geheult.

Leslie nickt lächelnd und ich schlucke. Selbst die Art, wie sie lächelt, erinnert mich an Curtis.

Ich mische die Memorykarten und gebe sie Leslie, damit sie sie auf dem Tisch verteilt, während ich Theo Futter und Wasser in die Näpfe fülle.

Es ist Punkt neun.

Ich zittere.

Genau jetzt beginnt die erste Show der eXtRaVaGant - Moon or Sun-Tour.

Leslie ist mit Theo im Wohnzimmer.

☼

Seit Tagen nehme ich mir vor, nicht daran zu denken.

Es ist ihre erste Show.

Heilige Scheiße.

Meine Venen pulsieren. Vor meinem inneren Auge laufen die Szenen ab. Eine Bühne, Blitzlichtgewitter, Tausende Fans.

♫

Mitten in der Nacht klingelt mein Handy.

Alec

»H-ha-hallo?«, stottere ich verschlafen.

»Hallihallo, schönes Mädchen.« Im Hintergrund rauscht es.

»Warum zur Hölle ...?« Ich kriege keine ganzen Sätze zusammen.

»Was? Darf ich meine beste Freundin nicht mehr anrufen?«, scherzt er und ich lächle. »Natürlich. Immer. Und?«

»Was und?«

Ich weiß, dass er weiß, was ich wissen will.

»Sie haben After The Nights Are Gone und Lil' Mermaid als Zugabe gespielt.«

Ich runzle die Stirn. »Lil' Mermaid?« Dieser Titel sagt mir nichts.

»Was? Du kennst ihn nicht?« Alecs Stimme klingt ungläubig.

Es ist kein Geheimnis, dass ich alle Songs aus dem Album in und auswendig kenne.

Ich setze mich auf den Küchentisch.

»Du musst ihn dir anhören. Es ist Leslies Song.«

Ich rücke meinen Haarreif zurecht und blicke an die Fotowand. »Ich hatte echt das Gefühl, mir langsam einen Überblick über die ganzen Songs verschafft zu haben.«

»`Lil' Mermaid` ist auch nicht auf YouTube oder so. Es ist so was wie ein Bonustrack. Der Song unterscheidet sich genau wie `Cherrie` vom Rest.«

»Das ist nicht schwer. `Cherrie` ist quasi eine detaillierte Beschreibung von Damians Wut auf ein Mädchen, das Cherrie heißt«, meine ich.

»Damian?«, wirft er ein.

»Wer sonst? Curtis schreibt nicht so.« Ich bringe kein weiteres Wort heraus, bis Alec leise lacht. »Was? Du?« Mein Mund steht offen.

»Meine Highschoolzeit war gefüllt mit … Selbstfindungsphasen.« Wir schweigen eine Weile.

»Du hast recht. Er unterscheidet sich eindeutig von den anderen«, sage ich dann und meine es todernst.

»Wie geht es der Kleinen?«, fragt Alec.

Es ist ein Themawechsel, das merke ich genau.

»Gut. Ich hoffe, das mit `Chicago` wird ihr nicht zu viel.«

»Es ist vielleicht etwas verrückt, aber hast du schon einmal daran gedacht, dass sie …, dass sie vielleicht anders ist, als andere Kinder in ihrem Alter?« Alec klingt vorsichtig.

»Worauf willst du hinaus?«

Ich höre ihn am anderen Ende der Leitung geräuschvoll ausatmen.

»Ich denke sie ist hochbegabt.«

»Was, nein!« Meine Stimme klingt zickiger als beabsichtigt.

»Sie liest Bücher mit drei-, vierhundert Seiten! Hast du sie reden gehört? Alter, ich bin ein frischgebackener Highschool-Absolvent mit Bestnoten und muss die Wörter googeln, die sie sagt, weil ich einfach … zu wenig intellektuell bin oder so. Im Vergleich zu durchschnittlichen Siebenjährigen ist Leslie definitiv hochbegabt.«

Ich will es mir nicht eingestehen, aber er trifft den Nagel auf den Kopf.

»Du übertreibst.«

»Nein, und das weißt du auch. Warum hast du so sehr Angst davor?«
Tränen steigen in meine Augen. »In dieser Welt ist es gefährlich, anders zu sein.«

»Wir wissen alle, dass Leslie niemals ein normales Leben führen wird.«

Ich schlucke. »Ich kann nicht der Mensch sein, den sie braucht.«

»Aber das hast du unterschrieben, Schätzchen.«

»Sie ist ein kleines Mädchen, Alec. Aber manchmal denke ich, sie ist mehr.«

»Sie ist unglaublich viel mehr als das«, sagt er leise und ich würde gerne wissen, was er denkt.

♫

Ich versuche möglichst viel mit Leslie hier in `Chicago` zu unternehmen, bevor die Dreharbeiten beginnen. Es fühlt sich an wie fliegen, wenn wir an den `Lake Michigan` fahren und mit ausgebreiteten Armen gegen den Wind rennen.

Die ganze Woche über lasse ich mein Handy in der Wohnung liegen und verpasse alle Anrufe. Meine Hoffnung, nach Monaten einen Anruf aus dem Krankenhaus in `Boston` zu erhalten, schwindet mit jedem Tag. Wir gehen ins Kino, verbringen viel Zeit in der Bücherei und fahren mit der `Chicago Elevated`.

In mir hat sich eine innere Unruhe aufgestaut. Ich hatte diese Woche keinen näheren Kontakt zu Kloschüsseln, was daran liegen könnte, dass das Gleiche auch für Kühlschränke gilt.

Mein Handy, das neben mir auf dem Bett liegt, klingelt.

»Hi, Pac.« Es ist Damian. Ich entnehme seiner Stimme keine Emotionen, wie sie sonst nur auf mich zu sprudeln.

»Du hast ein ordentliches Problem.« Er macht eine kurze Pause, bevor er weiterspricht. »Dein Vermieter hat bei mir angerufen, weil du nicht an dein Handy gegangen bist.«

Ich fange an zu weinen, wahrscheinlich nur, weil seit dem letzten Mal schon ein paar Tage vergangen sind.

»Hey.« Seine Stimme klingt sanft.

»Hör auf zu heulen.« Ich nicke schluchzend.

»Ich überweise dir das Geld«, sagt er leise.

»Nein. Mach das nicht.«

»Paige, wir sind eine Familie.«

Das ist kein Grund, dir von deinem Stiefbruder Geld in den Arsch schieben zu lassen, nur damit er kein schlechtes Gewissen hat. Du solltest nicht auf Kosten anderer leben.

»Was dann? Paige. Was dann?« Das ist eine Frage, die ich selbst nicht beantworten kann.

Plötzlich macht es klick. Ich stehe auf, renne im Dunkeln in mein Zimmer, arbeite mich durch die Klamotten in meinem Kleiderschrank, bis ich an einer Jeans angelangt bin.

Ich nehme die Visitenkarte zwischen Daumen und Zeigefinger. Die Schrift wird scharf.

Dave Tanner
Musikproduzent
dave.tanner@tsoundz.com

Darunter stehen noch eine Handy- und eine Festnetznummer.

»Dave Tanner«, murmle ich.

Am anderen Ende der Leitung regt sich etwas. »Dave Tanner? Echt jetzt? Wo hast du die Karte denn aufgetrieben? Er hat eine echt scharfe Schwester. Marybeth wird nur Betty genannt und ist eines der erfolgreichsten Models und Schauspielerinnen in den USA, gerade ist sie am Set zu so einem Science-Fiction-Thriller, der in einem Jahr in die Kinos kommen soll.«

Mal wieder bin ich über Damians Fachwissen verwundert und starre weiterhin wie gebannt auf die Karte. Damian sagt irgendetwas, aber mein Gehirn kann die Worte nicht verarbeiten.

Ich fahre meinen Laptop hoch und tippe ›Dave Tanner‹ ins Suchfeld ein. Er hat sogar eine eigene Wikipedia-Seite. Ich rufe sie auf und überfliege sie. Damian redet in meinem Ohr einfach weiter, ich lege das Handy auf mein Bett.

Dave Tanner

David Elin Tanner ist als Musikproduzent und gefragter Manager vieler Künstler bekannt.

Seine Werke zeichnen sich durch ihre

Ich scrolle weiter.

Er war für viele junge Menschen ein Sprungbrett in die große Musikwelt und hatte erfolgreiche Musiker wie

Ich überfliege die Namen und klicke auf Karriere.

☾

Dave Tanner ist der einzige Sohn von Max Tanner, dem Mitgründer des erfolgreichen Musiklabels *TSoundz*. Tanner hat seit

Ich schaue auf die Karte. Deshalb also diese E-Mail-Adresse.

Kurzerhand stopfe ich die Visitenkarte, mein Handy und die zerknautschten Kopfhörer in meine Hosentasche und gehe in die Küche, wo noch Licht brennt.

Leslie sitzt auf einem der Stühle und sieht zu mir auf, als ich den Raum betrete. Ich setze mich neben sie an den Tisch und lächle.
»Wie geht es dem Mädchen, für das du mit deinen Briefen die Welt anhältst?«, fragt Leslie mich völlig aus dem Nichts.
Ich sehe sie etwas schockiert an.
»Was?«
»Na, das Mädchen mit den blauen Haaren, von dem du mir erzählt hast, als ich dich gefragt habe, wie du die Welt dort draußen siehst.«
Ich versuche, Worte zu finden, aber ich schaffe es nicht, etwas rauszubekommen, deshalb starre ich Leslie einfach nur weiterhin überfordert an.
»Ich schreibe Ember nämlich auch Briefe, weißt du«, meint Les dann, als sie merkt, dass ich ihr nicht antworten kann.

☼

[20]
TSoundz

»Okay, Pac, frag ihn nach Bettys Nummer.«

Damian hat gestern auf einer Party wieder einmal zu tief ins Glas geschaut und mich heute Morgen angerufen, um mir alles zu berichten, was vorgefallen war.

Ich klemme mein Handy zwischen Ohr und Schulter. In der linken Hand halte ich meinen Kaffeebecher und in der rechten meine überdimensional große Handtasche. »Damian, wie soll ich da bitte ohne Auto hinkommen?«

Leslie läuft vor mir her und blickt an den Wolkenkratzern hinauf.

»Ruf dir doch ein Taxi«, meint er.

Ich laufe an den Straßenrand und winke Les zu mir. Ein Taxi parkt ein paar Meter entfernt. Der Zwanziger, den ich in meiner Hand halte, ist so ziemlich alles, was ich an Geld noch besitze. Sonst gibt es nur noch die hundert Dollar, die ich schon am Tag des Einzugs in einem Roman in Leslies Zimmer versteckt habe.

Sonnenstrahlen scheinen auf die nassen Straßen. Der Taxifahrer hat den gleichen Musikgeschmack wie ich und leise summe ich `Nirvanas` alte Songs mit.

Glückstage.

Als ich hinaus ins verregnete `Chicago` schlüpfe, trifft mich ein großer Wasserschwall. Leslie ist schon seit einer halben Stunde am Set ihres Films.

Um die Leute kennenzulernen, mit denen sie dreht, und mir ein Bild zu machen, habe ich mir vorhin noch etwas Zeit genommen.

Aber jetzt bin ich hier.

`TSoundz`. Lila Schrift auf grellweißer Fassade.

Ich trete durch die Tür und lande in einem weißen Flur. Die Fenster lassen viel Licht in die Räume und ich bewundere die Innenarchitektur. Ein junger Mann und eine Frau kommen auf mich zu, sie sehen beide aus wie die Menschen aus den Haute-Couture-Werbungen.

»Hi, ich heiße Betty. Du musst Paige sein.« Ich nicke und schaue sie mir genauer an. Sie hat haselnussbraune Haare und grüngraue Augen. Ihr Gesicht ist ebenmäßig und besonders ihre Wangenknochen stechen hervor. Sie macht mit einem einzigen Blick klar, dass sie wunderbar ist.

Mein Blick fällt auf den Typen neben ihr, er muss Anfang zwanzig sein und sieht aus wie ein Herzensbrecher.
»Dave Tanner.« Er lächelt kurz und förmlich und wendet sich dann wieder Betty zu.

Ich suche Ähnlichkeiten zu Max, aber sie sehen so unterschiedlich aus, dass ich keine finde. Max läuft den lieben langen Tag in Bandshirts und abgetragenen Jeans rum. Diese beiden Menschen vor mir haben zwar dieselbe Augenfarbe, aber damit hört, zumindest äußerlich, die Ähnlichkeit auf.
Betty und Dave Tanner gehen nicht mit den Modetrends.
Sie machen sie.

Ich lächle unsicher und knete den Henkel meiner Handtasche.

»Dave, ich hab gleich einen Termin«, säuselt Betty. Dave nickt und sie geben sich Küsschen rechts, Küsschen links. Ich lächle unsicher und sehe zu Dave, als sie aus der Tür verschwunden ist.

»Dann gehen wir in mein Büro.« Ich nicke und folge ihm durch den Gang.

»Du bist also Pac?« Dave Tanner sieht mich mit einem durchdringenden Blick an. Ich nicke, bevor ich mir eine verirrte Strähne hinters Ohr streiche und meine Beine übereinander schlage. »Na ja, also eigentlich heiße ich Paige.« Ich räuspere mich.

»Paige Alyaska Courtney.«

»Du wirkst nervös.« Er sieht mich durch seine einschüchternden Augen an und lehnt sich über den Tisch.

Ich stütze meinen Kopf auf meine Hände und starre zurück. »Ich bin nervös.«

Hör auf mit dem Scheiß, Paige.

»Hab gehört, du spielst Klavier. Kannst du noch was anderes?« Dave Tanner lehnt sich in seinem Schreibtischstuhl zurück und sieht mich abwartend an.

»Nein.« Ich knete meine Handballen. »Vielleicht ein bisschen Gitarre«, hauche ich leise und bin mir fast sicher, dass Dave es nicht gehört hat. Sein Blick wandert von mir zu dem weißen Flügel von Steinway & Sons, der neben dem Benjamini und dem Plattenregal vor der Wand steht.

Wortlos stehe ich auf, gehe mit langsamen Schritten zum Flügel, setze mich auf den weißen Hocker, klappe den Deckel nach oben und lege meine Hände auf die Tasten.

☾

Dave sitzt mit verschränkten Armen und kritischem Blick an seinem Schreibtisch und schaut mich an.

Ich atme einmal tief durch und spüre, wie mein Herz zu schmelzen und meine Finger zu kribbeln beginnen.

Vor meinem inneren Auge dreht Robyn sich mit ausgebreiteten Armen im fallenden Schnee vor der weltberühmten `Havard University`, an der ihr Dad unterrichtet, während ich die ersten Takte von `Stars are dead.` spiele.
Meiner Version.

♫

Ich spüre Daves Blick auf mir. Sein Aston Martin brummt leise, als wir durch `Downtown Chicago` fahren.

Meine Hände beginnen zu schwitzen, als Dave mit dem Aufnahmegerät herumhantiert, das er vorhin in der Hand hatte, und mich anschaut.
Klaviertöne und meine Stimme hallen durch die Boxen des Autos.
Dave dreht die Musik leise und sieht mich wieder an. »Wie heißt der Song?«
Ich atme einmal tief ein. »`Stars are dead.`«
»Stars im Sinne von Sternen am Himmel oder meinst du Promis?«
Ich schaue ihn an. »Warum oder?«

Nachdem wir aus dem Auto gestiegen sind, hält Dave Tanner mir die Tür eines Nobelrestaurants auf. Eine Kellnerin führt uns zu einem

Tisch mit Blumen und Lichterketten und präsentiert uns die Karte, damit wir bestellen können.

»Seit wann machst du Musik?«
Ich öffne meinen Mund und spiele nervös mit meinem lila Freundschaftsarmband. »Alle sagen immer, sie würden Musik machen, seit sie denken können. Aber ich lebe sie, seit ich existiere. Ich muss nicht denken, um das zu machen, was ich liebe.« Ich sehe, dass er sich ein Schmunzeln verkneifen muss.
»Wie ist `Stars are dead.` entstanden?«
»Das ist schon lange her«, weiche ich seiner Frage aus.
»Wirklich, mich interessiert das.«
»Ich habs vergessen.«

Ein ordentliches Kinderzimmer. Großes Bett, Klavier, Schreibtisch mit zwei Stühlen. Auf dem Tisch liegen lose Blätter. Du und Robyn singen und sie sitzt in ihrem blaukarierten Pyjama neben dir auf dem Teppichboden und spielt Gitarre.

Es tut so unglaublich weh.

Die Kellnerin stellt zwei Salatteller auf den Tisch.
Dave stützt seinen Kopf auf seine Hände und sieht mich durch seine grüngrauen Augen an. »Mein Vater hatte recht, du bist unglaublich.«
Mit zitternden Händen greife ich nach meinem Teller und beginne vor Verlegenheit, mit der Gabel in meinem Salat herumzustochern.

Salatblätter, Gurken, Tomaten, Paprika, Oliven, Dressing.

☾

Grüne Salatblätter, lila Salatblätter, geschnittene Gurken, Kirschtomaten, rote Paprika, schwarze Oliven, öliges Dressing.

Vierzehn Kalorien pro hundert Gramm, vierzehn Kalorien pro hundert Gramm, fünfzehn Kalorien pro hundert Gramm, siebzehn Kalorien pro hundert Gramm, siebenunddreißig Kalorien pr-

»Alles okay bei dir?« Daves Stimme unterbricht mein penibel kalorienzählendes Unterbewusstsein und ich spüre, wie sich die Tränen in meinen Augen sammeln.
Das ist nur ein Salat, Paige.
Nur ein scheiß Salat.
Ich nicke und schiebe mir eine Gabel in den Mund.

Grüne Salatblätter, lila Salatblätter, Kirschtomaten, Gurken, Paprika, Oliven, Dres-

»Ist das deine Naturhaarfarbe?«, fragt Dave mich.
»Ja.«
»Dein Haarreif ist cool, irgendwie retro«, meint er und klingt dabei wie mein alter Kunstlehrer, auf den alle Mädchen einen Crush hatten, weil er aussah wie Jesus.
»Danke.«
»Du kommst ursprünglich aus `New York City`?«

Dave will dich verhören, Paige.

»`Boston`«, sage ich schnell, bevor meine innere Stimme weiterreden kann.
»Du magst einsilbige Antworten?«

»Boston hat zwei.«

Dave schmunzelt und ich nutze die Zeit, um mir eine weitere Gabel Salat in den Mund zu schieben.

Grüne Salatblätter, lila Salatblätter, Kirschto-

»Hast du Lust, Stars are dead. aufzunehmen?« Dave schaut mich abwartend an.

Ich schlucke runter. »Du magst den Song?«

Er lacht kurz. »Du nicht?«

Ich pule mir den lila Lack von den Nägeln. »Hmm.«

Daves Blick wirkt nachdenklich. »Morgen?«

Ich lasse meine Gabel sinken und sehe ihn entgeistert an. »Morgen?«

Die Kellnerin stellt unsere Hauptspeisen auf den Tisch: zwei Teller mit wunderschön angerichtetem Hummer.

Ich spüre förmlich, wie Dave mich anschaut. »Du hast ein echt hübsches Gesicht.«

Oh mein Gott, Paige!

Ich wende den Blick von meinem halbleeren Teller ab und sehe ihn an, bevor ich meine Stirn runzle.

»Ich sehe dich auf den Bühnen dieser Welt«, sagt Dave Tanner und faltet seine Serviette. »Sagt dir Chambre Syndicale de la Haute Couture etwas?«

Ich schüttle meinen Kopf und er schmunzelt. »Ich habe einen alten Freund, der im Herzen der Haute Couture arbeitet und mir jedes Jahr

☾

eine begrenzte Anzahl an Stücken zukommen lässt. Ich sehe dich in einem seiner Kleider bei den `Grammys` nächstes Jahr, Paige Alyaska Courtney.«

Ich sehe Daves vorwurfsvollen Blick auf meinen leeren Teller, denke an die Size-Zero-Haute-Couture-Teile und wünschte, ich hätte nicht den ganzen Hummer aufgegessen.

[21]
Unerreichbar

Ich sitze im Wohnzimmer und starre auf mein Handy.

Das Foto ist etwas verschwommen, aber ich erkenne direkt, worum es sich handelt. Darauf zu sehen ist Curtis mit einem Mädchen, seine Hand ist um ihre Taille gelegt, sein Mund liegt auf ihrem. Er trägt eine Sonnenbrille und die Lederjacke, die er immer anhat.

Ich sehe genauer hin, das Mädchen hat dunkelblonde Haare und lange Ohrringe. Unter dem Post prangen mehrere Hashtags und ich halte die Luft an.

Mir wird schlecht.

Hast du wirklich gedacht, du hättest jemals eine Chance bei einem Typen wie Curtis Moore?

Gedankenlos steuere ich ins Bad, sinke vor der Kloschüssel auf die Knie und tue das, was die meisten Menschen als krank bezeichnen.

♫

Ich laufe auf die lila Buchstaben an der grellweißen Wand zu. Der Kaffee in meinem Becher schwappt fast über bei dem Versuch, die lauten Gedanken in meinem Kopf durch das Ballen meiner Hände zu kompensieren. Zu präsent, die Bilder von gestern.

♫

»Du bist so unkonzentriert.« Dave schiebt alle Regler nach unten, steht auf und öffnet die Tür zum Aufnahmebereich. »Was ist los?«

»Gar nichts.«

»Worum geht es?« Ich schweige.

»Paige?« Sein Blick trifft mich. Er ist verletzt.

Innerlich ringe ich mit mir. »Es ... du verstehst das nicht.« Herausreden hat bis jetzt immer geholfen.

»Dann versuch es, ich will es verstehen.« Ich beiße auf meiner Unterlippe herum.

Komm schon.

»Es geht um ... ein Bild.« Dave sieht mich verständnislos an. Fast kann ich seine Gedanken laut hören.

»Ist das Bild wenigstens gut?« Ich schüttle den Kopf und schlucke.

»Nein, nicht wirklich, leicht unscharf und von weit weg.«

Langsam dämmert es ihm wohl. »Was ist denn drauf, ist es ein peinliches Selfie oder was?«

Ich knete den apricotfarbenen Stoff meines Kleides. »Es ist ein Bild, auf dem sich zwei Menschen küssen.«

»Du und wer?«

Ich schüttle meinen Kopf. »Nicht ich.«

»Aber jemand, den du kennst?«

Ich presse meine Lippen zusammen. »Jemand, für den ich Gefühle habe.«

Stille.

♫

»Willst du noch was trinken?«, frage ich Dave durch die offene Autotür und Leslie, die wir gerade vom Set abgeholt haben, zieht mich an der Hand auf den Gehweg, während ich die Worte ausspreche.

»Gerne.« Er lächelt und steckt den Autoschlüssel in seine Hosentasche. Wir setzen uns an den Küchentisch und ich schenke Dave, Leslie und mir selbst Wasser ein, spüre ihren Blick auf mir, während ich beginne, ihm Fragen zu stellen. Irgendwann klingelt mein Handy.

Curtis

Ich sehe von meinem Handy zu Dave und drücke Curtis weg.

»War er das?«, ist die einzige Frage, die unmittelbar fällt.

Ich nehme einen Schluck und nicke. »Er checkt jetzt vielleicht, wie sehr er dich verletzt hat.«

Leslie kommt in die Küche. »Paige. Ich schaue mir was im Fernsehen an«, meint sie auf Russisch und ich weiß, dass sie das nur tut, damit Dave sie nicht versteht. Sie legt mir ein Fernsehprogrammheft auf den Tisch und dreht sich um, ohne Dave auch nur zu beachten.

Er schaut auf sein iPhone und dann zu mir. »Es ist schon spät, ich sollte dann langsam mal wieder.« Dave lächelt mir zu und deutet mit dem Kopf zur Tür.

Ich nicke und stehe auf.

Als die Tür ins Schloss gefallen ist, schaue ich auf mein vibrierendes Handy.

5 verpasste Anrufe von Curtis

Ich schalte es aus und lasse mich neben Leslie auf die Couch fallen. »Na, was schaust du?«

☾

»eXtRaVaGant-Interviews.«

♫

Ein dünner, großer Mann mit schwarzem Hut, weißer Jeans und schwarzem Blazer steht plötzlich im Studio und schüttelt Dave die Hand.

»Und Sie sind?«, fragt Dave mit eisiger Miene.

»Sie müssen sehr isoliert leben, um mich nicht zu kennen.« Mit den Worten dreht sich der junge Mann mit der schönen Stimme um und sieht mir direkt ins Gesicht.

»Willst du mir nicht Hallo sagen, Schneewittchen?«

Er ist wieder da.

Und er steht in seiner vollen Gestalt vor mir. Ich schäme mich, ihn nicht sofort erkannt zu haben. Die Hoffnung darauf, dass er es sein könnte und die Enttäuschung darüber, wenn er es doch nicht war, hätte mich zerfressen. Und ich bringe keinen Ton raus.

»Sie hat meines Wissens Feierabend. Seit sieben Minuten.« Bevor irgendwer etwas einwenden kann, spricht Curtis weiter. »Nimm deine Sachen mit, Schneewittchen. Ich warte unten.«

Ich bin so verdattert, ihn zu sehen, dass ich schnell meine Notenblätter einsammle, mir Hoodie und Jacke anziehe und nach meiner Tasche greife.

Ich drücke auf den Erdgeschossknopf im Fahrstuhl, woraufhin sich dieser in Bewegung setzt. Im Kopf gehe ich durch, was ich Curtis gleich sagen werde. Dann hält der Fahrstuhl und ich habe einen Blackout.

Leicht wankend gehe ich Richtung Empfang und Curtis kommt in mein Blickfeld. Während wir nach draußen laufen, bleibe ich auf Distanz.

»Warum hast du aufgelegt, als ich dich angerufen habe?« Er sieht mich an, ich sehe ihn an. Ein lautes Klatschgeräusch.

Seine rote Wange und meine schmerzende Hand.

»Es ... es tut mir leid.« Ich gehe einen Schritt von ihm weg, als ich realisiere, was ich getan habe.

»Scheiße, wofür war das denn?«, flucht er und hält sich die knallrote Wange mit dem deutlichen Abdruck meiner Hand.

»Jetzt tu doch nicht so.« Ich krame mit zitternden Fingern mein Handy heraus und halte ihm das Bild unter die Nase.

Er sieht es ein paar Sekunden an, dann mich und fängt an zu grinsen.

»Ich hätte nicht gedacht, dass du darauf reinfällst.« Jetzt nimmt er meine Hand und zieht mich über die Straße zum nächsten Zeitungsstand, vor dem er stehen bleibt. »Haben Sie zufällig noch diese eine Zeitung mit dem Bericht über Curtis Moore von Mittwoch?«, fragt er den Verkäufer, der eilig nickt und einen kleinen Stapel unter dem Tresen hervorholt.

»Also eigentlich haben alle Zeitungen einen Artikel über ihn veröffentlicht«, stottert er und sieht Curtis neugierig an.

»Oh, Scheiße. Das wusste ich nicht. Aber danke schön, ich meinte die da.« Curtis drückt mir die Zeitung in die Hand. »Seite 13, schlag auf.« Er blickt sich skeptisch um. Wahrscheinlich hat er Angst, von irgendwem erkannt zu werden.

Ein großes Bild. Von Curtis. Ich sehe es mir genauer an. Es ist das Bild. Aber ohne das Mädchen. »Gib mir dein Handy.«

Ich reiche es ihm.

»Das ist Fake, schau.«

»Okay, ich muss was trinken.«

»Sind Sie es wirklich? Sind Sie echt Curtis Moore?«, fragt der Zeitungsverkäufer Curtis aufgeregt. Der junge Mann mit dem schwarzen Hut, der neben mir steht und mein Handy in der Hand hält, lächelt matt. Plötzlich zieht Curtis den verdatterten Verkäufer in seine Arme und zwinkert mir zu.

»Zum Glück nicht, der Alte ist mittelschwer depressiv und der Ruhm wird ihn umbringen. Sie verwechseln mich«, meint er und lässt den Mann wieder los.

♫

Wir halten vor dem Set.

»Curtis!«, ruft Leslie und rennt ihrem Bruder in die Arme, wieder einmal fällt mir die Ähnlichkeit der beiden auf. Curtis hebt sie hoch und trägt sie in sein Auto.

»Das ist mir schon vorhin aufgefallen, ist das Auto neu?«

Curtis schiebt sich seine Sonnenbrille in die Haare und steckt den Schlüssel ins Zündschloss. »Ja. Ich hasse alle Autos, aber das hier fand ich irgendwie am wenigsten schlimm. Gefällt es dir?«

Ich nicke und sehe durch die Fensterscheibe nach draußen.

»Dein Nagellack blättert ab«, stellt er fest und ich verdrehe grinsend meine Augen.

☼

»Ich wollte dir noch was erzählen«, sagt Curtis irgendwann.

Ich schaue ihn an. »Wir spielen dieses Wochenende auf dem **Bonnaroo Music & Arts Festival**. Magst du mit?«

»Ich ...«

»Weiß ich doch«, unterbricht Curtis mich und lächelt. »Hinsetzen, nichts tun und Leuten bei der Arbeit zuschauen ist dein Ding.«

Ich werfe ihm einen Todesblick zu und er lacht leise.

»Wo ist das?«

»**Manchester, Tennessee**«, sagt er und schaut mich kurz an, bevor er wieder anfängt zu grinsen.

»Hör auf, mich so anzustarren, sonst baue ich noch einen Unfall.«

Während Curtis die schlafende Leslie ins Haus trägt, schließe ich gedankenabwesend sein Auto ab und folge den beiden. Im Aufzug herrscht beinahe vollkommene Stille. Die einzigen Geräusche sind ein leises Surren des Motors und die regelmäßigen Atemzüge von Leslie.

Ich schiebe Curtis meine Kaffeetasse über den Tisch, weil ich weiß, dass er diese gerade mehr nötig hat als ich.

»Du solltest deinen Koffer packen«, sagt er, nachdem er sie leer getrunken hat, und ich nicke müde.

Irgendwann stehe ich auf und gehe in mein Zimmer, um ein paar Klamotten in einen Koffer zu stopfen. Ich bin mir sicher, dass Curtis genau weiß, wie er mich willenlos macht.

Nachts höre ich Schritte auf dem Flur. Curtis läuft auf und ab und bleibt stehen, wenn er schreibt und denkt.

Irgendwann ist es still.

☾

[22]
Bonnaroo

Robyn,

es gibt diese einen Jeans von Brandy Melville.
351 Newbury Street, Boston.
Klinkergemäuer, Vintagestil.
Ich vermisse es, mit dir zusammen die
Kleiderstangen unserer allerliebsten
Lieblingsmodekette durchzustöbern.
Manchmal haben wir sogar Schule geschwänzt, um
shoppen zu gehen.

Schon als kleines Mädchen verband ich Brandy
Melville mit purer Perfektion.
Unglaublich dünne junge Frauen, die kurze ka-
rierte Röcke oder bauchfreie Spaghettiträgertops
in der einzigen dort erhältlichen Größe tragen
und dabei aussehen wie Models.

Ich erinnere mich an letzten Frühling, als du für
zwei Wochen mit Lungenentzündung im Bett lagst.
Du warst todunglücklich, weil dir unser tägli-
ches Musikpensum und die Trips durch Boston total fehlten.

Du gabst mir nie das Gefühl, dir dein Glück kaufen zu können. Aber ich weiß genau, wie sehr du
Mode und Kunst liebst und wie sehr du es liebst,
dass dein eigener Körper Kunst ist.
Das war der Grund, weshalb ich im Frühling in
die Stadt gefahren bin und dir zwei Teile der
brandneuen Kollektion ausgesucht habe.

Und gerade als ich den Laden verlassen wollte,
habe ich sie gesehen. Die hellblauen
Highwaistskinnyjeans, mit festem und trotzdem
samtweichem Stoff. Und ich bin mit ihr zur Kasse
gelaufen und habe sie gekauft, ohne sie anpro-
biert zu haben.

Du hast eine Zeit lang immer einmal im Monat für
ein paar Tage nahezu nichts gegessen, um deinen
Eisprung nach hinten zu verschieben, damit dein
Zyklus sich verlängert und du deine Tage seltener
bekommst, ohne überhaupt die Pille nehmen zu
müssen. Das hat bei dir wunderbar geklappt, weil
du durch deinen bombastischen Stoffwechsel ungewollt so tief im Untergewicht drin warst, dass
dein Körper komplett aufgeschmissen war, wenn du
nichts gegessen hast.

Das war zwar total dumm.

Haha.

Und ist auch ziemlich oft ziemlich schief gelau-
fen.
An dieser Stelle gedenken wir deiner ganzen
Schwangerschaftstests.

Aber irgendwie hat mich das fasziniert.
Du hattest deinen Körper, dein Essen und dein
Gewicht so krass unter Kontrolle.
Aber du konntest nie zunehmen.

Vielleicht ist es verrückt und vielleicht verstehst du das nicht, weil du immer perfekt aussiehst, aber manche Klamotten geben mir das
Gefühl, eine neue, bessere Version von mir selbst
und hübsch sein zu können, wenn sie mir passen
und ich sie trage.

Goodbye
Paige

☼

Ich ziehe das Blatt aus der Schreibmaschine, falte es und rolle auf meinem Schreibtischstuhl rückwärts über den Teppich bis zu meinem Kleiderschrank.

Mit den hellblauen Jeans in der Hand stehe ich auf, stelle mich vor den Spiegel, halte sie vor meine schwabbeligen Beine mit den vernarbten Schürfwunden an den Knien und der Cellulite an den Oberschenkeln und der Hüfte und dem Po und stelle mal wieder fest, dass ich viel zu fett bin.

Früher hast du das ständig gemacht, dir Klamotten gekauft, die dir viel zu klein waren, in der Hoffnung, irgendwann dünn genug zu sein.

Obwohl dieser Hunger nach dem Dünnsein nur das Symptom ist. Eigentlich wollte ich dadurch immer nur beliebt und glücklich und selbstbewusst werden.
Das war der Ursprung.

Ich stecke meine Füße in die Jeans, ziehe sie über meinen Po, mache den Reißverschluss und den Knopf zu und sehe das Mädchen im Spiegel in den hellblauen Jeans an.
Ich bin das Mädchen in den hellblauen Jeans.

Aus dem Flur ertönt ein Geräusch. Ich drehe mich um. Curtis steht in meiner Wohnungstür. Bestimmt hat er sich wieder unerlaubt meinen Schlüssel genommen und musste irgendwas machen.
Er kommt ein paar Schritte auf mich zu und runzelt die Stirn. »Alles okay?«
»Ich weiß es nicht.«
Sein rechter Mundwinkel zuckt. »Schneewittchen. Es geht nicht dar-

um, es zu wissen. Du kannst auch glücklich sein, ohne dir den Kopf zu zerbrechen.«

Ich schnappe mir meine Docs.
Maries Stimme hallt durch den Flur, jetzt lächle ich wirklich. Ich lasse die Schuhe auf den Boden fallen und renne ihr entgegen.
»Marie!« Wir umarmen uns.
»Das nächste Mal werde ich auf jeden Fall fliegen, ich stand stundenlang im Stau. Mensch, Paige. Jedes Mal, wenn ich dich sehe, bist du noch dünner.« Vorsichtig legt Marie ihre Hände auf meine Schultern und mustert mich aus ihren grünen Augen.

Du weißt doch, dass sie lügt.

Wir setzen uns in die Küche und ich mache Marie und Leslie etwas zu essen.

Wir stehen im Flur und ziehen uns die Jacken an. Aus der Küche tönt dumpf Maries Stimme.
»Wir zwei Hübschen machen uns heute noch einen schönen Tag hier in `Chicago` und fahren heute Nacht zurück nach `Brooklyn`. Na, was hältst du ...«
Den Rest höre ich nicht mehr, da Curtis mich an der Hand aus der Wohnung zieht. Nach der kurzen Verabschiedung vorhin meinte er, wir sollten so früh wie möglich verschwinden, damit kein riesiges Drama entsteht, wenn Leslie realisiert, dass wir wirklich gehen.

Wir rutschen auf die Rückbank des Taxis. Curtis trägt eine Sonnenbrille und eine riesige Mütze. Wahrscheinlich wäre er sonst auf dem kurzen Weg zum Taxi schon fünfmal angehalten worden.

»Ich brauche Kaffee«, murmle ich gegen die Fensterscheibe und er grinst.

»Nach mir bist du der kaffeesüchtigste Mensch, den ich kenne.«

»Was ist mit Damian?«

»Der ist lange nicht so schlimm wie du.«

Während er das sagt, öffnet er meinen Zopf und steckt das Haargummi in meine Hosentasche. »Besser.«

♪

Ich stehe auf der Rolltreppe zur Empfangshalle des Memphis International Airport. Der Kaffee im Flugzeug war grässlich. Curtis guckt leicht skeptisch zur Seite. Wahrscheinlich ist ihm ein Raum mit so vielen potenziellen Fans nicht geheuer.

Irgendwo sehe ich Jules' blaue Cornrows. Wir bahnen uns einen Weg durch die Menschenmenge. Irgendwann wird Sascha auf uns aufmerksam und boxt Damian und Alec in die Seite. Sie kommen auf uns zu und ich werde in eine riesige Gruppenumarmung gezogen. Jules nimmt mir meinen Koffer ab.

Gefolgt von Bodyguards machen wir uns auf den Weg zur Limousine und schon in der ersten Sekunde, in der wir heraustreten, regnet das Blitzlichtgewitter auf uns herab. Curtis und Damian werden direkt mehrere Mikros unter die Nase gehalten und die Reporter reden auf sie ein.

Vor dem Hotel steht eine riesige Fanmasse. Während die Jungs noch Autogramme geben, laufe ich eilig rein. Kopfschüttelnd sehe ich über

meine Schulter und beiße mir auf die Zunge, um nicht laut loszula-
chen.

»Schönes Mädchen, warte!« Alec joggt mir nach und schweigend gehen wir nebeneinander weiter. Eine halbe Stunde später rennen dann
auch die anderen stolpernd in die Eingangshalle. Die Bodyguards stehen an der Tür und halten die Menge in Schach. Es herrscht ein un-
glaublicher Lärmpegel. Max gibt mir die Karte für mein Hotelzimmer.

Ich öffne meine Zimmertür, erschrecke, als ich eine junge Frau in
Unterwäsche im Zimmer stehen sehe und drehe mich reflexartig um.
»Du kannst dich wieder umdrehen.« Sie hat einen knallpinken Bade-
mantel an und ich reiße meine Augen weit auf, als ich sie erkenne.
Sie hält mir ihre Hand hin. »Mara Dooley und du bist?«

Ich sehe sie eine Weile einfach nur an.
»Ich bin Paige«, sage ich in einem Anflug von Mut.
In ihren Augen flackert etwas, das ich nicht zuordnen kann. »Paige
Courtney?«
Ich nicke.

»Ihr teilt euch ein Zimmer.« Alec steht im Türrahmen.
Ich gehe auf ihn zu, schnappe mir seinen Arm und ziehe ihn raus auf
den Flur. Die Tür kicke ich mit meinem Fuß zu.
»Wer hat sich das ausgedacht?«
»Keine Ahnung. Wir dachten nur, du würdest lieber mit einem
Mädchen im Zimmer sein, als mit mir ...« Ich unterbreche ihn.
»Hast du sie dir mal angeschaut?«
»Schönes Mädchen, du weißt doch, dass ich keinerlei Interesse an
Mäd-, wieso ...«

»Sag den anderen, dass ich in deinem Zimmer schlafe.« Ich drehe mich um und öffne die Tür.

Mara trägt immer noch ihren pinkfarbenen Bademantel. Ich nehme meine Handtasche vom Bett und schnappe mir meinen Koffer.

»Warte.« Ich drehe mich um.

»Wie geht es der kleinen Ivanovna?« Ich starre sie eine Sekunde lang fassungslos an, dann stürme ich aus dem Zimmer und knalle die Tür hinter mir zu.

Was zur Hölle war das gerade?

Ich gehe zu Alecs Zimmer und stelle meinen Koffer ab, bevor ich mich auf das Bett setze und meinen Kopf in den Händen vergrabe.

Leslies honigblonde Haare leuchten.
»Mrs. Eagle ist ein Geschenk von meinem Dad.«
»Deine Pistole hat einen Namen?«
»Klar, alle meine Waffen haben Namen.«
»Wer bist du?«
»Leslie Yenene Ivanovna Pavlova, ich bin sieben Jahre alt.«

Ivanovna Pavlova.

Das ist russisch.

Erst jetzt fällt bei mir der Groschen.

Mom heißt Anastasia Stanislavovna Smirnova, weil Dedushka, der schon vor der Geburt meiner Mutter verstorben ist, mit Vornamen Stanislav hieß.

Von alten Freunden wird sie auch oft ›Nastya‹ genannt.

Russische Namen bestehen aus Vornamen, dem Namen des Vaters und einem Nachnamen.

☾

Damian schaut für einen kurzen Moment Curtis an, bevor er sich zu dir dreht. »Mom war früher mit Curtis' Vater zusammen. Leslie Yenene ist ihre Tochter.«

Der Vater von Leslie und Curtis heißt Ivan Pavlov.

♫

Die Sonne scheint in mein Gesicht. Ich strecke mit geschlossenen Augen meinen Arm aus dem Autofenster und spüre die Luft an mir vorbeirauschen. `Manchester, Tennessee`.

Der Van parkt auf einer Wiese neben einigen Wohnwagen und Autos. Das `Bonnaroo` ist eine riesige Zeltstadt. Es gibt vier Bühnen, eine Disco und zwei Zelte, die `That Tent` und `This Tent` heißen. `eXtRaVaGant` wird heute Abend auf der `What Stage` auftreten.

Glückliche Menschen, Musik, Seifenblasen, `Bonnaroo`-Armbänder, Kunst, Bühnen.
Alec und ich laufen über das Festivalgelände und ich bin überwältigt von der Atmosphäre, die um uns herum herrscht. Von überall her tönen Stimmen und Musik.
Sommerkleider wehen im Wind und Menschen bewegen sich, umgeben von Lachen, zu Musik und Konfetti auf der Wiese. Alec nimmt meine Hand und zieht mich in die Menge.
Wir grinsen uns an und tanzen ausgelassen Hand in Hand zu `Bon Iver`.
Ich fühle mich frei.

Das Geschrei vor der **What Stage** beginnt, als Jules, Sascha, Damian und Curtis die Bühne betreten und der kreischenden Menschenmenge winken, von der ich umgeben bin.

»Guten Abend, **Manchester**«, sagt Curtis in das Mikrofon und lächelt.

Das Gebrüll wird noch lauter und ich beginne zu grinsen. Damian zieht sich seinen schwarz-weiß karierten E-Gitarren-Gurt über den Kopf und lacht, als er Saschas nervösen Gesichtsausdruck sieht.

»Menschen sagen mir andauernd, sie würden vielmehr den Melodien eines Songs zuhören als dem Text. Dabei gehört beides zusammen und ist gleichermaßen bedeutsam.«

Ich vergesse zu atmen, als die Jungs zum Intro einsetzen und Curtis' Stimme seinen Schmerz über den Missbrauch der Natur in die Welt trägt.

♫

Curtis und Damian zünden sich jeder eine Zigarette an und ich bestelle mir einen Kaffee an der Bar der **Silent Disco**.

»Okay, einen Kaffee für die junge Dame.«

»Warten Sie.« Curtis stellt sich mit seiner Zigarette hinter mich.

Der Mann an der Bar sieht ihn an. »Sie sind Curtis Moore?«

»Ja. Für mich einen Jack Daniels. Und die Lady hat sich umentschieden: Sex on the beach, bitte.«

Ich drehe mich um und flüstere: »Spinnst du? Da ist Wodka drin. Du weißt doch, dass ich Alkohol nicht vertrage.«

Er lächelt und haucht: »Weiß ich das?«

Ich wende mich an den Barkeeper. »Es bleibt bei meinem Kaffee.«

Während ich das sage, legt Curtis schwankend einen Arm um mich und zieht an seiner Zigarette.

»Du riechst nach Rauch.« Ich schiebe ihn etwas von mir weg und huste.

Wie ich diese Raucherei hasse.

Curtis taumelt und ich gehe einen Schritt auf ihn zu.

»Hauch mich mal an.« Stattdessen legt er seine linke Hand auf meine
Wange und beugt sich zu mir runter, während er abwechselnd auf
meine Lippen und in meine Augen schaut. Meine Knie werden weich
und mein Puls schießt nach oben. Ich nehme seine Hand von meiner
Wange und bringe etwas Abstand zwischen uns.

»Du bist betrunken, Curtis.«

Sein Mund wandert zu meinem Ohr und sein Atem auf meiner Haut
verursacht Gänsehaut bei mir.

»Du hast Angst«, flüstert er mit deutschem Akzent.

»Hab mal ein bisschen Spaß, Schneewittchen.« Er dreht sich um und
nimmt seinen Jack Daniels vom Tresen.

Ich lasse Curtis stehen und bahne mir einen Weg durch die Menschenmenge, bis ich in einer Ecke Alec und Jules sitzen sehe.

»`Eminem` spielt gleich, Pacie.« Alec steht auf und hakt sich bei mir
unter, bevor er sich an Jules wendet.

»Kommst du mit? Damian, Sascha und Curtis können sich gut alleine
besinnungslos trinken.« Jules nickt und hakt sich ebenfalls bei mir
unter.

Wir grinsen uns an.

Ein riesiger Ghettoblaster als Bühnenbild. `Eminem` springt auf die
Bühne und die Menschen um mich herum kreischen. Ich sauge die
Musik mit allen Sinnen in mein Herz auf. Vielleicht brauche ich in
diesem Moment nicht mehr, um einfach glücklich zu sein.

☼

♫

Ich schaue durch das Fenster auf die Passanten, die mit hektischen Schritten über die Straßen laufen, und schreibe ein paar Lines auf ein Blatt. Eine Schnapsidee.

»Du warst nicht beim Frühstück.«
Ich drehe mich um. Curtis steckt seinen Kopf durch meine Hotelzimmertür und schaut erst das Blatt in meiner Hand und dann mich an.
»Ich hatte keinen Hunger.«
Er kommt rein und setzt sich auf das Bett.
»Was ist los?« Ich stelle mich mit zwei Kleidern vor den Spiegel und überlege. »Schneewittchen?«
Ich schaue kurz zurück.
»Nimm das rechte und antworte mir.«

Ich ziehe meine Jeans und das Shirt aus und ignoriere ihn. Dann öffne ich noch einmal meinen Koffer und ziehe eine schwarze Jeans mit Löchern raus und ziehe sie an. Kein Kleid. Curtis steht auf und runzelt die Stirn, während er mir direkt ins Gesicht sieht.
»Hast du PMS?«, lacht er und legt seine Hand um mein Handgelenk.
»Hallihallo, Leute!« Alec betritt das Zimmer und sieht für ein paar Sekunden zwischen uns hin und her.
»Moment«, sagt Curtis und Alec schließt die Tür wieder.
»Lässt du mich jetzt los?«, frage ich ihn.
Ich weiß ganz genau, dass ich später bereuen werde, dass Curtis mich so gesehen hat.
Aber er schaut mich nicht mal richtig an.
»Erst wenn du mit mir sprichst.«

☾

»Das tue ich.« Er schüttelt den Kopf und seine schwarzen Haare fallen ihm in die Stirn.

»Paige.« Schön, dass wir wieder bei meinem offiziellen Vornamen angekommen sind.

Curtis' Blick fällt wieder auf mein nacktes Handgelenk. Die Falte auf seiner Stirn wird tiefer, als er mit seiner Hand höher wandert und merkt, dass er sie ganz um meinen Oberarm schließen kann. Seine silbernen Ringe fühlen sich kalt auf meiner Haut an. Er schaut mir wieder ins Gesicht.

»Das ist nicht dein Ernst, Paige.«

»Lass mich los.« Meine Stimme zittert und Tränen laufen über meine Wange.

»Du redest nicht mehr mit mir.« Curtis' Hand um meinen Arm rutscht nach unten und liegt wieder um mein Handgelenk.

»Dass du einen Plattenvertrag bei TSoundz unterschrieben hast, erfahre ich von Max. Dass du nach Chicago ziehst, von Les, und dass Dave Tanner mit dir Essen geht, von Damian.«

Ich wische mir mit der Hand die Tränen aus meinem Gesicht.

»Du bist nikotinabhängig, betrinkst dich bei jeder sich bietenden Gelegenheit und verstehst einfach nicht, dass ich deinen Alkohol und den permanenten Zigarettenrauch nicht brauche, um glücklich zu sein. Curtis, was willst du von mir?« Er starrt für einen Moment auf unsere Hände, bevor er mich loslässt, sich umdreht und verschwindet.

♫

Das Taxi hält vor Dads zweistöckigem, himmelblauem Einfamilienhaus mit dem weißen Zäunchen und ich steige eilig aus. Heute habe

ich noch eine Fahrt durchs ganze Land vor mir. Ich klaube meinen
Schlüsselbund aus der Handtasche und schließe die Haustür auf.

Es duftet angenehm nach frischem Gebäck. Eine Kinderstimme
dringt zu mir durch. Dann stehe ich vor der Küche.

»Äh ... hallo«, stottere ich und fühle mich wie ein Eindringling.

Leslies hellgrüne Augen blicken mich an. Als sie mich erkennt, stürzt
sie an Dad und Marie vorbei, direkt in meine Arme. Ich hebe sie hoch
und drücke sie fest an mich. Neben der Tür steht eine gepackte Reise-
tasche.

»Ich hab dich vermisst, Les«, flüstere ich auf Russisch und streiche ihr
den Pony aus den Augen.

☾

[23]
Babushkas Kommode

Chicago, Illinois
12. Juni

Robyn,

es ist Dienstag. Ich sitze im Flur vor Leslies
Zimmer und gerade geht die Sonne über Chicago
unter.

Die Jungs haben mich letztes Wochenende aufs
Bonnaroo Music & Arts Festival in Tennessee mit-
genommen, das einmal jährlich für vier Tage im
Juni stattfindet.
Es. War. So. Toll.
Alec und ich sind bis es dunkel wurde zu zweit
übers Festival gelaufen. Wir haben einfach mal
Rag 'n' Bone Man, Eminem, Bon Iver und Billie
Eilish live gesehen! Ist das nicht total krass?
Freaking BON IVER und BILLIE EILISH standen ein
paar Meter vor uns und haben gespielt!
Selbst als Alec dann später zu den Jungs backsta-
ge gegangen ist, habe ich mich überhaupt nicht
einsam gefühlt. Um mich herum waren ja Menschen,
die die gleiche Musik gefeiert haben.

Nachdem eXtRaVaGant dann irgendwann gespielt hat,
bin ich mit in die Silent Disco gegangen, weil

☼

ich dachte, wir könnten dann noch bisschen reden.
Curtis hat aber nur geraucht und sich mit Damian
und Sascha die Kante gegeben ... bin dann mit
Alec und Jules, die das auch total genervt hat,
wieder raus und wir haben dann Eminem gesehen :)

Höre jetzt hier mit Schreiben auf. Hab Les versprochen, dass wir heute noch Tiramisu machen.

Goodbye
Paige

☾

♫

»Noch mal ab **a bit better** in der ersten Strophe«, meint Dave.
Ich nicke, setze mir die Kopfhörer wieder auf und stelle mich vor das
Aufnahmemikro. Er schaut mich kurz grinsend an und schiebt dann
die Regler am Mischpult nach oben.
»Und jetzt schau mal ein bisschen weniger passiv-aggressiv.«
»David Elin Tanner!« Ich versuche, einen empörten Gesichtsausdruck
aufzusetzen, muss aber gleichzeitig lachen.
»Hast du mich gegoogelt, Paige?«
»Nee«, glucke ich.
»David Elin Tanner ist als Musikproduzent und gefragter Manager
vieler Künstler bekannt.« Ich kichere laut los.

Dave steht von seinem Platz vor dem Mischpult auf und öffnet die
Tür zum Aufnahmebereich.
Dann kommt er auf mich zu und sieht mich kopfschüttelnd und ge-
spielt verärgert an. »Was mache ich nur mit dir.« Plötzlich grinst er,
bückt sich und packt meine Beine, um mich hochzuheben.
Ich kreische und er läuft mit mir über der Schulter durch das Studio
und lacht, als ich wie ein Fisch auf dem Trockenen zappele und ihm
gegen den Rücken haue.
»Benimmst du dich jetzt?«.
»Ja, David Elin Tanner.«
»Vielleicht muss ich dich den ganzen Tag über meine Schulter legen.«
»Ich muss arbeiten, Dave!«, rufe ich.
»Ob Sie arbeiten, entscheide immer noch ich, Miss Courtney. Aber wir
haben heute tatsächlich noch etwas auf dem Plan stehen.«

☼

Er hebt mich von seiner Schulter und stellt mich wieder auf den Boden.

»Ich stelle dir nämlich einen meiner liebsten Designer vor.«

Ich ziehe eine Augenbraue nach oben und er beginnt wieder zu lachen.

»Warum sind nicht alle Künstler so wie du?«

»Bin halt ein Wunder, David Elin Tanner«, hauche ich gespielt arrogant und er grinst.

♪

»Das piekst.« Ich winde mich.

Neil Laurent, ein kleiner französischer Designer mit Ankerbart, ist gerade dabei, mich in eines seiner maßgeschneiderten Kunstwerke zu verfrachten.

»Hast du übers Wochenende abgenommen?«, fragt Dave mich, der mit verschränkten Armen an seinem Schreibtisch sitzt und uns zusieht.

Ich sehe ihn aus großen Augen an. »Wieso das denn?«

»Schau mal an dir runter.«

Zum ersten Mal bin ich wirklich stolz auf dich, Paigielein.

»Das ist doch nicht schlimm oder?« Er schüttelt lächelnd den Kopf und Neil Laurent zieht eine beleidigte Schnute und redet in gebrochenem Englisch von Umänderungen und großem Aufwand. Dave zuckt mit den Schultern und schaut mich dann wieder lächelnd und augenverdrehend an.

»Hast du morgen Zeit, Paige? Ich könnte vorbeikommen.«

♪

»Stopp!«, ruft jemand, hämmert gegen die Scheibe und öffnet dann von außen die Tür des Taxis, in das Leslie und ich gerade eingestiegen sind.

»Jesus, Alec! Was machst du hier?«, frage ich den jungen Mann überrascht und schließe ihn in meine Arme.

»Ich ... ich musste raus aus New York.«

Ich rutsche etwas und er zwängt sich neben mich.

»Kann ich vielleicht mit zu euch?« Etwas überfordert nicke ich und lege meinen Kopf auf seine Schulter.

Es knistert leicht, als der Taxifahrer den Radiosender wechselt. Erst verstehe ich gar nichts, doch dann erstarre ich.

»So könnte man das sagen, wir kennen genau ein Hotel und eine Halle in jeder Stadt.«

Im Hintergrund mache ich mehrere Lacher aus.

»Also frei bewegen ist nicht?« Eine fremde Stimme.

»Das sowieso nicht, immer mit Bodyguard und Verkleidung, Blick runter und so.« Curtis' Stimme.

Ich öffne meinen Mund, als Leslie verwirrt den Kopf hebt, weil sie checkt, dass das ihre Brüder sind.

»Mich erreicht gerade ein Anruf. Eine Frage an euch.«

Es ist fast so, als würde ich Curtis' Grinsen vor mir sehen und das macht mich krank.

»Celina R. fragt, warum ihr euren Bodyguard gefeuert habt.«

Ich muss mir wieder einmal vor Augen führen, dass diese vier Jungs, kaum älter als ich, nichts aufweisen können, was auch nur ansatzweise wie Privatleben klingt.

»Wir haben ja letztens einen gefeuert, ne? Welcher war das jetzt Damian?« Sascha klingt verwirrt.

»Schon der zweite, oder?«, fragt Damian.

»Ja«, antwortet Jules.

»Müsste.« Curtis lacht und ich fühle mich ein bisschen unwohl. »Also, wenn das der zweite war«, beginnt Damian.

»Dann war das wegen der VIP-Ticket-Sache.«

»Darf ich fragen, was genau passiert ist?«

Irgendwie tut mir der Interviewer ein bisschen leid, er kennt sich mit eXtRaVaGant anscheinend nicht wirklich aus. Es ist allgemein bekannt, dass es einen Vorfall gab, bei dem ein Bodyguard illegal VIP-Tickets an junge Mädchen vertickt hat.

»Der hat auch noch anderen Dreck am Stecken«, murmelt Alec neben mir und ich stimme ihm still zu.

»Dir ist klar, dass es um Maras Bruder geht?«

Ich setze mich ruckartig auf. »Was, echt? Brian Dooley ist Maras Bruder?«

Alec nickt und seine Miene verdunkelt sich.

»Curtis meinte, es wäre klüger, es dir nicht zu sagen.« Er kneift die Augen zusammen und ich sehe, dass es ihm sichtlich schwer fällt, einen seiner besten Freunde zu verraten.

Bevor ich einen Satz sagen kann, hebt er abwehrend die Hände.

»Paige, er hat es nur gut gemeint, um deinen Hass gegen sie nicht weiter zu schüren.«

Ich öffne meinen Mund, aber es kommt nichts raus, weil ich so fassungslos bin, dass mein Hirn all seine Energie zum Verarbeiten dieser Nachricht verwendet.

»Paiges Gefühle gegenüber Mara sind nicht unbegründet«, wispert Leslie und wirft uns beiden einen Blick zu.

»Ach?« Alec zieht eine Augenbraue hoch.

»Du kennst sie, hab ich recht?«, hauche ich. Leslie hebt die Schultern, bevor sie sie langsam wieder sinken lässt. Offenbar in Gedanken schwelgend.

»Kennen ist so was Oberflächliches. Eigentlich kennt man doch nicht mal sich selbst.«

Alec und ich sehen uns an.

Ich glaube zu verstehen, was er meinte, als er sagte, dass sie viel mehr ist.

♫

»Kaffee? Tee? Saft? ... Alec?« Ich stelle Leslie ihr Frühstück an den Tisch und wende mich ihm zu.

»Danke, ich trinke Wasser.« Er lächelt.

Meine Hausschuhe passen ihm wie angegossen. Er ist jetzt schon seit einigen Tagen bei uns.

Es klingelt an der Tür.

Leslie springt auf und rennt aus der Küche. Ich laufe ihr neugierig hinterher.

»Erwartest du wen?« Ich drehe mich um und sehe Alec vorwurfsvoll an, ich will niemanden aus New York sehen.

Diese Wohnung ist ein Rückzugsort für mich geworden und ich wäre wirklich sauer, wenn jetzt Yang oder sonst wer hier aufkreuzen würde. Er runzelt die Stirn und ich drehe mich wieder um.

»Nö, eigentlich nicht.«

»Eigentlich? Weiß jema-«, lege ich los, doch dann macht Leslie die Tür auf und ich schaue in braune Augen.

Die gleichen braunen Augen, die auch ich besitze.

Mom streicht sich mit Tränen in den Augen die schwarzen Haare aus dem Gesicht. Wir fallen uns in die Arme.

»Ich war schrecklich zu dir.« Sie schluchzt und ich lege meinen Kopf auf ihre Schulter, ihr ganzer Körper zittert.

Es ist tröstlich, ihren gewohnten Duft einzuatmen. Ich weiß nicht, was, aber irgendetwas lässt mich verzeihen, ließ mich schon viel früher verzeihen.

Ich lasse sie vorsichtig los, sie trägt keine High Heels zu einem figurbetonten Kleid, sondern einfache Ballerinas, die mal mir gehört haben, und eine verwaschene Jeans. Es ist, als stünde sie im Schatten ihrer selbst. Ihr Blick ist auf den Boden gerichtet. Irgendwann, wahrscheinlich erst, als sie zwei weitere Fußpaare außer ihrem eigenen und meinem sichtet, blickt sie auf.

Sie räuspert sich und hält Leslie die Hand hin.

»Anastasia.« Ein Hauch von Lächeln liegt in ihrem noch immer so hübschen, aber müden Gesicht.

»Leslie Yenene Winter.« Ich habe Leslie selten so zurückhaltend erlebt wie in diesem Moment, vielleicht weil Mom etwas Einschüchterndes an sich hat, zumindest mir gegenüber.

»Es freut mich, Ihre Bekanntschaft zu machen, Mrs. ...«

»Bitte nur Anastasia oder Nastya.«

Mom hat schon lange niemandem mehr ihren alten Spitznamen verraten. Vielleicht nur, weil Dad sie damals immer so genannt hat.

Ich gehe voraus in die Küche und schenke Mom ein Glas Wasser ein, in das ich fast automatisch eine Magnesiumtablette werfe. Alec sieht von mir zu Mom. Er fragt sich wohl, ob sie meine Schwester ist. Gleich kommt der altbekannte Spruch. Doch Alec schweigt und trinkt sein Wasser.

»Du bist ihre Mom«, stellt Leslie auf Russisch fest und sieht sie an. Meine Mutter nickt, perplex über den Sprachwechsel, und wirft mir einen Blick zu. Ich schweige ebenfalls und nehme Leslie auf den Schoß.

»Bist du dann auch meine Mom? Wir sind Schwestern, weißt du.«

Ich beiße mir auf die Lippe und sehe Mom an, ihr Blick liegt auf mir, ich nicke unmerklich.

»Wenn das so ist, bin ich wohl auch deine Mom.«

Sie lächelt und ich habe den kleinen Funken Hoffnung, dass irgendwer hier sich an diesen Moment zurückerinnern wird, um nicht den Glauben an das Gute in Menschen zu verlieren. Ich jedoch trage viel zu viel Trauer in meinem Herzen, um überhaupt ansatzweise denken zu können.

»Ich habe Babushkas Kommode dabei«, sagt Mom irgendwann und dreht sich zu mir.

»Hilfst du mir tragen, Alec?« Er nickt und ich folge den beiden nach unten zu Moms Auto.

»Die ist aber schwer.« Alec wuchtet die Kommode, die jahrelang in meinem Zimmer in `Boston` stand, aus dem Auto.

»Altes Holz.« Mom presst ihre Lippen zusammen und sieht mich an.

♫

Supermarktgänge haben eine beengende Wirkung auf mich.

Etwas, das mich nervös macht.

Die Regale fauchen mich an.

Ich ziehe die Kapuze tiefer in mein Gesicht. Ursprünglich wollte ich nur ein frisches Brot und etwas Obst für Moms Müsli holen. Mein Plan hat sich mehr als nur geändert, nachdem ich den roten Blutfleck in meiner Hose bemerkt habe.

Ich mache einen großen Bogen um die Süßigkeiten, da sich mein Magen schon allein bei dem verlockenden Gedanken an die zuckrigen Kalorienbomben schmerzhaft zusammenzieht.

Das Regal mit den Binden und Tampons ragt vor mir in die Höhe. Ich greife blindlings mitten rein und stecke ein paar Sachen unter meine Arme. Auf dem Weg zur Kasse schießt mir die Hitze ins Gesicht.
Mom erzählt Leslie zu Hause bestimmt immer noch von ihren Tanzerfolgen und ihrer Highschoolzeit als Ballerina. Alec ist vor zwei Tagen aus unserer Wohnung geflüchtet. Auf Dauer kann er eben doch nicht ohne Yves.

Ich bezahle, lasse die Sachen in meine Tasche fallen, versuche den klemmenden Reißverschluss zu schließen und laufe mit eiligen Schritten hinaus. Plötzlich stoße ich mit voller Wucht gegen jemanden, der ungeschickt im Ausgang steht.
Der ganze Inhalt meiner Tasche fällt zu Boden.
Ich bücke mich eilig und sammle hastig meine Sachen zusammen. Ich kann froh sein, dass sich keine der Packungen geöffnet hat. Mir ist das ja so schon extrem peinlich.
Ich stopfe alles zurück in meine Tasche und schließe sie hastig, dann sehe ich nach oben.

Hellbraune Augen, perfekte Nase, hohe Stirn, hervorstehende Wangenknochen, geschwungene dunkle Wimpern, volle Lippen. Das Blut gefriert in meinen Adern.
»Curtis«, wispere ich.

Aber es ist nicht Curtis. Der Mann, der vor mir steht, ist um einiges älter und hat einen Blick, der mich schaudern lässt.

☾

»Ich … es tut mir leid.« Ich will mich zum Gehen wenden, doch mein Körper ist wie festgefroren.

Etwas in seinem Blick lässt mich sterben.

Der fremde Mann öffnet den Mund.
»Haare schwarz wie Ebenholz, Lippen rot wie Blut und Haut so weiß wie der Schnee im Dezember. Sieh mal einer an, die kleine Courtney.« Seine Stimme ist zu ruhig dafür, dass sie so eine einschüchternde Wirkung auf mich hat.
»Solche hast du auch schon früher immer getragen.« Er deutet auf meinen Haarreif und fast bilde ich mir ein, ein Schmunzeln zu erkennen.
Ich schlucke und fange an zu zittern. Es ist gefährlich, dass ich das Bild von Curtis nicht aus dem Kopf bekomme beim Anblick dieses Mannes.
»Hast du Angst?«, fragt er mich auf Russisch.
Zigarettengeruch.
Meine Luftröhre schnürt sich zu und ich fange an zu röcheln, als ich mein Leben an mir vorbeiziehen sehe.
»Gut, das solltest du auch. Denn diese Welt ist böse.« Das letzte Wort ist kaum mehr als ein Zischen. Ohne mich zu berühren, schubst er mich hinaus.
Ich stolpere, röchle, taumle.
Und schwöre mir, die Begegnung mit dem Vater von Curtis und Leslie sofort und für immer und ewig zu vergessen.

Es war eine Begegnung mit dem Teufel.

♫

Meine Schlafzimmertür öffnet sich und ich hebe verschlafen den Kopf. Mom steht im Türrahmen.

»Komm her, Devushka. Verabschiede dich von deiner Mutter.«

Gähnend stehe ich auf und laufe auf sie zu. Sie zieht mich in ihre Arme.

»Pass gut auf dich auf, Alyaska. Und vergiss nicht: Die Kommode ist ein Familienerbstück.«

[24]
Starimage

Ich gehe beim ersten Klingeln ran.

»Es tut mir voll leid!«

»Yang. Atmen! Was ist denn los?«, frage ich sie gähnend.

»Ups.«

Ich werde hellhörig. »Yang?«

Am anderen Ende der Leitung höre ich ein Seufzen.

»Yang?«

Wieder nur ein Seufzen.

Ich verdrehe die Augen. »Am Ende wurde nur Cherryred aus der Nagellackkollektion gestrichen.« Es gelingt mir nicht wirklich, die Stimmung aufzulockern.

»Okay, gut. Ich sag's dir, aber mach mich am Ende nicht für deine schlechte Laune verantwortlich.«

»So schlimm wird es schon nicht sein«, spiele ich es herunter und laufe im Aufnahmeraum hin und her.

»Curtis und Mara haben sich auf dem `Pacific Coast Highway` geküsst.«

»In `Malibu`?«

»Du kannst mit mir reden, wenn du deshalb Liebeskummer hast.«

Dir ist schon klar, dass sie das nur sagt, damit du ihre neue Gossip-Quelle wirst.

☼

»Curtis ist mir echt egal. Tschüss, Yang.«
Ich lege auf und warte gar nicht erst auf ihre Antwort.

Als ich in meine Handtasche greife, fühlen meine Finger kaltes Plastik.
Ich nehme das Albumcover in die Hand und fahre mit meinen
Fingerspitzen über den eXtRaVaGant-Schriftzug, bevor ich es öffne
und die CD herausnehme. Sie schimmert silbern und fühlt sich glatt
und leicht in meiner Hand an.
Ich umfasse die CD mit beiden Händen, starre auf mein Handy, das
Cover neben mir und die Tür.
Kkkkrrckkkchhht.
Ich zerstöre, was Curtis am wichtigsten ist.
Erst vier Teile, dann acht und irgendwann bluten meine Hände.

Klopfen.
»Miss Courtney, Mr. Tanner erwartet Sie.« Die Stimme von Daves
Assistentin klingt ungeduldig. Ich sehe von meinen Händen hoch und
blicke zur Tür.
»Ich ... ich komme.« Ich laufe mit schnellen Schritten zum Waschbecken und wasche das Blut von meinen Fingern. Als ich fertig bin,
schnappe ich mir meine Lederjacke und transportiere die Überreste
der CD in meine Handtasche, die Damian mir vor ein paar Tagen per
Post geschickt hat, bevor ich den Raum verlasse.

Sie schwimmen in Geld.

♫

Leslie sieht durch das Wohnzimmerfenster auf die Skyline
Chicagos.

»Ich weiß, warum Curtis nicht mit Dad sprechen möchte, aber mich macht das trotzdem traurig«, sagt sie und dreht sich kurz zu mir um. »Dad ist kein schlechter Mensch, auch wenn ich nicht mal weiß, was das heißen soll, weil wir ja alle auch Schlechtes in uns haben. Trotz der Dinge, die er vielleicht getan hat, muss es ja doch Menschen geben, die ihn lieben. Und er hat ja niemanden außer uns.«

Auch wenn es mich schaudert, als ich an Ivan denke, kann ich es fast nicht glauben, welch traurige Weisheiten da über ihre Lippen gleiten.

Auch als Leslie schon ins Bad gegangen ist, um sich die Zähne zu putzen, sitze ich noch mit brennendem Licht in der Küche, starre an die Wand und denke über ihre Worte nach.

Manchmal frage ich mich, ob Curtis nachts auch an mich denkt, ob er auch wachliegt, und nicht aufhören kann, sich an alles zu erinnern, was ich jemals zu ihm gesagt habe.

Ein lautes Klingeln holt mich in die Wirklichkeit zurück und ich stehe mit gerunzelter Stirn auf und laufe in den Flur.

Nach ein paar Minuten öffnet sich die Fahrstuhltür.

»Hi, Paige.«

Es ist Dave. Mit einem Blumenstrauß. Er reicht ihn mir.

»Darf ich reinkommen?«

Ich bin für einen Moment etwas verdattert. »Ja, natürlich.«

Nachdem die Tür ins Schloss gefallen ist, laufen wir den Flur entlang.

»Wir müssen nur leise sein, ich wollte Leslie gerade ins Bett bringen und wenn sie merkt, dass wir Besuch haben, will sie ganz sicher nicht schlafen.«

Dave lächelt und nickt.

»Du kannst dich so lange in die Küche setzen.«

Was zur Hölle will der denn um die Uhrzeit hier?

Leslie liegt schon im Bett, als ich ihr Zimmer betrete. Die Nachttisch-lampe ist das einzige Licht.

»Singst du mir was vor?«, fragt sie mich auf Russisch und schaut mich erwartungsvoll an.

»Heute nicht, es ist echt schon spät.«

»Bitte, Paige.«

Ich verdrehe die Augen. »Na gut.«

Leslie lächelt und rutscht tiefer in ihr riesiges Kissen. Ich setze mich an das kleine Klavier neben ihrem Bett. Regen peitscht an Leslies Kinderzimmerfenster.

»Augen zu.«

Sie schließt ihre Augen und ich tue es ihr gleich.

Es ist ein uralter Song, den Robyn und ich zusammen geschrieben haben.

☾

Paige Courtney – Blue 'n' purple.

Erste Strophe
We are goin' out,
tell them we're not around.
Colors in your head,
seems like you're fighting now.

Chorus
We're blue 'n' purple,
we're cool 'n' nervous,
we're now 'n' forever,
we're blue 'n' purple.

Zweite Strophe
All the lights are on,
always talkin' loud.
Colors in your head,
seems like you're fighting now.

Chorus
We're blue 'n' purple,
we're cool 'n' nervous,
we're now 'n' forever,
we're blue 'n' purple.

Dritte Strophe
Snowflakes in the sky,
holdin' each other's hands.
Colors in your head,
seems like you're fighting now.

☼

Chorus
We're blue 'n' purple,
we're cool 'n' nervous,
we're now 'n' forever,
we're blue 'n' purple.

☾

Ich höre leise Schritte und öffne meine Augen. Dave steht am Türrahmen und ich gebe ihm mit einem panischen Wink zu verstehen, dass er verschwinden soll.

Nachdem ich mit dem ganzen Song fertig bin, ziehe ich Leslie die Decke über die Schultern und schalte ihre Nachttischlampe aus. Gerade als ich die Tür hinter mir schließen will, ertönt leise ihre Stimme.
»Du musst mir versprechen, dich nicht in ihn zu verlieben.«
»Les«, flüstere ich zurück.
Kurz ist es still, aber dann spricht sie weiter.
»Weil Curtis dich liebt.«

♫

Die letzte Juniwoche nehme ich mir frei, um mit Leslie während ihrer Drehpause nach `Brooklyn` zu fliegen. Dave und ich haben übers Wochenende viel telefoniert und über meine Demos geredet.

Ich bin rückfällig geworden.
Habe wieder Alpträume, esse kaum und trinke viel zu viel Kaffee.
Aber erst als ich Montagnacht wieder vor den Leuchtziffern des `TheWayStation` stehe, merke ich, dass ich Curtis wieder hinterherrenne.

Ich stelle mich an die Bar und bestelle mir ein Wasser.
»Du bist da.« Curtis stellt sich neben mich und fragt nach einem Bier.
Er ist minderjährig.
Den Barkeeper stört das nicht.
Ich sehe ihn an. »Du auch.«
Wir schweigen eine Weile in der drückenden Lautstärke des Clubs.

☼

»Können wir reden?«, fragt er irgendwann.

»Ich wüsste nicht worüber«, sage ich mit Blick auf seine Bierflasche und die Zigarettenpackung in seiner Hand.

»Aber du bist hier.« Sein Blick brennt sich in meine Wange.

»Ja.«

»Du weißt selbst, dass du nur wegen mir hier bist.«

Ich fahre herum. »Curtis. Nicht das ganze Sonnensystem dreht sich nur um dich.« »Aber deins.«

Plötzlich fühle ich mich mit meinen Uraltdocs, der ausgeleierten Strickjacke und den fettigen Haaren, die ich wirr mit einigen Haarklammern an meinem Kopf befestigt habe, ziemlich fehl am Platz.

»Das mit Mara tut mir leid.« Mir steigen Tränen in die Augen.

Warum lügt er dich nicht einfach an? Damit hat er doch sonst kein Problem.

»Was?« Diesmal kommt es aus meinem Mund.

Schweigen.

»Ich wollte das so. Bitte sei ihr nicht böse. Wir haben bisschen auf der Straße rumgeknutscht, um ein neues Gesprächsthema zu streuen und mein Starimage aufrechtzuerhalten. Ich wusste nicht, dass du ein Problem damit hast. Wir sind ja nicht zusammen oder so.«

Er schaut mir direkt in die Augen.

»Ich hoffe, dass du irgendwann an der Scheiße erstickst, die aus deinem Mund kommt, Curtis Moore.«

♫

☾

Es ist die Nacht des sechsundzwanzigsten Juni, als ich mich vor dem himmelblauen Haus auf das Dach von Dads dunkelgrünem Range Rover setze und beginne, einen Brief an Robyn zu schreiben.

☼

[25]
Backstage

Immer noch etwas melancholischer Stimmung, öffne ich morgens auf dem Weg zum Studio meinen Briefkasten.
Ein Brief von Alec.
Eine Karte für das eXtRaVaGant-Konzert in Chicago.
Alec hat auf einen Notizzettel dazu geschrieben:

LÄCHELN, SCHÖNES MÄDCHEN!

Erinnerungen.

Robyn und du hüpfen auf dem Bett.
Die laute Stereoanlage.
Ihr unbekümmertes Lächeln.
Die apricotfarben lackierten Fingernägel und die kurz geschnittenen hellblonden Haare.
Du, mit der Bastelschere in der Hand.
Robyns helle Strähnen auf dem Badezimmerboden.
Ihr konzentrierter Gesichtsausdruck, als sie dir dein Piercing sticht.
Ihr beide, Hand in Hand, wie ihr über die Brücke rennt,
wie ihr lacht und Nutella löffelnd einen Film anschaut,
wie ihr im Unterricht kichert und euch unter der Mädchentoilettenwand Tampons rüberreicht,
wie ihr euch deinen Tee teilt, damit deine Mom denkt, du hättest genug getrunken.

∘

Robyn und du, wie ihr Schule schwänzt und euren Rausch ausschlaft.

Robyn, wie sie dir ihr Essen reicht, weil sie heimlich Veganerin geworden ist.

Du, wie du es isst, während sie mit Steven hinter der Schule knutscht.

Robyn, wie sie auf deinem Bett liegt und raucht.

Ihr beide, wie ihr betrunken nachts auf Autos tanzt und dann verschwindet, bevor der Alarm angeht.

Ihr, wie ihr deine Mom anbettelt, auf ein `Lana-Del-Rey`-Konzert gehen zu dürfen.

Ihr, kreischend auf dem `Lana-Del-Rey`-Konzert.

Händchen haltend,

singend,

tanzend,

glücklich.

♫

Ich tipple in meinen High Heels hin und her und reibe mir über die Arme.

Ein schüchternes Lächeln reicht aus, damit die Blicke freundlicher werden.

Fan sein verbindet.

Heute bin ich da wie all diese anderen Menschen.

Und trotzdem denke ich nicht eine Sekunde an die Show, Autogramme oder den Merch.

Ich denke nur an die Menschen, die mir wirklich etwas bedeuten, weil sie zu meiner Familie geworden sind.

Niemand hier weiß, wie Damian Winters Mutter Marie lächelt, wenn sie nach Wochen ihre kleine Tochter in die Arme schließt.

Oder wie angekommen ich mich fühle, wenn Damian mich morgens vor der Arbeit anruft, meint, er würde mittags vorbeikommen, und fragt, ob er mir Klamotten aus LA mitbringen soll.

Oder wie Sascha Roths Stimme mitten in der Nacht klingt, wenn er mir im Flur vor meinem Zimmer in Brooklyn besoffen deutsche Weihnachtslieder vorsingt.
Und wie schwer er ist, wenn Damian und ich ihn dann ins Bett verfrachten.

Oder wie Jules grinst, wenn er mit seinen jüngeren Geschwistern in Berlin telefoniert, weil er nie bei ihnen sein kann, wenn jemand Geburtstag hat.

Oder wie Curtis mich angesehen hat, wenn ich ihm etwas erzählt habe, als alles noch so rosa war.
Niemand hier weiß, wie er aussieht, wenn er nachts um halb zwei vor Kreativität übersprudelt und in meinem Schlafzimmer nur mit Handylicht Texte schreibt, weil er denkt, ich würde schlafen.
Oder wie er riecht, wenn er mich in seine Arme zieht und ich sein Herz gegen seine Brust hämmern spüre und er meins.
In letzter Zeit immer etwas mehr nach Zigaretten und Alkohol als nach Zimt.
Oder wie sein gleichmäßiger Atem klingt, wenn er abends mitten im Film auf meiner Couch eingeschlafen ist.

Ich will nicht erkannt werden und ich will nicht durch irgendeine Hintertür in einen Backstage-Raum verfrachtet werden.
Ich will Curtis Moore nicht gegenüberstehen.
Es ist spätabends, als die Schlange vor mir anfängt, sich zu bewegen.

☾

Es fühlt sich an wie Nachhausekommen, als ich die Konzerthalle betrete.

Meine Jacke und Handtasche werden mir abgenommen und die Securitys umarmen mich flüchtig.

Alle Gesichter sind mir vertraut.

Ich stecke mein Handy in die Tasche meines Jeansrocks und sehe mich um.

Die Luft ist aufgeladen.

Neonlichter leuchten auf.

Die Menschen beginnen zu kreischen.

Mein Blick liegt auf dem Vorhang, als er zu Boden fällt.

Vier schwarze Gestalten.

Die Scheinwerfer richten sich auf die Bühne.

»eXtRaVaGant!«

Ich taumle.

Warum tust du dir das hier an, Paige?

Mir wird schwarz vor Augen.

Das Blut pulsiert in meinen Adern.

Klaviertöne.

Ich kenne diese Melodie.

»Ich wollte mal selber Klavier spielen lernen.« Damian klappt den Deckel wieder hoch und inspiziert die verschiedenen Klaviertasten.

»Das wusste ich ja noch gar nicht.« Curtis grinst seinen besten Freund an.

»Zeig mir was, irgendwas.« Er hüpft herum und du lachst laut auf.

»Langsam, Damian, langsam.«

Es ist, als hätte mich mit einem Mal eine Lawine überrollt.
Damian spielt meine Noten.

»Guten Abend, `Chicago`!« Tausende Schreie ertönen. Curtis' Stimme klingt gebrochen. Ich schlucke und sehe ihm in die von Scheinwerfern beleuchteten Augen.

Curtis nimmt das Mikro vom Ständer und läuft zum Rand der Bühne. »Ich hasse es, mit Mädchen befreundet zu sein, und ich hasse lange, leere Gespräche. Es gibt ein Mädchen, das mir bei unserer ersten Begegnung gesagt hat, dass sie nicht viel redet, weil es in ihrem Kopf meistens laut genug ist. Sie trinkt am Tag acht Tassen schwarzen Kaffee und sonst nichts. Sie erfüllt Träume und verliebt sich in Idioten.« Curtis presst seine Lippen aufeinander.
Ich zittere am ganzen Körper.
»Den Song, den ich singen werde, hat sie geschrieben. Er heißt `What-aboutism`. Ich weiß, dass dieses Mädchen mich umbringen wird, wenn sie hört, dass ich ihren Song gesungen habe. Überhaupt wird sie mich umbringen, wenn sie mitbekommt, dass ich hier stehe und ihr eine von diesen Teeniemovie-Entschuldigungen gebe, bei denen der Typ jedes Mal auf einer Bühne steht und irgendwas von Liebe labert. Es tut mir leid, dass ich so ein Arsch bin, Schneewittchen.«
Curtis läuft rückwärts über die Bühne und setzt sich zu Damian an den Flügel, der mitten auf der von Rauch umwobenen Bühne steht. Schlagzeug und E-Gitarre ertönen.
Tränen laufen über meine Wange. Curtis singt die ersten Zeilen von `Whataboutism`.

Es zerreißt mich.

☾

Meine Beine tragen mich aus der Halle nach draußen. Ich schlinge die Arme um meinen zitternden Körper und ringe nach Luft.

Lauf weg, Paige.

Die Tränen verschleiern meine Sicht. Ich stehe alleine in der Dunkelheit, fühle mich abgeschnitten von der Welt und gefangen in meinen eigenen Gedanken.

»Paige?«
Ich drehe mich um und wische mir mit dem Handrücken die Tränen aus dem Gesicht.

Max steht in einer Seitentür neben dem Ausgang.
»Du bist hier?«
Er lächelt und ich nicke, während ich mir schniefend eine Strähne hinters Ohr streiche und näher komme. Wir umarmen uns und Max hält mir die Tür auf.
»Alec hat mich nach der Karte für dich gefragt. Möchtest du zu ihm?«
Ich nicke langsam.

Max führt mich bis zu einer Tür, die hinter die Bühne führt. Wir öffnen sie und ich winke Alec, der wie gewohnt neben dem Vorhang auf der linken Seite steht und auf die Bühne sieht.
Er kommt zu mir und legt seinen Arm um mich, bevor er: »Du weißt gar nicht, wie sehr ich mich freue, dein Gesicht zu sehen. Lächeln, schöne Pacie«, sagt und mein Kinn mit seiner Hand anhebt.
Ich weiß nicht, ob ich lachen oder weinen soll.
»Du bist so verrückt, Alec Montgomery. Und ich liebe dich so sehr.«

☼

♫

Eine große Treppe führt zu einem langen Gang, an dem sich die Backstage-Räume der Band befinden. Vor einer Tür stehen Jules und Sascha. Als sie mich sehen, kommen sie auf mich zu und wir schließen uns in die Arme.

»Du willst zu Moore?«

Ich nicke und Jules deutet auf die gegenüberliegende Tür. Ich streiche mir verstohlen über das Gesicht, bevor ich meine Hand auf die Türklinke lege. Ich spüre, wie mein Herz gegen meine Rippen hämmert, als ich die Tür öffne.

Der Raum ist dunkel. Eine Gestalt steht am Fenster und sieht hinaus.

»Du bist hier.«

Als ich keine Anstalten mache, etwas zu sagen, kommt Curtis auf mich zu und bleibt direkt vor mir stehen.

»Ich hab versucht, nicht an dich zu denken, aber es hat nicht funktioniert. Und ich war ein Arsch zu dir, Paige, es ...« Seine Stimme bricht ab.

Wir sehen uns an und meine Unterlippe zittert.

Ich komme einen Schritt auf Curtis zu und schlinge meine Arme um ihn, bevor ich meinen Kopf an seine Brust presse und die Tränen wieder über mein Gesicht laufen.

Curtis lässt seinen Kopf auf meine Schulter sinken und zieht mich an sich. »Ich hab alle meine Zigaretten weggeschmissen, Schneewittchen.«

Sein Zimtgeruch nimmt mich ein und ich höre, wie sein Herz unter meinem Ohr gegen seine Brust schlägt.

Im Flur hallen Schritte. Curtis lässt mich los, bevor sich die Tür öffnet.

»Autogrammstunde«, trällert Damian und wirft seinem besten

☾

Freund einen schwarzen Edding zu, bevor er mir zuzwinkert und mich grinsend in seine Arme zieht.

»Jetzt schaut mich nicht so an und lasst mich in Ruhe die letzte Zigarette meines Lebens rauchen.« Damian grinst wehmütig.
Ich wusste, dass er direkt nach Curtis damit aufhören würde.
Eigentlich erstaunlich, dass sie keine Zwillinge sind.

»Geh schon mal zum Van. Max gibt dir einen Schirm.« Curtis' Augen leuchten, als er sich noch einmal zu mir umdreht und lächelt, bevor er mit Damian, Jules und Sascha durch den Gang verschwindet.

♫

Curtis steht vor der Eingangshalle des Wolkenkratzers, in dem ich mit Leslie lebe, und sieht mich von oben bis unten an. Ich spüre, wie mein Gesicht knallrot und meine Hände schwitzig werden. Hinter Curtis, draußen vor seinem Auto, steht ein schwarz gekleideter Bodyguard mit eisernem Blick, Kopfhörer in einem Ohr und Sonnenbrille. Er selbst trägt auch eine und sieht sich nervös um.
»Halt mal den Kopf still, sonst krieg ich ein Schleudertrauma.«
Ich lege meine Hände auf seine Schultern und der Hauch eines Lächelns schleicht sich auf Curtis' Gesicht.

»Ich wollte eigentlich nie krass kitschige Sachen sagen.« Er macht eine bedeutungsschwere Pause und grinst schief, bevor er den Mund schließt und mich für geschlagene zehn Sekunden anstarrt.
»Ja, Curtis?«, sage ich irgendwann und versuche, meine Vorfreude, aber vor allem die Ungeduld nicht durchscheinen zu lassen, weil ich ahne, dass es eine Weile brauchen wird, bis er seinen Satz beendet.

☼

Curtis schluckt, schaut kurz auf den Boden und dann in meine Augen.

»Ich will das hier jetzt nicht weiter ausführen, weil das peinlich werden könnte. Du erinnerst mich an Sonnenblumen, Paige. Hier, die ist für dich.«

Er greift in seine Jacke und hält mir eine gelbe Blume hin.

»Sie ist ein bisschen kaputt von der Fahrt«, fügt er noch hinzu.

Ich kann nicht glauben, dass Curtis Moore das gerade zu mir gesagt hat.

»Der Part mit dem bisschen kaputt oder der mit der Sonnenblume?«

Curtis grinst und ich ziehe scharf die Luft ein, bevor ich mein Gesicht hinter meinen Händen verstecke, in denen ich die Sonnenblume halte.

»Ich hab das laut gesagt, hab ich recht?«

»Du denkst mit meinem Nachnamen von mir?« Curtis nimmt mir meine Hände aus dem Gesicht und als ich ihm wieder in seines sehen kann, erkenne ich einen belustigten Ausdruck.

»Nicht, dass ich allgemein oft an Curtis Moore denke.«

Er leckt sich über die Lippen. »Gerade denkst du nur an mich.«

Ich schnaube. »Wie könnte ich auch nicht an dich denken, wenn du direkt vor mir stehst.«

»Wenn also Leslie vor dir steht und du meine Gesichtszüge in ihren siehst, denkst du dann an sie oder an mich?«

Curtis nimmt mir die Sonnenblume aus der Hand und läuft mit ihr durch die Eingangshalle.

Ich drehe mich um, beiße mir auf die Unterlippe und schließe grinsend die Eingangstür hinter uns.

♫

☾

»Dir ist klar, dass ich direkt wieder aussteigen werde, wenn du mir jetzt sagst, dass wir in ein Restaurant gehen?« Ich schaue ihn an.
»Ich weiß.«
Mittlerweile muss ich nicht mehr den Finger benutzen, es einfach abpassen, wenn es über mich kommt.
Das ist häufiger der Fall und ich schäme mich für das Monster in meinem Spiegel, mit den strohigen Haaren und den eingefallenen Wangen, das mich aus seinen leeren Augen ansieht.
Curtis greift über den Sitz zwischen uns nach meinen Händen. »Du weißt schon, dass ich das merke, Paige.«

Die Autotür öffnet sich und seine Worte schweben wie eine Rauchwolke in meinem Kopf.

»Schalte deinen Kopf aus«, flüstert Curtis.
Gänsehaut.
Auf meinem ganzen Körper.
Wir laufen über die Straße.
»Ein Kino«, wispere ich und Curtis nimmt meine Hand und zieht mich hinter das Gebäude.
»Was ...«
»Nicht denken.«

Von innen öffnet uns eine Frau mit rosa Lippenstift die Tür. Sie lächelt uns freundlich an. »Mr. Moore, Miss Courtney, Herzlich willkommen.« Ich sehe Curtis fragend an, aber er grinst nur.
Wir laufen in das Kino und ich blicke über meine Schulter. »Warum ist hier niemand?«
»Ich hab das Kino gemietet, um mit dir allein sein zu können.«
Ich starre ihn entgeistert an. »Wow, Curtis Moore.«

☼

Er lacht und öffnet mir die Tür zum Kinosaal. Ich schlüpfe unter seinem Arm durch und laufe bis in die zehnte Reihe. Curtis schaut mich an, als ich mich zu ihm umdrehe. Er kommt auf mich zu und bleibt direkt vor mir stehen.

Zimt überall.

Seine Pupillen sind dunkel und sein Blick wandert von meinen Augen zu meinem Mund und wieder zurück.

Mein Atem geht flach.

Curtis lehnt sich zu mir runter, streicht mir mit der linken Hand meine langen Haare über die Schulter, sodass ich seinen Atem auf meinem Hals spüre, und sieht mich aus seinen hellbraunen Augen an.

Er legt seine rechte Hand auf meine Wange und beißt sich auf die Unterlippe. »Ich wette, dein Herz würde es nicht vertragen, wenn ich dich jetzt küssen würde.«

Sein Atem auf meinem Mund bringt meinen Puls zum Rasen.

»Dein Herzschlag beschleunigt sich schon allein, wenn du darüber nachdenkst«, flüstert er gegen meine Lippen, lässt mich los und grinst.

»I-d-i-o-t.« Ich betone jeden einzelnen Buchstaben und Curtis legt grinsend meine Arme um seinen Hals.

Ich vergrabe meine Hände in seinen Haaren und lege meinen Kopf auf seine Brust.

Und so stehen wir.

Ganz allein, in einem Kinosaal irgendwo in `Chicago`.

♫

»Welche möchtest du? Alle?«

Vor mir stehen dreizehn verschiedene Schuhpaare.

»Nein? Die sind teuer?« Ich halte zur Demonstration einen hoch und zeige ihm das Preisschild.

Curtis ignoriert es. »Magst du die?« Er nimmt den Schuh in seine Hand und schaut ihn an.

»Wenn ich jetzt Ja sagen würde, würdest du sie mir kaufen.«

»Ja?« Er lacht.

»Dann Nein. Wir können gehen.« Ich stehe auf.

»Sicher?« Curtis sieht mich skeptisch an und ich lache.

»Dein Kaufmonsterdasein nimmt langsam ungesunde Ausmaße an.« Ich laufe vor ihm aus der Boutique.

Draußen regnet es wie aus Eimern. Ich stürme mitten auf die Straße und drehe mich mit dem Gesicht gen Himmel im Regen. Für einen Moment fühlt es sich an, als wäre Robyn hier.

»La vie est belle!«

Curtis lacht laut und ruft: »Das hab ich noch nie ein Mädchen sagen hören, nachdem sie mit leeren Händen aus Prada raus ist.«

Irgendwo in der Ferne blitzt es und gleich darauf setzt der Donner ein. Curtis und ich schauen uns für einen Moment an und dann rennen wir los. Über die Passage, die Straßen und Gassen.

Leute sehen uns verständnislos nach.

Wir prusten los und stolpern den Rest des Weges bis nach Hause. Curtis hält mich an der Hand fest, ich sehe ihn verständnislos an. Er verschränkt unsere Hände miteinander und zieht mich an seine Brust.

»Ich wollte schon immer mit einem Mädchen im strömenden Regen stehen«, flüstert er gegen meine Lippen.

☼

Auf dem Weg nach oben greift Curtis nach meinem Arm. Ich drehe mich um, er sieht mich mit solch einer Ernsthaftigkeit und Unsicherheit an, dass es mir Angst macht.

»Du isst doch genug, oder?« Seine Stimme zittert.

Ich schweige, löse unseren Blickkontakt und sehe zu Boden.

Curtis lässt meinen Arm los, der Schmerz in seinen Augen zerfrisst mich. Ich wünschte, ich könnte etwas ändern, aber es geht nicht, es liegt nicht in meiner Hand. Die Macht über mich habe ich schon längst an etwas anderes verloren, an etwas, das immer mehr und immer lauter, immer stärker zu werden scheint.

»Hör auf, dir so viele Sorgen zu machen. Ich hab bestimmt nur eine Schilddrüsenüberfunktion wie meine Mom«, meine ich und hoffe, dass es stimmt.

»Ich kann dich nicht vor dir selbst retten, Schneewittchen.« Er beugt sich runter und hält mir seine Hand hin. Unsere Fingerspitzen berühren sich.

Es liegt ihm etwas auf der Zunge.

»Ich muss dir was zeigen.« Er beißt auf seiner Unterlippe herum.

»Was?« Ich kann nicht verhindern, dass meine Stimme zittert.

Curtis läuft durch den Flur zu meinem Zimmer und ich folge ihm. Normalerweise bereitet er mich auf Dinge, die mich schocken, nicht vor, deshalb werde ich unruhig. Ich setze mich auf mein Bett und verfolge Curtis mit meinen Blicken.

Er steht einen Meter vor mir und zittert. Gänsehaut breitet sich auf meinem ganzen Körper aus.

Curtis schiebt an seinem linken Bein den Stoff seiner Boxershorts nach oben und hält ihn dort in der Faust fest.

☾

Ich sehe einen blutgetränkten Verband.

Mein Atem stockt und ein kalter Schauer läuft mir über den Rücken, als mir immer mehr klar wird, was er getan hat.

Er löst die Sicherheitsklammer, die den Verband zusammenhält und er fällt zu Boden.

Tränen rinnen über mein Gesicht.

Getrocknetes Blut und viele kleine, linienartige Narben auf seiner Haut.

Blut, überall Blut.

»Nicht.« Curtis kniet sich vor mich und zieht scharf die Luft ein, bevor er meine Hände aus meinem Gesicht nimmt und mich an sich zieht.

»Ich bin ein schlechter Mensch«, schluchze ich in seine Schulter und meine Tränen tropfen auf sein Shirt.

»Du hast auch wegen mir geblutet. Ich weiß von der CD in deiner Handtasche, Paige«, sagt Curtis und ich lasse ihn los.

♫

»Wir haben ein paar Tage frei, bevor die Tour weitergeht und fliegen morgen zurück nach `Malibu`.« Ich drehe meinen Kopf so, dass ich Curtis ansehen kann und er zieht eine nachdenkliche Miene. Leslie macht mit Marie und Dad Urlaub in `Berlin` bei ihren Großeltern. »Kann ich mit?«, frage ich.

Curtis grinst.

Und dann packe ich meinen Koffer und wir tanzen lachend zu lauter Musik von `Prince` durch die ganze Wohnung.

☼

♫

Ich liege in meinem Bett. Es ist stockdunkel und ich bin todmüde. Meine Augen fallen zu.

Der Geruch von Zimt weht dir entgegen.
»Das ist Curtis.« Damian deutet auf den Typen und setzt sich gegenüber von Curtis auf die Bank.
»Ich bin Paige«, murmelst du kaum hörbar.

»Warum bist du ganz alleine hier?«, fragst du in die Stille und Leslie beginnt, ihre Beine baumeln zu lassen und dabei die Fersen gegen das Bettgestell zu schlagen.
Bum bum bum.
»Ich bin kein gewöhnliches Kind, weißt du.«

Damian schaut für einen kurzen Moment Curtis an, bevor er sich zu dir dreht.
»Mom war früher mit Curtis' Vater zusammen. Leslie Yenene ist ihre Tochter.«

»Warte.« Du drehst dich um.
»Wie geht es der kleinen Ivanovna?« Du starrst Mara eine Sekunde lang fassungslos an, dann stürmst du aus dem Zimmer und knallst die Tür hinter dir zu.
Der Vater von Leslie und Curtis heißt Ivan Pavlov.

»Gut, das solltest du auch. Denn diese Welt ist böse.« Das letzte Wort ist kaum mehr als ein Zischen. Ohne dich zu berühren, schubst er dich hinaus. Du stolperst, röchelst, taumelst.

☾

Und schwörst dir, die Begegnung mit dem Vater von Curtis und Leslie sofort und für immer und ewig zu vergessen.

Es war eine Begegnung mit dem Teufel.

Curtis dreht sich zu dir. »Falls du über meine Eltern reden willst, ich hab keine.«

☼

[26]
Mond und Sonne

Die Tür zu meinem Gästezimmer in `Malibu` öffnet sich. Es ist mitten in der Nacht.

»Kommst du mit?«

Ich überlege kurz, stehe auf und nicke. Es ist stockdunkel um uns herum, als ich Curtis durch den Flur folge. Vor der Treppe nach unten bleibt Curtis stehen und deutet auf eine kleine, offen stehende Tür in der Wand. Vor uns ragt eine Wendeltreppe in die Höhe. Das Dach läuft kegelförmig zusammen. Wir steigen die Treppe nach oben und Curtis öffnet eine weitere kleine Tür. Wir treten hinaus und meine Haare wehen zur Seite, als der kalte Nachtwind sie für einen Moment schweben lässt.

Ich spüre das warme Gras des Dachgartens unter meinen Füßen, dann drehe ich mich um und schlage die Hände vor den Mund.

Vor uns erstreckt sich das rauschende Meer, in dem sich der Mond spiegelt, und über uns liegt eine Lichterwelt.

Wir setzen uns auf den Rasen, neben uns ragt das Turmdach von Curtis' Zimmer in die Höhe, an den Fenstern sind bunte Lichterketten befestigt. Wir schweigen und ich schließe meine Augen. Szenen aus den letzten Monaten laufen wie im Zeitraffer noch mal durch meinen Kopf und mein Traum von letzter Nacht ist förmlich greifbar.

Eine Träne rollt über meine Wange.

»Dein Vater ist Ivan Pavlov, Curtis«, flüstere ich und sehe ihn an.

☾

»Für mich ist er ein toter Mann, Schneewittchen.«

Er starrt in die Leere.

»Als du zehn warst, hat dein Dad den ganzen Sommer über jeden Tag auf `Coney Island` mit dir schwimmen geübt. An meinem zehnten Geburtstag hat der Mann, der mal so getan hat, als wäre er mein Vater, mir eine Glock 17 geschenkt, mir beigebracht, was der Unterschied zwischen Kugelschuss und Schrotschuss ist und wie ich am besten Menschen töten kann.«

Curtis starrt noch immer auf einen Punkt irgendwo im unendlichen Lichternichts und ich muss schlucken.

»Mit dreizehn hab ich angefangen, mich selbst zu verletzen. Als Marie und Damian mich mit in die USA genommen haben, mussten wir Les bei ihm zurücklassen. Es hat mich umgebracht.«

Ich lasse mich neben ihm auf das Gras sinken und wir schweigen.

»Warum heißt du dann eigentlich Moore mit Nachnamen?«, frage ich ihn vorsichtig.

Curtis schaut mich an.

»In meinem Pass steht Pavlov. Meine Mutter heißt Summer Moore. Sie ist verschwunden, als ich fünf Jahre alt war, und seitdem nie wieder aufgetaucht. Ich habe, kurz bevor wir in die Staaten gezogen sind, eine Akte gefunden, in der ihr Name stand.«

»Ich wünschte, ich könnte dich retten«, flüstere ich.

»Ich hab das Gefühl, dich zu kennen, obwohl ich es nicht tue, Schneewittchen. Mich kann niemand vor meinen eigenen Gedanken retten.«

Ich schlucke und beschließe, nicht zu lügen.

»Als kleines Kind hab ich gedacht, dass jeder Mensch entweder der Sonne oder dem Mond gleicht. Falls man dieser Theorie wirklich Glauben schenken sollte, war ich ein Mond und Robyn eine Sonne.

Der Grund, weshalb ich zu Dad gezogen bin, ist, dass sie einen Autounfall hatte und seit Dezember im Koma liegt.« Ich ringe nach Luft und spüre, wie die Tränen in meine Augen schießen.

»Es fühlt sich an, als würde ich ersticken, wenn ich daran denke.« Curtis' Finger schließen sich um meine und ziehen mich nach oben, bis wir beide stehen und hinunter auf das rauschende Meer von `Malibu` sehen. Curtis tastet wieder nach meiner Hand.

»Mond oder Sonne«, sagt Curtis, aber es hört sich an wie eine Frage.

Ich sehe ihn an. »Warum heißt euer Album so?«

»Weil unsere Musik nicht die Antwort ist, sondern nur die richtigen Fragen stellt«, meint er schlicht.

Curtis schaut ins Lichtermeer.

»Früher war ich sehr introvertiert, schüchtern und sprach nur das Nötigste. Ich konnte keine Sprache so wirklich richtig. Mom hat englisch mit mir gesprochen, Dad russisch und alle anderen deutsch. Ich war ein kleiner Junge, der nichts von der großen weiten Welt wusste und noch weniger vom Leben. Das hat sich erst durch die Musik geändert. Damian hat mich singen gehört, als ich dachte, ich wäre alleine, und dann bin ich ein komplett anderer Mensch geworden. Damian hat Gitarre gespielt, ich habe Texte geschrieben und gesungen.«

Ich könnte seinen Umriss mit einer Linie nachzeichnen. Seine lange Stirn, die perfekte Nase, die vollen Lippen und das markante Kinn.

»Ich habe dich gesehen und gehört, wie du sprichst und wusste, dass du eine Sonne bist«, sage ich dann.

»Nur, weil viele Menschen mich für extrovertiert halten?« Curtis wendet mir seinen Kopf zu und streicht mit seinem Daumen über meine Hand. »Es geht nicht darum. Wir brauchen beides, um uns vollständig fühlen zu können. Ich bin Mond und Sonne. Und du auch.«

»Aber ich verstehe nicht …«, fange ich an, doch Curtis unterbricht mich.

»Yes: I am a dreamer. For a dreamer is one who can only find his way by the moonlight, and his punishment is that he sees the dawn before the rest of the world«, sagt er dann noch, bevor er grinst und mich anstupst.

»Das ist von `Oscar Wilde`«, fügt er hinzu und spätestes jetzt schleicht sich ein großes Fragezeichen in meinen Kopf.

»Du weißt schon, der irische Schriftsteller, der im neunzehnten Jahrhundert wegen homosexueller Unzucht«, Curtis imitiert mit seinen Fingern Gänsefüßchen, »zu zwei Jahren Zuchthaus verurteilt wurde.«

»Was …«, beginne ich, aber Curtis unterbricht mich wieder.

»›Everyone is a moon and has a dark side, which he never shows to anybody.‹ `Mark Twain`«, rattert er schnell herunter. »Der Autor von `Tom Sawyer und Huckleberry Finn`«, fügt er hinzu und sieht mich an, als würde das irgendetwas erklären.

»Respekt, Curtis, du menschgewordenes Wikipedia«, meine ich herablassender als beabsichtigt.

»›Wisse, dass du eine zweite kleine Welt bist und dass die Sonne und der Mond in dir selbst sind, und ebenso die Sterne.‹ `Origenes`«, fährt er fort.

»Curtis!«, rufe ich genervt, lasse seine Hand los und sehe ihn mit verschränkten Armen an.

»Ich bin Musiker, Paige, ich schreibe Geschichten und singe sie.«

Ich beiße mir auf die Unterlippe und starre auf die Lichter. »Dieses eine Zitat, das von `Mark Twain`, das erinnert mich an das, was du in der Küche zu mir gesagt hast, dass jeder in Dads Haus ein Geheimnis hat.«

»Ich hab bei Ivan viel alte Literatur gelesen. Die Bridge von `Lil'Mermaid`, der Teil mit dem Fenster über dem Bett, durch das man die Sterne sehen kann, das war mein Fenster, dann war es Leslies Fenster. Wir konnten sehen, wie die Sonne untergeht, dann den Mond, dann, wie die Sonne wieder aufgeht.«

Er schaut mich an, aber ich weiß, dass seine Gedanken sehr weit weg sind und er mich nicht wirklich sieht.

»Und ich bin Musiker, Schneewittchen. Ich bin Künstler. Ich schreibe Geschichten und singe sie«, sagt er wieder.

»Früher war ich nur ein zu einsames, stilles Kind, das durch sein Fenster in den Himmel sieht und völlig verträumt den Himmelskörpern dabei zuschaut, wie sie sich verändern. Aber dann las ich die Werke von `Mark Twain, Origenes` und `Oscar Wilde` und darüber, dass sie das auch gemacht haben. Sie haben sich Gedanken über die Dinge gemacht, in denen andere Menschen nichts sehen. Über Mond und Sonne, das Normalste der Welt.«

Curtis atmet einmal tief durch, sieht mich flüchtig an und streicht seine Haare aus der Stirn, bevor er fortfährt. Ich höre ihm stumm zu und spüre, wie mein Herz schnell gegen meine Rippen schlägt und mir warm wird.

In diesem Moment weiß ich es.
Ich liebe ihn.
Ich liebe Curtis.

»Mond und Sonne.« Er sagt es, als wäre das die Antwort auf alle Fragen, als wäre das alles, was ich wissen müsste.

Unsere Hände berühren sich, finden sich, dann spüre ich seine Hand auf meinem Arm. Curtis zieht mich an sich, ich fühle mich wie gelähmt, bin zu überwältigt, um mich zu bewegen.

Sein Mund an meinem Ohr, sein Atem auf meiner Haut.

☾

»Und vielleicht bin ich naiv. Aber ich denke, dass es das ist, was uns zu Künstlern macht; wir sehen mehr in den Dingen, in denen andere nichts sehen. Und ich sehe dich«, flüstert er und ich spüre das Prickeln am ganzen Körper.

Gänsehaut.
Herzrasen.

Ich schließe meine Augen, atme, und unsere Hände finden sich wieder, erst tastend, dann halten wir uns und verschränken unsere Finger. Sein Kopf liegt auf meiner Schulter und ich spüre es, das Glücklichsein.

♫

Morgendämmerung.
Als hätten die Himmelskörper uns zugehört, funkelt unten über dem Wasser etwas am Horizont. Als ich nach oben blicke, sehe ich den leuchtenden Mond im Nachthimmel.

Mein Blick wandert zu Curtis, der seine Augen aufschlägt und sich zu mir dreht, als würde er mich küssen wollen, doch dann sinkt er zurück und schaut in den atemberaubenden Himmel.

»Jetzt denke ich an Les«, sage ich leise und wir sehen nach oben. »Alec hat mal gesagt, sie sei viel mehr, und ich wusste nicht, was er damit meint. Sie sieht die Menschen anders. Ich glaube, sie ist stark genug für diese Welt.«

☀

Malibu, Kalifornien
01. Juli

Robyn,

Mond und Sonne.
Das ist die Antwort auf Mond oder Sonne.

Das Bett, auf dem ich liege, scheint mich zu verschlucken, und
für einige Augenblicke freunde ich mich mit dem Gedanken an,
für immer in den Tiefen eines Bettes zu stecken, das irgendwo
in Malibu in einer Villa steht, die Curtis und Damian gehört.

Meine Schreibmaschine steht in Chicago, deshalb schreibe ich
dir so. In drei Stunden geht mein Flieger.

Wir standen im Sportunterricht auf dem Zehnmeterbrett, und
du hast meine Hand gehalten. Curtis ist wie die Sekunde, in
der du mich mit dir in die Tiefe gezogen hast.

Du weißt, dass ich nicht gut darin bin, Menschen zu durch-
schauen, aber es kommt mir vor, als würde es mir bei ihm
noch schwerer fallen zu erraten, was er denkt.
Curtis ist kein Buch mit sieben Siegeln.
Es sind mindestens siebenhundert.
Für ihn sind Liebesgeständnisse, Heulkrämpfe, Heiratsanträge
und Morddrohungen wie das Fragen nach dem Befinden.

☾

Stell dir vor, jeder Mensch könnte erreichen, was er möchte, wenn er alles dafür tun würde.
Stell dir vor, ein kleiner Mensch könnte gegen das Böse auf der Welt ankommen und würde seinen eigenen Weg auf diesem Planeten gehen.
Alle Hindernisse sind Sprungbretter für sie.
Leslie Yenene Winter ist ein Wunderkind.

Goodbye
Paige

☼

[27]
Mom

Ich drücke auf das kalte Metall. Das Surren der Klingel in meinem Ohr bereitet mir Kopfschmerzen. Irgendwann höre ich das dumpfe Bellen einer Bulldogge. Die Tür vor mir wird aufgerissen und Old Lady Jenkins sieht mich durch einen Spalt hindurch grimmig an. Es scheint, als hätte sie in den letzten Monaten noch mehr Falten bekommen. Das ausgeleierte altrosafarbene Nachthemd hängt an ihrer unförmigen Gestalt herunter. Old Lady Jenkins ist noch immer die Gleiche. Und das beruhigt mich. Sie murmelt irgendetwas vor sich hin, während sie sich durch die filzigen, grauen Haare fährt und mir die Tür öffnet.

»Mädchen, deine Mutter ist nicht zu Hause.« Ich befinde mich wieder an dem Ort, an dem ich fast mein ganzes Leben verbracht habe. `Boston, Massachusetts`.
Vorhin habe ich mit Leslie gesprochen. Marie, Dad und sie sind wieder aus `Berlin` zurück und verbringen jetzt noch ein paar Tage in `Brooklyn`.

Fox, das Bulldoggenmännchen, schnüffelt geräuschvoll an meinem Bein. Old Lady Jenkins schließt die Tür hinter mir und nickt mit dem Kopf nach oben. Ich ringe mir ein Lächeln ab.
»Ist sowieso immer offen«, murrt sie.
Ich höre Fox winseln. Sie redet auf ihn ein, als sei er ein Baby. Sie ist ein Engel zu ihrem Hund, aber mit Menschen hat sie es nicht so. Nicht, dass ich das der vereinsamten, alten Frau übelnehmen würde.

☾

Als kleines Kind habe ich mich vor ihr gefürchtet. Manchmal musste ich bei ihr übernachten, wenn Mom nicht zu Hause war. Zum Abendessen gab es oft ungewürzte Suppe mit steinhartem Brot. Ich ließ es verschwinden.

♫

Ich esse zusammen mit Old Lady Jenkins zu Abend. Fox liegt in der Ecke und beobachtet sein Frauchen. In Zeitlupengeschwindigkeit löffle ich die Gemüsebrühe.

Die Tür zu unserer Wohnung ist angelehnt, wie damals. Ich weiß nicht, wie oft ich Mom schon sagen musste, dass sie die Tür wenigstens zumachen sollte, wenn sie sie schon nicht abschloss.
Mom kommt auch nachts nicht nach Hause.
Mein altes Zimmer schien mir noch nie so fremd wie heute.

In dieser Nacht kann ich lange nicht einschlafen und kontrolliere fast im Zehnminutentakt meine Nachrichten.

Die Erkenntnis, dass Curtis mir heute nicht mehr schreiben wird, trifft mich wie ein Schlag.

Ich lasse mein Handy sinken und versuche krampfhaft, die Augen geschlossen zu halten.
Genau jetzt macht er bestimmt ganz viele schreiende Fans mit seiner Stimme glücklich.

♫

☼

In der Wohnung ist es furchtbar still ohne Mom. Ich schnappe mir ihren Autoschlüssel vom Schlüsselbrett. Mein Blick wandert zum Küchentisch, auf dem eine einsame Schüssel Cornflakes mit Moms ekelhafter Hafermilch steht.

»Mom?«, rufe ich und drehe mich in Richtung Flur.

»Mom?«, widerhole ich und laufe mit gerunzelter Stirn zur Küchentür und in ihr Zimmer.

Aber da ist niemand.

Ich bin allein.

Und irgendetwas stimmt nicht.

Wie eine Ausgehungerte falle ich über die Cornflakes her und schon währenddessen beginnen die Gedanken in meinem Kopf zu rasen.

Curtis' Bild taucht vor meinem inneren Auge auf.

Blut, überall Blut.

♫

Nachmittags besuche ich Robyn im Krankenhaus.

Der sonnengelbe Linoleumboden auf dem Gang quietscht unter meinen Gummisohlen. Ich schiebe meinen Haarreif nach hinten, krame in der Handtasche nach meinem Handy und erstarre, als ich wieder aufblicke und auf den benachbarten Gang schaue.

Dunkelblonde Haare.

Dunkelblaue Augen.

Dunkelgrünes Shirt.

Steven Bittner.

Er ist hier.

Direkt werde ich Monate zurückgeworfen und finde mich im Flur von Moms Wohnung wieder.

Robyn stürmt auf den großen blonden Typen zu, der in der Wohnungstür steht und sie grinsend auf die Wange küsst. Verlegen sieht er hinunter und seine Wangen werden rot, als er Old Lady Jenkins' Starrblick bemerkt, die von unten mit gerunzelter Stirn zu uns nach oben sieht.
Sie ist eine sehr neugierige Frau und beobachtet Besuch mit Adleraugen.
Du kannst es ihr nicht übelnehmen, in eurer Straße passiert ja sonst nie was.
Dann liegt sein Blick auf dir.
Du räusperst dich verlegen und hältst ihm die Hand hin.
»Hi, ich bin Paige.«
Du siehst in dunkelblaue Augen und versuchst dich an einem Lächeln.
Der junge Mann legt seinen Kopf schief und mustert dich eindringlich, als müsste er dich irgendwo einordnen.
Normalerweise macht Robyn sich nicht die Mühe, dir ihre männlichen Bekanntschaften vorzustellen.
Aber dieses Mal soll alles anders werden.
»Steven Bittner. Es freut mich, dich kennenzulernen, Paige.«
Er lächelt dich freundlich an, aber da ist etwas in seinem Blick, was dich frösteln lässt.
»Du wohnst hier?«, fragt Steven dich und schaut sich eine Spur zu neugierig um.
Du nickst nur und bedeutest Robyn mit deinem Blick, dass ihr später telefonieren würdet.

Als ich wieder blinzle, ist Steven verschwunden.

Auf dem Nachttisch neben Robyns Kopf steht ein Strauß frischer roter Rosen.
Ich niese.

Das ist so ein Déjà-vu.

Ich lege mich neben Robyn ins Krankenhausbett. Ihr hellblonder Ansatz ist ziemlich herausgewachsen. Allgemein sind ihre Haare viel länger, und ihre Haut ist blass.
Sie riecht nicht wie gewohnt.
Ihre Venen sehen aus, als hätte sie jemand mit blauem Wachsmalstift auf ihre Arme gemalt. Ich halte ihre Hand und lege meine Wange an ihre.
So liegen wir, bis es dämmert.

♫

Bis auf die Schüssel Cornflakes habe ich heute nichts gegessen.
Ich öffne die Fahrertür von Moms Auto und starre in die Dunkelheit vor mir. Mein Magen zieht sich schmerzhaft zusammen und ich fühle mich, als hätte mich ein LKW überfahren. Mir läuft das Wasser im Mund zusammen und augenblicklich wird mir schwarz vor Augen.
Mit eiskalten Fingern fasse ich mir an den glühenden Kopf und sehe flimmernde Punkte in meinem Sichtfeld herumtanzen.

Es ist abstoßend, wie sehr dich das Zeug beeinflusst, das du dir in ungesunden Mengen in den Mund schiebst.

Aber ich ...

Hör auf, so abhängig zu sein. Das macht dich zu einer schwachen, fremdgesteuerten Heulsuse.

Aber ich muss doch irgendetwas essen.

Du musst gar nichts. Robyn konnte auch selbst entscheiden, ob sie isst oder nicht. Aber du bist anscheinend einfach nicht stark genug.

Und dann ist es still.

Mir ist noch immer unglaublich schwindelig, trotzdem starte ich den Motor, lenke Moms Auto aus der Parklücke und biege an der ersten Kreuzung links ab.
Ich weiß zwar noch nicht so genau, was ich hier soll, aber als mich die leuchtenden Buchstaben von Taco Bell anflimmern, habe ich für einen winzigen Moment das Gefühl, das Richtige zu tun.
Auf einmal wirkt alles nicht mehr ganz so schwer. Mit Robyn war ich früher andauernd hier. Robyn liebte Tex-Mex-Fastfood.

Jetzt lebe ich ein komplett anderes Leben und mir kommt es vor, als sei das alles schon hundert Jahre her.

Ich steige aus dem Auto, laufe über den Parkplatz und betrete das Fastfoodrestaurant.
Es sind viele Leute hier.
Sie lachen und unterhalten sich laut.
Und ich bin ganz allein.
Meine Hände zittern schon, als ich daran denke, dass ich gleich eine Bestellung aufgeben muss.
Was sehen die Leute, wenn sie mich hier essen sehen?
Ein zu dickes Mädchen, das allein in der Ecke sitzt und sich einen Burrito reinstopft?
Oder Paige?
Das Mädchen unter der Hülle?

Ich brauche eine Stunde für meinen Burrito.

Weder Mom noch Curtis gehen ans Handy.

Bei ihm habe ich es nur zwei Mal versucht. Aber Mom habe ich sicher schon an die zwanzig Mal angerufen, seit ich heute aufgewacht bin.

Wenn du willst, dass es dir besser geht, solltest du verhungern.

Ich lasse den zerrupften Rest auf dem Teller liegen und verschwinde.

Als ich auf die Straße trete, fange ich an zu heulen.

Stirb einfach, du dumme Bitch.

Ich presse mir die Hand auf den Mund, um ein lautes Schluchzen zu unterdrücken.

Toxische Menschen und ihre Bemerkungen sind nichts gegen die eigenen Gedanken von Menschen, die sich selbst am meisten hassen.

Mit einem schweren Gefühl im Magen entschließe ich mich dazu, noch einen Nachtspaziergang durch den `Boston Common` zu machen. Ich erinnere mich an mein Gefühl von dort.

Vor allem die Eichhörnchen und das Grün haben mich früher immer auf andere Gedanken gebracht.

Das brauche ich jetzt.

Mit kalten Händen schlage ich die Fahrertür von Moms Auto zu. Das Geräusch hallt in der Dunkelheit und wird nach ein paar Sekunden von der Stille verschluckt.

Aber natürlich sitzt heute kein Eichhörnchen auf der Bank, das mich aus seinen großen Augen neugierig und auf wunderbare Weise tröstend anschaut.

☾

Es ist dunkel.
Und ich bin so naiv.

Während des Spaziergangs versuche ich noch dreimal, Mom zu erreichen und auch sonst starre ich die ganze Zeit auf mein Handy und warte darauf, dass Curtis endlich antwortet.

Aber du bist ihm einfach nur egal.

♫

In einem Fenster spiegelt sich Blaulicht. Ich trete um die Ecke und mein Herz bleibt stehen, als ich die beiden Polizeiwagen entdecke.
Warum sind sie hier?
Nachbarn blicken neugierig durch ihre Fenster, einige stehen sogar auf der Straße.
Die Nachtluft zerzaust mein Haar.
Meine Nackenhaare stellen sich auf, als ich das Haus betrete, in dem ich jahrelang gelebt habe, und in das Stimmengewirr im Treppenhaus gesaugt werde. An all den Menschen vorbei stolpere ich nach oben zu Moms Wohnung, spüre nur Taubheit, wo eigentlich meine Beine, Arme und Hände sein sollten. Mein Verstand verabschiedet sich endgültig, wenn er das nicht schon längst getan hat.

Absperrband am Treppenende. Ich ducke mich darunter hindurch, sehe mit großen Augen zu den beiden Polizisten, die vor der Wohnungstür stehen.
Sie gestikulieren und sagen irgendetwas, aber ich höre nichts, sehe alles wie im Rausch, dränge mich an ihnen vorbei.
Und dort liegt sie, auf dem Boden.

☼

In einer dunkelroten Lache.

Ich stürze zu ihr, sehe die rote Flüssigkeit, in der sich das Licht spiegelt.

Blut.

Der ganze Boden ist verschmiert damit. Ich rutsche darauf aus und greife nach irgendetwas, um nicht hinzufallen.
Erwische einen Schrank. Der Polizist redet auf mich ein, aber ich höre ihn nicht, will seine Worte gar nicht hören.
Meine Sinne sind taub.
Auf dem Boden liegen Scherben.
In der Luft ein Geruch, den ich nicht zuordnen kann.
Ich schreie.
Aber ich höre es nicht. Höre nichts außer meinem lauten Herzschlag und schnellen Klaviertönen in meinem Kopf.
Irgendwann wimmere ich nur noch.
Da liegt sie, voller Blut, auch ihr weißes Spitzenkleid ist blutgetränkt.
Ich schreie wieder, winde mich aus dem Griff des Polizisten.
Durch den Vorhang ihrer schwarzen Haare kann ich Moms Gesicht nicht sehen. Meine Tränen tropfen auf den Boden und auf meine Hände. Langsam werde ich taub für mein eigenes Schreien. Ich blende es aus, höre nichts mehr außer der dumpfen, drückenden Stille.
Irgendwann nehme ich Old Lady Jenkins und einen Notarzt wahr, sehe ihre Hand auf meiner Schulter.
Brüllend schlage ich um mich. Ich will nicht hören, was er sagt.
An den Wänden spiegelt sich Blaulicht.
Sirenenlärm.
Viel zu viele Menschen.
Der Boden vibriert, aber ich bin taub und abgeschnitten. Wehre mich

☾

nicht mehr, als Old Lady Jenkins mich die Treppe runter in ihre Wohnung führt.

Fox' Kopf liegt auf meinem Schoß. Sein Frauchen schenkt mir in ihrer Küche Wodka ein, nur so kann ich taub bleiben. Ich kippe das Gläschen runter und bekomme Schluckauf. Seit ich ihn kenne, ist Fox Old Lady Jenkins noch nie von der Seite gewichen. Er leckt mir die Tränen vom Gesicht und knurrt sie an, als sie mein Glas wieder füllt.

»Da ist wer für dich an der Tür«, murmelt die alte Frau und Fox sieht auf. Ich stehe auf und Fox tippelt hinter mir zur Haustür.

♫

Ich habe keine Lust auf die tausend Raketen am Himmel, wenn das Feuerwerk zum vierten Juli heute Abend über New York City stattfindet. Diese Lichter bringen mich dazu, an sie und den Horror der letzten Tage zu denken.

Dominoreaktion.

Heute ist der vierte Juli.
Der Independence Day.
Letzte Nacht ist meine Mutter gestorben.

Und ich habe keine Lust auf die verdammten Raketen am Himmel.

Noch weniger als vor sieben Monaten und fünf Tagen.

[28]
Danach

Am Tag der Beerdigung wird das Konzert von eXtRaVaGant abgesagt. So ziemlich alle Menschen, die ich kenne und nicht kenne, sind da und sprechen mir ihr Beileid aus.

Mit Dave bespreche ich, dass ich vorerst keine weiteren Studioaufnahmen machen werde.

Morgens wache ich auf und erinnere mich sofort wieder an das, was ich abends zu vergessen versuche.
Es sind lange Tage.
Und noch längere Nächte.
Ich liege auf meinem Bett in Dads und Maries Haus und sehe mir mit Theo alte Disney-Filme an. Essen kann ich nicht wirklich etwas, aber es gibt Kaffee.
Ganz viel Kaffee.
Jeder, der nach oben kommt, bringt mir eine neue Tasse mit und nimmt die alte zum Spülen mit nach unten. Ich versinke richtig in diesem Rhythmus, alles ist genauestens geplant. Um sechs Uhr stehe ich auf, putze Theos Katzenklo, dusche mich erst heiß und dann eiskalt, um meinen Kreislauf in Schwung zu bekommen, dann fahre ich mit Maries Fahrrad fünfzehnmal um den Block, sortiere irgendetwas, lege mich ins Bett, schlafe ein paar Stunden und schaue bis spät in die Nacht hinein Filme und Serien an, während ich auf Eiswürfeln kaue. Zwischenzeitlich schreibe ich Texte und haue auf den Tasten des Klaviers herum.

☾

Ich gehe allen aus dem Weg.

Wenn man mit mir sprechen möchte, muss man ins Zimmer kommen und Kaffee dabeihaben.

Mein neuer Alltag wird erst durcheinandergebracht, als ich zufällig ein Telefonat von Damian mitbekomme.

»Ja, ihr sollt das Konzert canceln.«

Ich stelle mir bildlich vor, wie er in seinem Zimmer umhertigert und wild gestikuliert. Ich trenne Leslies Haare mit dem Kamm in zwei Hälften und mache ihr zwei Zöpfe, die ich dann jeweils zu Knoten zusammenstecke.

»Die Tour soll einfach um ein paar Wochen nach hinten geschoben werden. Du kannst die Termine dann passend setzen und uns einen Vorschlag schicken.« Damian steckt seinen Kopf kurz durch die Tür und schließt sie.

Jetzt höre ich nichts mehr.

Ich seufze und sprühe Haarspray auf Leslies Frisur.

»Gehen wir raus?«, fragt sie leise und steht vom Stuhl auf, um sich im Spiegel zu betrachten.

Ich bringe es nicht übers Herz, ihr wieder die gleiche Antwort zu geben.

»Okay.« Sie lächelt und huscht in den Flur.

Es klingelt an der Tür. Ich trete in den Flur.

»Schön, dass ihr hier seid.« Marie begrüßt Max und Curtis, der sich an die Treppe stellt und zu mir nach oben schaut.

Curtis und Damian setzen sich mit Max in die Küche. Plötzlich ist es wieder totenstill. Wahrscheinlich, weil alle außerhalb des Zimmers mitbekommen möchten, was darin gesprochen wird.

☼

»Warum? Damian, ich möchte Gründe! Alle Konzerte sind ausverkauft, alle Konzerthallen sind gebucht. Was soll ich der Presse sagen? Was soll ich den Menschen sagen?« Ich höre das Geräusch der Kaffeemaschine.

»Lass dir was einfallen!« Damian seufzt.

»Dieses Mädchen hat gerade ihre Mutter verloren. Gib uns etwas Zeit.« Curtis klingt mehr als gereizt.

Leslie zieht an meinem Shirt. »Können wir jetzt raus?« Sie zieht die Nase kraus und ich nicke, bevor ich einen letzten Blick auf Dad und Marie werfe und die Haustür öffne.

Wir laufen auf den Gehweg und Leslie sieht mich an. »Ich verstehe, dass du dich leer fühlst, aber du musst wieder anfangen zu leben, Paige.« Ihre russischen Worte fühlen sich an wie eine Umarmung.

♫

Seit einer halben Stunde studiere ich die Karte.

Seufzend klappe ich sie zu. Während Curtis und Damian ihr Essen bestellen, werfe ich Leslie einen Blick zu. Sie sieht mich ebenfalls an.

»Und Sie, junge Dame?« Der Kellner tippt mit seinem Kuli hektisch auf seinem Notizblock herum und läuft knallrot an.

»Sie will einen Burger, mit doppelt Käse und ohne Mayo«, antwortet Curtis für mich und ich verschlucke mich fast an meiner Zunge.

»Äh«, ist das Einzige, was aus meinem Mund kommt.

Wenn Curtis da ist und mir deshalb meine innere Stimme nicht permanent sagt, was ich machen soll, bin ich oft sehr unentschlossen.

☾

Der Kellner verlässt den Tisch und ich sehe ihm hinterher.

»Die schon wieder.« Leslie schaut mit gerunzelter Stirn hinter mich und ich drehe mich um.
Mara Dooley.
»Les?«, Curtis sieht seine Schwester mit fragendem Blick an. Mara setzt ihr Zahnpastawerbungslächeln auf, als sie sich ans Ende des Tisches neben Damian setzt.
»Les?«, wiederholt Curtis und sieht Leslie noch ein bisschen eindringlicher an.
»Kennst du Mara?« Ich streiche ihr die Haare hinter die Ohren und Les schluckt, bevor sie ihren Mund öffnet.
»Als ich schlief, hat sie sich einmal über mein Bett gebeugt und mir gesagt, dass sie mich loswerden möchte, weil Dad mich mehr liebt als sie. Sie ist seine Freundin, Curtis. Ich dachte, wenn ich hier lebe, müsste ich sie nie wieder sehen, aber dann ist sie plötzlich bei euch aufgetaucht.« Curtis weicht jede Farbe aus dem Gesicht und wir schauen uns an. Nur er und ich können diese Worte verstehen. Wortlos drücke ich das kleine Mädchen an mich.

Dann steht Damian neben uns und auf einmal geht alles sehr schnell.

»Ich hätte es wissen müssen, als wir deinen Bruder Brian gefeuert haben.« Curtis lacht traurig und sieht die blonde junge Frau an, deren Gesicht nun ebenfalls jede Farbe verloren hat.
»Es ist vorbei, Mara. Bitte sag Ivan, dass ich es leid bin, eine Schachfigur in seinem kranken Psychospiel zu sein.«

☼

[29]
Zwischen den Welten

»Ich komme auch mit«, hallt Alecs Stimme in meinem Kopf.

Bist du eigentlich komplett dumm?
Hast du nicht gesehen, wie Damian und Curtis sich heute Morgen in der
Küche zugenickt haben, nachdem du verkündet hast, dass du nach `Boston`
fahren wirst, um dort ein paar Sachen aus der Wohnung zu holen, bevor das
Entrümpelungsunternehmen kommt und den Rest ausräumt?
Das war kein Wir-wollen-alle-dass-es-Paige-gut-geht-Nicken, sondern ein
Wir-treffen-gerade-schon-wieder-Entscheidungen-für-unser-unfähiges-
Dickerchen-Nicken.
Du wolltest alleine zur Wohnung deiner Mom fahren.
Jetzt seid ihr zu viert.
Ohne dass du mit einer Silbe um Zustimmung gefragt wurdest.

Ich reibe mir in kreisförmigen Bewegungen die Schläfen und sehe
bildlich vor mir, wie die Stimme in meinem Kopf, das kleine lila
Monster mit der goldenen Krone und der giftigen Stimme, wie immer
all meine positiven Emotionen mit einem Hammer zertrümmert und
sich dann zuckersüß lächelnd vor dem undefinierbaren Haufen meiner gebrochenen Gefühle verbeugt.

♫

☾

Nachdem Curtis den Korb mit Essen, den Marie für uns vorbereitet hat, im Kofferraum verstaut hat, startet Alec den Motor.

Autos und Häuser ziehen an uns vorbei.
Das Radio ist nur an, um die Stille zu überbrücken. Stille, die immer dann herrscht, wenn Alec nicht versucht, ein belangloses Gespräch zu beginnen, um mir ein gutes Gefühl zu geben.
Sie wollen alle, dass es mir gut geht.

Ich spüre Curtis' Blick auf mir, als ich die Autotür öffne und aussteige. Als ich die Haustür aufschließe, wünsche ich mir, Old Lady Jenkins stünde in ihrer Wohnungstür und würde mir sagen, Mom komme erst spät nach Hause, wie sie es so oft tat. Aber bis auf uns ist das Treppenhaus menschenleer.

Im Flur nehme ich noch immer den metallischen Geruch von Blut wahr und fast kommt mein Mageninhalt hoch. Ich halte mir die Hand vor den Mund, um mich nicht zu übergeben. Ein Kloß bildet sich in meiner Kehle. Beim Anblick der gewaltvoll heruntergerissenen Bilder im Flur läuft mir eine Träne über die Wange bis runter zu meinem Kinn. Als ich Alecs tröstende Hand auf meinem Rücken spüre, wische ich mir hastig übers Gesicht.
Zwischen Curtis' Augenbrauen bildet sich eine Falte. Wir sehen uns kurz an, bis Damians Stimme ertönt. »Weißt du schon, was du mitnehmen möchtest, Pac?«
Ich schlucke erneut und nicke dann.
»Bilder, Kleider, ein paar Möbel und das alte Geschirr.« Ich spreche sehr langsam, aber trotzdem zittert meine Stimme, als könnte mich jeden Moment ein Heulkrampf überkommen.
Wieder spüre ich, wie sich die Tränen in meinen Augen sammeln.

☼

»Sollen Alec und ich die kleinen Schränke hier runtertragen? Und das Besteck aus den Vitrinen dort?« Damian sieht mich fragend an und ich habe ihn noch nie so vorsichtig sprechen hören.

Ich nicke und ringe mir ein kleines Lächeln ab. Sie sind so unglaublich lieb zu mir. »Danke.«

Während ich höre, wie Damian und Alec leise miteinander reden und die Schränkchen ins Treppenhaus tragen, laufe ich mit langsamen Schritten und auf wackeligen Beinen durch den Flur in Moms Schlafzimmer.

Ich höre Curtis' Handy klingeln. Er läuft ins Wohnzimmer. Mit zitternden Fingern streiche ich den Staub von Moms Nachtkästchen und nehme die Ballettschuhe darauf in die Hand. Sie sind aus kaltem, glänzendem Stoff und fühlen sich unter meiner Haut steinhart an.

Eine Ballettsaalecke irgendwo in New York. *Du und Robyn, wie ihr als kleine Mädchen Spitzentanzschuhe weich biegt, während ihr kichernd über etwas redet und den unzähligen Ballerinas des* Lincoln Square Ballets *dabei zuseht, wie sie in ihren glitzernden, weißen Tutus für* Schwanensee *trainieren.*

»Willst du die mitnehmen?«, ertönt Curtis' Stimme hinter mir und ich fahre vor Schreck herum.

»Hat sie Ballett getanzt?«, fragt er mich, als ich nichts sage.

Ich nicke und sein rechter Mundwinkel hebt sich unmerklich, als ich auf ihn zugehe und ihm die Schuhe in die Hand lege. »Ja, ich nehme sie mit.«

Als ich auf die cremefarbenen Ballettschuhe in Curtis' Hand sehe und mein Blick auf die Wohnzimmertür hinter ihm im Flur fällt, schießen mir wieder Tränen in die Augen. Ich blinzle und zwinge mich, meinen Blick von der Tür zu lösen. Meine Aufmerksamkeit richtet sich auf

Moms großen alten Holzkleiderschrank. Eine der beiden Schrank-
türen steht einen Spalt breit offen und ich laufe darauf zu. Ihre Bal-
lettkleidung mitsamt den Ballkleidern und der riesigen Schuhsamm-
lung ist in einem anderen Zimmer.
Hier hängen ausschließlich die paar schlichten Kleider, die sie besitzt
und auf mehreren Stapeln Size-Zero-Jeans, Shirts, Röcke, Socken,
Unterwäsche und ein paar Pullover.

Unten befinden sich drei Schubladen, die mir nie wirklich aufgefallen
sind. Ich ziehe die oberste auf. Links liegt ein großer Stapel mit Fotos,
die durch ein lila Band zusammengehalten werden. Ich greife danach
und löse die Schleife.

Auf dem ersten Bild sitzt Mom schwanger im Spagat auf dem Boden,
zwischen ihren Beinen ein Blatt Papier, auf das sie etwas schreibt.
Ihre Haare liegen über der Schulter, die man auf der Aufnahme nicht
sehen kann, und fallen herunter wie ein schwarzer Schleier. Auf den
anderen Bildern wird ihr Bauch immer größer und dann folgen zahlreiche Fotos von mir als Baby.
Es sind bestimmt hundert.
Ich binde das Band wieder um den Stapel und lege ihn neben mich auf
den Holzfußboden.

In der Schublade liegen noch ein paar Fotoalben mit sehr alten
Bildern. Viele zeigen Mom und Babushka. Auf einem sind Mom, Dad,
Audrey, Timothy und ein blondes Mädchen zu sehen, das ich nicht
kenne. Ich muss lächeln, als ich die Fotos betrachte und wieder ein-
mal merke, dass wir Moms einzige Familie sind; Babushka, Robyn,
Audrey, Timothy, ich und irgendwie auch Dad.
Sie hat ihn damals wirklich geliebt.

☼

Ich klappe das Fotoalbum zu und lege es zum Bilderstapel neben mich auf den Fußboden. Diese Bilder sind alt, aber Gold. Ich höre, wie Curtis sich leise neben mich setzt. Wir schweigen. Ich ziehe die mittlere Schublade auf.

Ein winziges Armband mit der Aufschrift PAIGE ALYASKA COURTNEY.

Ein lilafarbenes Tuch, eine Mütze, ein Schnuller, Bilder, meine Geburtsurkunde, ein Babyfläschchen, mein Stoffpferd Masha, benannt nach Moms Rolle.

»Mom war zwanzig, als sie mich bekommen hat. Dad und sie haben sich getrennt, als ich drei Jahre alt war. Mom hat sich andauernd mit ihm gestritten und ihre Lebensrealitäten gingen komplett aneinander vorbei«, murmle ich leise und sehe, dass Curtis mir aufmerksam zuhört.

»Als Robyn und ich in die Highschool kamen, sind Mom und Audrey, Robyns Mutter und meine Patentante, aus der Kompanie der `Lincoln Square Academy` ausgetreten. Also Audrey ist Robyns Mutter und meine Patentante. Und Mom hat dann ein Engagement am `Boston Ballet` angenommen. Im Sommer nach der achten Klasse sind wir dann zusammen mit Robyns Eltern nach `Massachusetts` gezogen. Die Familie von Robyns Dad Timothy ist sehr wohlhabend und hatte schon seit Generationen eine Villa in `Boston`, in die die Obyns dann eingezogen sind.« Es erschreckt mich, wie nüchtern ich mittlerweile über Robyn sprechen kann.

Fast so, als wäre nie etwas passiert.

Curtis nickt nachdenklich. »Und Julien? Du warst ja dann mit dreizehn, vierzehn plötzlich nicht mehr nur in einem anderen Stadtteil, sondern mindestens vier Stunden von `Brooklyn` weg in einem ganz anderen Staat. Und dann war ja auch noch Timothy, sein bester

Freund, auf einmal nicht mehr in seiner Nähe.« Ich spüre, wie gern er mich nach Robyn fragen möchte, und bewundere ihn dafür, dass er es nicht tut.

»Na ja, es war auch davor schon nicht so, als hätten wir uns ständig gesehen. Er ist manchmal zu irgendwelchen Schulfeiern gekommen und hat sich zusammen mit Timothy Robyns und meine Auftritte angeschaut, aber das hat er auch später noch gemacht, als wir dann in `Boston` gelebt haben. Mom hat solche Veranstaltungen immer so gut es ging gemieden.

Insgesamt habe ich nur zwei Jahre wirklich Zeit mit Dad verbracht. Als ich fünf war, habe ich für ein halbes Jahr bei ihm gelebt und dann noch mal mit zehn, für etwas mehr als ein Jahr, wegen der Auftritte in Europa, zu denen Mom mich schlecht hätte mitnehmen können.« Aus meinem Mund klingt das bitterer, als ich es wirklich empfinde, aber das sage ich nicht laut, weil ich nicht will, dass Curtis das Gefühl vermittelt bekommt, er müsse mir irgendwelche Fragen stellen und ich sowieso nicht so genau weiß, wie ich mich richtig ausdrücken soll.

»Wenn Dad mich zu Hause besuchen kam, oder ich ihn in `Brooklyn`, haben wir immer über ganz andere Sachen geredet als Mom und ich. Er hat mich nicht nach meinen Noten gefragt, das hat ihn nie interessiert. Einmal habe ich ihn auf das viel zu teure Unterhaltsgeld angesprochen, das er Mom zahlen musste, aber das hat ihn auch nicht gestört. Ich hatte manchmal den Eindruck, es würde ihm immer noch etwas an ihr liegen und ganz besonders daran, dass sie endlich glücklich wird.« Ich halte die Luft an, als ich darüber nachdenke, wie er manchmal alte Bilder angesehen hat.

»Aber über Kunst haben wir viel geredet. Stundenlang und ohne, dass uns irgendetwas davon abbringen konnte. Wir haben zusammen Essen gekocht, das ich bei Mom nie essen durfte, und gesungen. Er hat mich auf seinen Schoß gesetzt und mir Sachen auf dem Klavier vorgespielt und mir gezeigt, wie ich meine Finger auf die Tasten legen muss. Und ich hab es geliebt, mir seine Melodien anzuhören. Mein Leben bei Dad war immer so einfach und unbeschwert und irgendwie komplett anders als bei Mom.«

Ich seufze. »Bei mir gab es immer Mom und bei mir gab es Dad. Diese beiden Pole funktionierten ohne Kombination eigentlich ganz gut. Seit ich vierzehn bin, überhäuft Dad mich zu Weihnachten und zum Geburtstag per Post mit Geschenken. Mom meinte immer, das sei sein schlechtes Gewissen, weil er mich nie sieht, obwohl das ja gar nicht stimmt. Sie brauchte ihn nicht. Das tat sie nie.« Und wieder seufze ich.

Wie glücklich ich darüber bin, dass er Marie hat.

Und Marie ihn hat.

Das muss ich ihnen öfter sagen.

»Mom tanzte früher ewig lang die `Clara` aus `Der Nussknacker`. Eigentlich hasste sie die Rolle, das wusste Dad. Das tat sie noch mehr, seit sich die beiden getrennt haben. Vor allem hasste sie aber die kreischenden Fans auf der Straße, wenn sie erkannt wurde. So oft kam das zwar nicht vor, aber Mom hatte schon immer ein Talent dafür, alles zu überdramatisieren.«

Die Bilder und das verknautschte Stoffpferd in meiner Hand fühlen sich an wie die acht Kaffeetassen, die ich jeden Tag trinken muss, um mich lebendig zu fühlen. Ich spüre Curtis neben mir, als ich die Sachen aus der Schublade nehme und sie neben mich lege, um dann die unterste Schublade zu öffnen.

Sie ist voller Briefe.

Bis oben hin.

☾

Ich räuspere mich und drehe mich zu Curtis. »Hilfst du mir, sie zu sortieren?«, frage ich ihn leise und langsam.

Curtis nickt, greift aber im nächsten Moment wie unter Strom nach einem Umschlag.

»Kannst du russisch?«, fragt Curtis mich.

Das ist eine rhetorische Frage, er hört mich ständig mit Leslie russisch reden.

»Ich meine, kannst du es auch lesen?«

Ich nicke, erkenne die kyrillischen Buchstaben.

»Und du?«, frage ich ihn.

»Ja, und da steht Ivan Vladimirovich Pavlov.« Curtis' Stimme klingt belegt.

Ich runzle die Stirn und sehe genauer hin. Tatsache. »Glaubst du, es gibt noch mehr?«, frage ich ihn und sehe, wie seine Gesichtszüge noch angespannter werden. Er nimmt ein paar weitere Umschläge aus der Schublade und wir breiten sie vor uns aus. Zwischen Briefen von Ivan Vladimirovich Pavlov finden wir noch einige von meinem Dad, Julien Courtney, und meiner Babushka, Nadezhda Aleksandrovna Smirnova, die in Russland von allen auch lieb ›Nadia‹ genannt wird.

Warum hat meine Mutter Briefe von Curtis' Vater in ihrem Schrank?

Ich traue mich gar nicht, meine Gedanken laut auszusprechen, entscheide mich dann aber doch dazu.

»Sollen wir ... sollen wir sie öffnen?«

Curtis sieht mich an und nimmt dann einen von Ivans Briefen, bevor er sich mit dem Rücken an den Schrank lehnt und beginnt, mir die russischen Worte vorzulesen.

☼

St. Petersburg, Russland
19. Januar

Rodnaya Nastya,

du hast dich in meinen Kopf gezaubert.

Du bist das Einzige, worüber ich den ganzen Tag und
die ganze Nacht nachdenken kann, ohne dass mir
jemals langweilig wird. Seitdem du direkt nach
Rozhdestvo wieder zurück nach Amerika gegangen bist,
um deinem Traum, am Lincoln Square Ballet zu tanzen,
zu leben, zähle ich die Tage, bis wir uns in den
nächsten Ferien wiedersehen werden.

Wenn du möchtest, hab ich ein Auge auf deine Mutter,
sie wirkt etwas verloren. Es ist noch um das Doppelte
kälter geworden und irgendwie glaube ich, dass es erst
wieder wärmer wird, wenn du nach Petersburg zurück-
kehrst. Du fehlst mir. Aber ich will es dir nicht verübeln,
New York muss wirklich schön sein.

Und du hast nur das Beste verdient, Nastya.

Ich kann das Silvesterfest bei Petrov nicht vergessen.
Alenya hat mich die ganze Zeit über angesehen, aber
ich hatte nur Augen für dich, wie du in deinem blauen
Kleid inmitten der ganzen Menschen getanzt hast. Deine

langen schwarzen Haare haben im Wind geweht und du hast laut gelacht und deinen Kopf in den Nacken geworfen.

Es war überwältigend.

Aber was erzähle ich, du bist immer atemberaubend.

Auch wenn ich dich schon mein ganzes Leben lang kenne, erscheinst du jedes Mal, wenn ich dich sehe, in einem anderen Licht. Ich habe das Gefühl, dich ohne viele Worte zu verstehen.

Und auch, wenn du mir auf diesen Brief wieder nicht antworten wirst und meilenweit entfernt bist, werde ich weiterhin um dich kämpfen, Zoloto moyo.

Tvoy Ivan ♥

Curtis sieht von dem Brief auf und mir direkt ins Gesicht. »Ich wusste nicht, dass sie sich kannten.«

»Ich auch nicht.« Meine Stimme hört sich viel hilfloser an als beabsichtigt.

»Er muss sie geliebt haben«, murmelt Curtis gedankenverloren und greift nach einem weiteren Brief, der ein paar Jahre später geschrieben wurde. Unsere Beine berühren sich für einen kurzen Moment und ich schlinge nervös meine Arme um meine und lege den Kopf auf die Knie. Tausend Fragen schießen mir durch den Kopf, als Curtis mit ruhigen Fingern das Kuvert öffnet und den Brief entfaltet.

»Ich hab ein bisschen Angst«, gestehe ich und beiße auf meiner Unterlippe herum. Curtis lässt den Brief sinken. »Vielleicht stehen hier Antworten.« Ich nicke, aber gleichzeitig frage ich mich, ob ich diese Antworten überhaupt wissen möchte.

☾

Rodnaya Nastya,

gestern habe ich es erfahren, Petrov hat es mir erzählt.

Du bist schwanger von diesem Amerikaner.

Ich erinnere mich noch sehr gut an den Tag, an dem du Summer zum ersten Mal gesehen hast.

Es war Juli.

Montreal.

Auf unserem Fest hast du ihren großen Bauch eine Weile angestarrt, bevor du uns Alles Gute zu dem Baby gewünscht hast. Fast dachte ich, du wärst eifersüchtig.

Summer Moore lebt das Leben, das deines gewesen wäre, wenn du dich nicht so gedankenlos in diesen amerikanischen Mr. Ich-kann-ein-bisschen-über-Musik-labern-habe-aber-sonst-nichts-im-Hirn verliebt hättest, der kein bisschen zu dir passt.

Er kann dich überhaupt nicht lieben, er kennt dich nicht, wie ich dich kenne.

☼

Bitte sei nicht wütend, aber ihr seid noch so jung.

Du hast dein ganzes Leben darauf hingearbeitet, eine erfolgreiche Ballerina zu werden und Julien-Vollidiot-Courtney ist nur ein naiver Student, der in einer bescheuerten Band spielt und dir sonst NICHTS bieten kann. Kein Geld, kein Essen, keine Zukunft. Auch wenn du mich seit wir uns kennen immer dafür belächelt hast, dass ich nicht auf herkömmliche Weise an mein Geld komme, kann ich dir und dem Baby alles ermöglichen, was ihr euch wünscht. Egal was.

Von dem Amerikaner-Idioten kannst du nicht mal erwarten, dass er dich nicht sitzen lässt. Der ist doch selbst noch ein Kind.

Bitte, Nastya, Angel, sei vernünftig und komm zu mir zurück. Ich mache alles, was du willst, aber bitte, bleib nicht bei diesem Nichtsnutz und gib dafür alle deine Träume auf. Alles, wofür du dein ganzes Leben lang gekämpft hast.

Ich würde alles, was ich habe, für dich zurücklassen und ein komplett neues Leben beginnen. Ruf mich an, oder schreib mir, ich werde da sein.

Tvoy Ivan ♥

☾

Curtis lässt das Blatt sinken.

»Montreal?«, frage ich.

»Meine Mutter ist Kanadierin«, antwortet Curtis leise. »Ich hab meine frühe Kindheit dort verbracht.«

Wir schweigen eine Weile. Er sieht zerknirscht aus.

»Er hat Mom nie geliebt, sie war nur an seiner Seite, weil er nicht die Frau bekommen hat, die er wirklich wollte.«

Ich fixiere einen Punkt an der Wand, meine Gedanken rasen noch immer.

Und jetzt ist sie tot.

»Wenn deine Mutter auch nur ein bisschen so war wie du, kann ich verstehen, warum er sie so sehr geliebt hat«, sagt Curtis, steht auf und verlässt das Zimmer.

♪

☼

Robyn,

ich liege auf Moms Bett in Boston, meine Schreibmaschine steht in Chicago und die Gedanken schwirren in meinem Kopf herum wie Wespen.

Dann nehme ich mir ein Netz, fange sie alle ein und lege sie auf dieses Blatt.

Mom ist tot.

Und ich will nicht mehr an das denken, was mit dieser Tatsache zu tun hat, sondern an das, was ihr Leben ausgemacht hat.

Denn nur so wird sie niemals ganz vergessen sein.

Als du und ich sieben Jahre alt waren, tanzte Mom in Schwanensee die Doppelrolle der Odette/Odile und deine Mom war so eifersüchtig auf sie, dass du drei Wochen lang nicht bei mir übernachten durftest.

Vorhin hatte ich Moms Tanzschuhe in der Hand und sah sie förmlich darin über die Bühne schweben.

Wir haben unsere ganze Kindheit in irgendwelchen Ballettsaalecken verbracht und unseren Müttern beim Fliegen zugesehen.

Und irgendwann haben wir damit aufgehört.

Seitdem gab es für uns nichts anderes als die Musik und irgendwelche Partys.

☾

Wir haben sogar in der Schule Songs geschrieben, auf dem Klo, während des Essens und natürlich dann, wenn wir eigentlich hätten schlafen sollen.

Diese Ballettschuhe, die ich da vorhin in der Hand gehalten habe, es waren Moms Lieblingsschuhe.
Sie hat darin die Clara (oder Masha, wie Mom sie wegen des russischen Originals nennt) aus dem Nussknacker getanzt, die Rolle, zu der sie schon immer eine für mich sehr unverständliche Hass-Liebesbeziehung führte.

Sie behauptete zwar immer, sie könne das Stück auf den Tod nicht ausstehen, aber ich sah genau, wie ihre Augen leuchteten, wenn sie auf der Bühne stand.

Zu Hause spielte ich Mom Tchaikovskis ganze Nussknacker-Komposition auf dem Klavier vor und sie tanzte im Wohnzimmer dazu.

Diese Tage habe ich geliebt.

Obwohl Audrey und Mom in der Vergangenheit andauernd schrecklich eifersüchtig aufeinander waren, wusste ich, dass Mom nie eine bessere Freundin hatte als deine Mutter.
Letztens habe ich mit Mom telefoniert und sie hat mir viel aus ihrer Jugend erzählt. Es fühlt sich zwar an, als wäre unser Gespräch schon Jahre her, aber ich erinnere mich trotzdem noch genau an alles, was sie gesagt hat.
Nachdem Mom mit achtzehn von Russland nach New York City

gezogen war, um am weltberühmten Lincoln Square Ballet zu tanzen, wo sie deine Mutter kennenlernte, kam sie durch Audrey sehr schnell in einflussreiche Kreise.

Dad und Timothy waren schon volljährig und Studenten, als Audrey sie Mom zum ersten Mal vorstellte. Deine Mutter kannte die beiden schon von der Highschool.

Damals waren Mom und Audrey unglaublich erfolgreich und beliebt.

Mein Dad war Quarterback im Unifootballteam und machte Musik in einer kleinen New Yorker Band, die aus ein paar alten Klassenkameraden bestand.
Dein Dad war in der Uni Jahrgangsbester, diskutierte oft auf Augenhöhe mit seinen Profs und moderierte mit seinem Zahnpastalächeln und den hellblonden Locken alle möglichen Univeranstaltungen.

Deine Mom war Stufensprecherin und die Klamotten, die sie trug, sah man anscheinend tags darauf bei Nachahmerinnen in sämtlichen Fluren.

Mom, mit ihrem Porzellangesicht und dem völlig durchdefinierten Körper, war zwei Jahre in Folge Ballkönigin des Lincoln Square Ballets und zudem war sie in Dads und Timothys Uni und auch sonst überall bekannt als DIE hotte Ballerina, die aussah wie Schneewittchen höchstpersönlich.

Es ist ganz lustig, dass meine Eltern so gewesen sein sollen, weil dieses ganze Beliebtheitsding viel mehr zu dir passt als zu mir. Überhaupt fühle ich mich manchmal sehr andersartig als ihr alle.

Aber ich schätze, das ist okay.

Goodbye
Paige

[30]
Wahrnehmungsverlust

Ich stehe hinter der Bühne und höre die Vorbereitungen, leises Gemurmel von Max und Alec Backstage, die Schreie der Fans von draußen. Irgendwo ruft eine Gruppe nach eXtRaVaGant. Damian und Jules ziehen sich die E-Gitarren-Gurte über den Kopf und trinken noch einen Schluck Wasser, bevor sie zum Intro von Lil' Mermaid einsetzen.

Mein Blick heftet sich auf eine Gestalt, die auf die Bühne rennt. Als sie vorne angekommen ist, gehen die Scheinwerfer an. Eine Sechzehntelnote wird ausgesetzt. Es ist Absicht, weil Curtis sonst seinen Einsatz verpasst.

Das tut er oft.

Der Druck auf ihn, alles richtig zu machen, ist riesig, und ich weiß ganz genau, wie sehr es Curtis belastet, perfekt sein zu wollen. Damian, Sascha und Jules ist es manchmal nicht so wichtig, ob eine Note jetzt richtig oder falsch ist. Wenn etwas nicht ganz perfekt ist, dann nennen sie das Rock 'n' Roll. Die tausend Menschen in der Halle schauen eXtRaVaGant erwartungsvoll an und ich beiße mir vor Anspannung auf die Zunge. Ein Mädchen, das in Ohnmacht gefallen ist, wird von einer Securityfrau aus der Menschenmenge gezogen.

Mein Herz klopft bis zum Hals, als Curtis das erste Wort singt. Ich bemerke ihre Nervosität, bin genauso nervös wie sie, könnte vor Aufregung schreien. Mein Herz klopft noch schneller.

☾

eXtRaVaGant - Lil' Mermaid

Erste Strophe
It's your place
near the doors
or there at the floors.
You're always strange,
playin' with the kids
or doin' these things.

Pre-Chorus
It's burning my face,
saw you with that guy today.
At night time your angel eyes
shine bright.

Chorus
Lil' mermaid, what happened
to you?
I know you're in the zone.
Your blonde hair flips around
when you walk,
I know my words are
empty talk to him.

☼

Zweite Strophe
I'll see you
walkin' through the doors
or hittin' the floors.
You're always strange,
shootin' with the guns
and doin' his shit.

Pre-Chorus
It's burning my face,
saw you with that guy today.
At night time your angel eyes
shine bright.

Chorus
Lil' mermaid, what happened
to you?
I know you're in the zone.
Your blonde hair flips around
when you walk,
I know my words are
empty talk to him.

☾

Bridge
You can see the stars
through your bedroom window.
You look at the sky
every damn night.
It's kinda sad
that I look up
to the same sky,
but our hearts are
so far away.
It's kinda sad
that you look up
to the same sky,
but our hearts are
so far away.

Chorus
Lil' mermaid, what happened
to you?
I know you're in the zone.
Your blonde hair flips around
when you walk,
I know my words are
empty talk to him.

Die Menge im Saal bebt, schreit. Manche rufen den Text, andere grölen einfach nur unkoordiniert die Namen der vier Jungs. Mein Blick wandert zur anderen Seite der Bühne. Alec zwinkert mir zu und ich ringe mir ein Schmunzeln ab.

Curtis tastet nach seinem Ohr und ich lächle, als er mit seiner Hand die blendenden Scheinwerfer abschirmt und über die Köpfe blickt. Das tut er immer. Auf jedem Konzert. Ich kann nicht aufhören zu lächeln. Curtis führt das Mikrofon zum Mund. »Geht es euch gut?« Er hält der Menge das Mikro entgegen. Die Menschen kreischen.
Er grinst. »Ich kann euch nicht hören.« Curtis legt demonstrativ eine Hand ans Ohr und die Menge kreischt noch lauter.

Es sind Momente für die Unendlichkeit, wenn Curtis, Damian, Jules und Sascha sich angrinsen und mir wieder einmal bewusst wird, dass sie eine Familie sind. Curtis redet noch ein wenig mit den kreischenden Menschen, bevor er sich von ihnen verabschiedet. Die Jungs laufen zur Bühne vor und umarmen sich gegenseitig.

Ich setze mich neben Damian an die Wand des Ganges zur Bühne und lehne meinen Kopf an seine Schulter.
Zwei Minuten lang wird durchgehend »Zugabe« gebrüllt.
Wie benebelt stehen die Jungs wieder auf und laufen durch den Gang zurück auf die Bühne.

Ich höre nur noch Geschrei.

Max winkt mir zufrieden zu. Ich winke zurück und gehe dann den Jungs hinterher in den Backstagebereich.

»Und, wie war ich?« Curtis kommt auf mich zu und legt seinen Arm um meine Schulter.

»Wir«, verbessert Damian ihn.

»Super, aber du musst mich gar nicht so anschreien.« Ich lache und greife nach seinen Händen.

»Sorry, die tägliche Lärmpegelgrenzüberschreitung sorgt für Schäden.« Curtis zieht mich auf seinen Schoß und grinst.

Damian redet ohne Punkt und Komma.

Es ist stockdunkel, als ich danach mit dem Autoschlüssel zum Van laufe, weil ich nicht drinnen warten will. Von kreischenden Menschen habe ich für heute genug.

Mit Curtis' Stimme über die Kopfhörer im Ohr schlafe ich ein. Selten war ich so glücklich und berauscht wie in diesem Moment.

♫

»Es sollte für immer und ewig so bleiben.« Curtis' Kopf liegt auf meinem Schoß, als er seine Worte in die Stille spricht.

Ich schaue durch das Fenster des Tourbusses und blinzle müde, bevor ich flüstere: »Das wünschen sich so viele.«

Es ist mitten in der Nacht.

»Viele wollen haben, was ich habe, aber keiner will geben, was ich gebe.«

Und ich weiß, dass er recht hat, in diesem kurzen Moment des Friedens kurz vor `North Dakota`.

»Die Fans sind mir am allerwichtigsten. Es gibt so viele Künstler, denen die Bindung zu den Menschen, die ihnen das alles erst ermöglichen, komplett egal ist.« Curtis sieht mich an. »Ich würde tausend Überstunden machen, damit sie etwas ganz Besonderes mit uns erleben. Ich will, dass diese Menschen wirklich was mitnehmen und nicht einfach nur ihr Geld zum Fenster rauswerfen.«

Ich beobachte alle Regungen in seinem Gesicht, versuche dem Drang zu widerstehen, ihn zu berühren.

Wir schweigen uns für ein paar Sekunden an. Ich bohre die Fingernägel in meine Handinnenflächen und fixiere mit meinem Blick die helle Mondsichel, die hinter den dunklen Bäumen hervorleuchtet.

»Manchmal denke ich, ich bin zu empfindlich für die Welt«, meint Curtis und wirkt dabei in Gedanken versunken.

»Ich komme echt gar nicht mit dem Gedanken klar, dass für mich Lebewesen sterben müssen ... und sosehr ich es liebe, dieses Musikerleben bringt vieles mit sich, was ich wirklich nicht gut finde. Ständig neue Klamotten tragen, viel zu viel Auto fahren und fliegen ...« Er sieht hinaus ins dunkle Landschaftsnichts.

Und ich ihm ins Gesicht.

»Deshalb versuche ich das klein zu halten.« Curtis seufzt.

»Alle schlimmen Dinge«, fügt er noch schnell hinzu.

»Ich hab mir voll die Gedanken gemacht. Und auch, wenn das bestimmt so rübergekommen ist, war die Entscheidung, Vegetarier zu werden, für mich echt nicht spontan. Aber ich weiß, dass es naiv ist, zu denken, dass es etwas ändern würde. Mein positiver Beitrag ist so winzig, verglichen mit den Sachen, die ich durch das Musikerding verkacke ...«

Ich sehe das nicht so.

Ich finde es bewundernswert, wie er denkt und was er tut.

Aber das sollte ich ihm nicht sagen, weil er dann vielleicht erkennt, wie naiv ich selbst bin.

Ich halte die Luft an, sehe in sein gequältes Gesicht und entscheide mich, aufzuhören darüber nachzudenken, welches Bild Curtis von mir hat.

»Ich wollte dir schon im Juni sagen, wie sehr mich euer Song auf dem `Bonnaroo` berührt hat. Aber dann war es irgendwie komisch zwischen uns und außerdem habe ich mich nicht getraut, weil ich nicht heuchlerisch rüberkommen wollte«, sage ich leise. »Ich hatte Angst, dass du es scheiße finden würdest, dass ich alles esse und so was sage.«

Jetzt sieht Curtis mir in die Augen und rutscht etwas auf meinem Schoß umher. »Du weißt hoffentlich, dass es mich echt nicht juckt, was Leute essen, solange sie es bewusst tun, dafür geradestehen können und nicht bei jeder Massentierhaltungsdoku anfangen zu heulen. Und ich bin überhaupt glücklich, wenn du irgendetwas isst, Paige.«

Ich wende meinen Blick ab und starre in die Leere.

Ich war die, die während Massentierhaltungsdokus im Biounterricht immer geheult hat.

Ich bin eine Heuchlerin.

Und dann sehe ich ihn wieder an, den jungen Mann, dessen Kopf auf meinem Schoß liegt, und mir wird klar, dass er mich niemals verurteilen würde.

Dass das alles ich bin.

Aber trotzdem.

»Seit Mom tot ist, fühle ich mich, als wäre ich hiervon abhängig, von diesem Leben mit euch und eurer Musik«, murmle ich.

Curtis hebt seinen Kopf von meinen Beinen und setzt sich neben mich. Ich lege meine brennenden Hände in meinen Schoß, der sich plötzlich sehr kalt anfühlt.

»Scheiße. Ich hätte nie glauben dürfen, ich wäre dir nicht wichtig genug, um dich verletzen zu können.« Curtis fährt sich durch die Haare und seine Unterkiefermuskulatur spannt sich an.

»Paige, ich verbiete dir, dein ganzes Leben nach mir auszurichten. Ich bin ein abgefuckter, psychisch labiler Teenager, der nicht weiß, was er braucht. Wenn dir dein Herz wichtig ist, dann hör bitte auf … dich in mich zu verlieben. Morgen werde ich Max sagen, dass du nach dem Konzert in `Jamestown` wieder zurück nach `Chicago` fliegen wirst.«

»Curtis.« Ich spüre, wie mein Herz mir bis zum Hals schlägt, weil ich insgeheim weiß, dass es für alles, worum er mich gerade gebeten hat, schon viel zu spät ist. »Du weißt nicht, welche Wirkung du auf Menschen hast. Nach dem Autounfall habe ich mein Leben gehasst und ich will nicht wissen, was mit mir passiert wäre, wenn ich dich nicht kennengelernt hätte. Du bist … ich mag dich wirklich viel zu sehr, Curtis Moore.« Meine Stimme zittert, aber als ich sehe, dass Curtis' Züge sich entspannen, wird mein Puls wieder ruhiger.

»Du würdest nicht gehen.« Ich weiß nicht, ob das eine Frage oder schon die Antwort auf meine Ängste ist, deshalb schüttle ich einfach leicht meinen Kopf.

♫

In Hotels ist alles anders. Die Jungs sind Rockstars. Und es gibt mehr als genug Groupies, die alles von ihnen nehmen würden.
Alles.
Man sieht sie auf den Konzerten, die Mädchen in der ersten Reihe, mit ihren sehnsüchtigen Blicken und den tiefen Ausschnitten.
Curtis findet es widerwärtig.

☾

Jules' Einstellung dazu kenne ich nicht, er redet jedenfalls nicht wie Damian und Sascha bei jedem Frühstück darüber, welche Körbchengröße die aktuelle nächtliche Errungenschaft hatte.

»70F.« Damian grinst und boxt Sascha.

»Meinst du, die waren echt?«, fragt dieser skeptisch.

»Sie haben sich auf jeden Fall so angefühlt.« Ein anzügliches Grinsen schleicht sich auf sein Gesicht.

»Pass auf, dass du dich nicht verliebst.« Curtis lacht und unterbricht somit Damians weitere Ausführungen.

»Nee, du kapierst so was nicht, das ist was rein Körperliches.«

»Wir reden wieder, wenn du vor Liebeskummer in deinem Bett sitzt und flennst.«

Damian beugt sich vor und sieht von seinem besten Freund flüchtig zu mir und zwinkert. »Warum? Ich bin ja nicht du.«

Curtis' Handy klingelt. Nachdem er Damian seinen Teller hingeschoben und mir seine Jacke über die Schultern gelegt hat, steht er auf. Damian wackelt mit den Augenbrauen in meine Richtung und fällt über Curtis' Teller her.

Curtis kommt nach fünf Minuten mit einem weißen Blatt Papier wieder. Obwohl die Sonnenbrille seine Augen verdeckt, erkenne ich seine Anspannung.

»Zwerge und Schneewittchen.« Wir sehen ihn an und prusten los.

»Max meint, wir sollen in einer Dreiviertelstunde am Empfang sein, wir geben den ganzen restlichen Tag Interviews. Und morgen bis zwei Stunden vor der Show«, sagt Curtis und wir stehen auf.

♫

☼

Carnegie Hall, New York City. Es ist das letzte Konzert der Tour. Die Jungs setzen zum Intro von Infinity ein. Curtis tastet an seinem In-Ear-Monitoring herum und starrt in die Leere. Ich bekomme Augenkontakt mit Damian. Irgendwas stimmt nicht. Am liebsten würde ich schreien, aber meine Stimmbänder sind bewegungsunfähig.

Curtis verpasst seinen Einsatz, dann rennt er an Alec und mir vorbei von der Bühne. Mittendrin fällt sein Mikro scheppernd zu Boden, die Boxen in der Halle piepen und brechen dann ab.

Damian taucht vor uns auf. »Wir müssen ihn suchen.«

Alec und ich schließen uns zusammen und kämmen den ganzen Backstagebereich durch.

»Hier ist er nicht.«

Ich drehe mich um. »Was?«

Damian kommt einen Schritt auf mich zu. »Ich kenne Curtis fast mein ganzes Leben lang. Hier ist er nicht, Paige.« Ich nicke und sehe mich trotzdem weiter um. »Du hast auch gespürt, dass etwas Schlimmes passiert. Hab ich recht?« Manchmal schocken mich die Worte, die einfach ungebändigt aus meinem Mund schießen.

»Es ist ein Alptraum«, fahre ich fort. »Ein Alptraum, der nie zu Ende geht.«

Ich könnte alles aufzählen, aber mittlerweile sind es einfach so viele, zu viele gefallene Dominosteine.

♫

»Er kann absolut nichts mehr hören.« Alec reicht Jules Tapes für seine Finger.

☾

Ich blicke auf und jedem in der Runde ins Gesicht. Betroffenheit, Angst.

»Und was machen wir jetzt?«, fragt Sascha.

»Auf die Bühne gehen.« Damian sagt es, als sei es eine Selbstverständlichkeit.

»Bist du bescheuert? Unser Sänger hat einen scheiß Ohrinfarkt. Wie sollen wir bitte einfach auf die Bühne gehen und den Leuten da draußen erklären, dass alles vorbei ist? Das gibt eine Massenhysterie.« Damian steht auf. »Die Frage ist, was passiert, wenn wir es nicht machen?«

Ich nicke.

Momentan bin ich zu keiner anderen Regung fähig.

»Er muss jetzt erst mal ins Krankenhaus.«

♫

Krankenhäuser. Orte, die ich in letzter Zeit viel zu oft besucht habe. Sie haben die Macht, dir alles zu nehmen oder alles zu geben. Die Stimmung ist gedrückt. In Minutenabständen kommen Menschen vorbeigeeilt. Irgendwann verliere ich mein Zeitgefühl.

»Pac.«

Ich schrecke hoch und streiche mir die Haare aus dem Gesicht.

»Mhm?«

Damian sieht schlimm aus.

»Mom, Les und Julien sind da.« Er deutet ans Ende des Flures. Als sie uns sehen, beschleunigen sie ihre Schritte. Draußen ist es stockdunkel.

»Kinder!« Wir enden in einer Umarmung.

»Wo ist er?« Marie sieht sich um.

Müde deute ich auf das anliegende Zimmer. »Wir dürfen nicht zu ihm«, sage ich noch schnell.

Marie drückt die Türklinke herunter. »Mir kann doch niemand verbieten, Curtis zu sehen.« Ich betrete hinter ihr das Zimmer.

Langsam setzt Curtis sich auf. Seine Mundwinkel biegen sich nach oben, als er mich sieht.

Diese beschissenen weißen Krankenhausbetten.

Meine Schritte tragen mich automatisch zu ihm.

»Marie, Damian und Schneewittchen, gut dass ihr hier seid. Können wir jetzt aber bitte ganz schnell wieder verschwinden? Ich glaube, die eine Krankenschwester holt gerade noch mehr Papier, damit auch ihre Freundinnen ein Autogramm von mir haben.«

Wir lachen und Curtis nimmt seine Tasche, setzt sich seine Sonnenbrille auf und greift nach meiner Hand, bevor wir zusammen durch den Krankenhausflur laufen. »Der Doc hat mir aufgeschrieben, dass ich einen beidseitigen Hörsturz habe, aber nur vorübergehend taub bin und er medizinisch nichts für mich tun kann. Ich hab ihn dann gefragt, ob er wenigstens für mich das neue Album einsingen kann.« Damian und ich lachen.

Als wir auf den Parkplatz hinaustreten, ist es noch immer Nacht. Mein Handy vibriert in meiner Rocktasche und ich ziehe es heraus. Eine unbekannte Nummer.

Rufen Sie mich bitte umgehend zurück.

3 verpasste Anrufe

Ich wähle die Nummer und drücke auf den grünen Hörer.

»Hallo?«

»Guten Tag, Mrs. Smith hier, Krankenhaus `Boston`. Raven Obyn ist vor einer halben Stunde aufgewacht und verlangt dringend, Sie zu sehen.«

»Was?«

»Raven Obyn, sie ist vor einer halben Stunde aufgewacht und ...«

»Ach du heilige Scheiße.«

Ich lege auf und beginne zu heulen. Curtis nimmt mir mein Handy aus der Hand und inspiziert die Nummer.

»Sie ist aufgewacht.«

Marie dreht sich ruckartig zu mir um. »Was?«

Ich nicke, kann gar nicht mehr aufhören damit.

♫

Obwohl es mir schwer fällt, Ruhe zu bewahren, setze ich mich, zu Hause angekommen, im Schneidersitz auf meinen Zimmerboden und ordne alle Briefe, um sie in Umschläge zu stecken und zu einem Paket zusammenzubinden.

Heute ist Freitag, der dreizehnte Juli.

Ich habe die ganze Nacht nicht geschlafen.

Gleich werden Curtis und ich nach `Boston` fahren.

Robyn liegt seit dem vierundzwanzigsten Dezember letzten Jahres im Koma.

Dazwischen liegen zweihundertundein Tag.

Das sind achtundzwanzig Wochen und fünf Tage.

Alle Menschen hassen Freitag, den Dreizehnten.
Ich lächle.
Dabei ist das der beste Tag von allen.

☾

[31]
Adanna

Vor mir erstreckt sich der vertraute knallgelbe Linoleumboden.
Ich sehe Mom auf dem Stuhl sitzen, die High Heels fein säuberlich
neben sich, wie sie lächelt, während sie `Candy Crush` zockt und mit
den pink lackierten Zehennägeln wackelt.

Ich blinzle, und der Stuhl vor mir ist leer.

»Paige«, sagt Curtis leise, als uns eine Krankenschwester entgegen-
kommt.
Wir müssen ziemlich verloren aussehen.
Sie wirft uns ein mitleidiges Lächeln zu, bevor sie stehen bleibt und
ihr Klemmbrett zückt.
»Und Sie sind?«
Ich sehe hilfesuchend zu Curtis. Normalerweise hat er immer das
Reden übernommen, wie Mom und Robyn ... und Les.

»Ich bin Paige Courtney ... und wir möchten zu Raven Obyn«, stotter-
ich.
»Oh. Sie wurde kürzlich verlegt.« Sie sieht fast erleichtert aus, weil sie
jetzt weiß, dass wir keine kranken Waisenkinder oder Krebspatienten
sind.
Die Schwester nennt uns noch Zimmernummer und Station. Als wir
uns gerade umwenden wollen, werden ihre Augen groß.
»Oh mein Gott!« Curtis spannt sich an.

»Sie sind Curtis Moore. Und PAC!« Wir sehen uns an und schnell wird mir klar, dass ich diesmal diejenige bin, die die Situation auf die Reihe kriegen muss.

Ich lache hysterisch. »Das bekommen wir oft gesagt. Ist ja witzig. Wir sollten Christopher und mich als Doubles vorschlagen!«
Curtis sieht die Frau zuckersüß an.
Für einen winzigen Moment mustert mich die Krankenschwester intensiv.
Ich wünsche mir meine alte Geborgenheit zurück, in der ich keine Sängerin namens PAC bin, die durch ein paar Sekunden in Unterwäsche bekannt wurde.
Wir schweigen für einen Augenblick. In ihrem Blick liegt Verwirrung, fast Erkennen, doch dann sinken die Mundwinkel der Krankenschwester enttäuscht nach unten.
»Entschuldigung wegen der Verwechslung.«
»Kein Ding, Sie sind ja nicht die Erste.« Ich lächle erleichtert und Curtis zieht mich schnell von ihr weg, bevor sie doch noch checkt, dass ich sie angelogen habe.
Er schaut mich an. »Ich hab zwar kein Wort verstanden, aber deine Blicke haben Bände gesprochen, Schneewittchen.«

Die Flure scheinen unendlich zu sein.
Aber aus einem Zimmer tönt leise One Direction.
Von Gefühlen überwältigt, reiße ich die Zimmertür auf und sehe sie.
Robyn liegt, die Decke bis zum Kinn hochgezogen, auf dem Bett und blinzelt müde, bevor sie übers ganze Gesicht strahlt, in einer langsamen Bewegung die Decke zurückschlägt und auf uns zukommt.
»Baby!« Sie breitet die Arme aus und zieht mich für ein paar Sekunden

an sich, ehe sie mich erschrocken von sich weg hält und mir über die Arme und Schultern streicht.

Sie lässt mich los und winkt Curtis. »Hi, ominöser Fremder in meinem Krankenhauszimmer.«

Er schaut mich daraufhin fragend an.

Ich tippe das, was sie gesagt hat, in mein Handy und zeige es ihm.

Er lacht.

Ich zeige Robyn das Briefpaket und lege es auf das Bett, neben dem auf dem Boden ihre ausgeleerte Handtasche liegt.

»Ist er taub?«, fragt Robyn mich.

»Momentan.« Sie nickt nachdenklich und lächelt mich an.

Plötzlich verdrehen sich ihre Augen und ich weiß, dass sie gleich umkippen wird. »Wow.« Sie fällt nach vorne um.

Ich fange sie auf und tätschle panisch an ihr herum.

Curtis überlegt nicht lange und drückt den roten Knopf. Sofort stürmen Ärzte in unser Zimmer, die Robyn auf eine Trage packen und sie hinausverfrachten.

Mein eigener Zusammenbruch ist auf dem Weg.

Curtis setzt sich auf den Stuhl am Fenster. Als die Tür sich von außen schließt, seufze ich und mache mich daran, das Chaos in Robyns Krankenhauszimmer zu beseitigen.

Ich lächle amüsiert, weil einfach nichts sie davon abhalten kann, unordentlich zu sein.

»Sie raucht?« Curtis deutet auf die selbstgedrehten Zigaretten neben dem Bett und ich schüttle nur lachend meinen Kopf, bevor er auf dumme Ideen kommt.

Im Regal stehen ein paar abgewetzte Brettspiele und Sachbücher, aber ich wende mich ab und kicke nervös mit meiner Fußspitze an den winzigen Tisch.

Die Tür geht auf. Ein Arzt mit einem Klemmbrett und Gummihandschuhen kommt ins Zimmer. Er zieht sie von den Fingern und reicht uns die Hand. »Guten Tag.«
Curtis deutet ein unsicheres Winken an.
»Hallo. Er kann Sie nicht hören.«
»Ach so, verstehe. Raven wird jetzt strenge Bettruhe verordnet, wir müssen zuerst prüfen, ob eine Amnesie vorliegt.«
»Aber wir dürfen sie doch besuchen, oder?« Meine Stimme klingt ungewollt ängstlich.
»Ja natürlich, aber voraussichtlich erst morgen. Raven hatte einen Schwächeanfall, da sie ihrem Kreislauf in den letzten Stunden zu viel zugemutet hat. Ich gebe Ihnen morgen nach der Untersuchung telefonisch Bescheid.«

♫

Ich komme aus dem Bad unseres Hotelzimmers und bleibe dann verlegen im Türrahmen stehen. Curtis zieht sich sein Shirt aus und greift nach einem anderen. Er hat ein neues Tattoo auf dem Arm. Leslie, die in der einen Hand einen Luftballon hält und in der anderen Theo und mit geschlossenen Augen grinst. Das neue Tattoo ist direkt über seinem eXtRaVaGant-Schriftzug.

Nachdem Curtis sich das neue Shirt übergezogen hat, legt er sich aufs Bett.

»Es ist echt Scheiße, dass ich dich nicht hören kann.« Er lacht und ich setze mich neben ihn.

»Wie machst du jetzt mit der Musik weiter?«, fragt Curtis mich.

»Single«, sage ich und Curtis schaut mich wieder an. »Noch mal, ich versuche deine Lippen zu lesen.«

»S-i-n-g-l-e.«

»Single?« Ich nicke.

»Welcher Song?«, fragt er mich.

»Kennst du nicht«, antworte ich langsam.

»Warum nimmst du kein Album auf oder eine EP mit `Whataboutism.` und `Stay alive.` und dem Song, den du an dem einen Morgen im Hotel geschrieben hast?« Er sieht mich nachdenklich an.

»Dumme Idee.«

»Warum?« Er stützt seinen Kopf auf und ich schaue ihn gespielt verärgert an. »Kannst du mal bitte aufhören, so ein guter Lippenleser zu sein?«

»Nein?« Curtis lacht.

»Ich hab Angst zu fallen«, murmle ich und lege mich neben ihn.

Curtis grinst und nimmt mein Gesicht in seine Hände.

»Ich werde dich auffangen, Schneewittchen.«

Unsere Gesichter befinden sich direkt voreinander, sein Atem trifft auf meinen.

Mein Handy klingelt und Curtis lacht laut, als ich verlegen danach greife und es an mein Ohr halte, bevor ich schnell meine Hand auf seinen Mund lege, damit er aufhört.

»Ich habe nach der Untersuchung heute Morgen total vergessen, ihnen Bescheid zu sagen. Sie dürfen Raven Obyn jetzt besuchen.«

Ich lege auf, nehme meine Hand von Curtis' Mund und wir prusten laut los.

☼

♫

Ich klopfe an die Tür zu Robyns Krankenhauszimmer.

Nichts.

Noch einmal.

Wieder nichts.

Curtis drückt die Türklinke herunter und öffnet sie. Sofort weht mir Robyns unverkennbarer Geruch entgegen.

»Robyn?« Keine Antwort.

»Oh mein Gott.« Das Zimmer ist leer, auf dem Bett liegen zwei geöffnete Briefe, der Rest des Bündels liegt in einem Regal. Ich bekomme Angst.

Curtis nimmt meine Hand und nickt dann in Richtung Gang. »Komm, wir suchen sie.«

Im ganzen Krankenhaus finden wir keine Spur von ihr.

Ich verfalle immer mehr in Panik.

»Sie ist nicht hier.« Die ersten Tränen sammeln sich in meinen Augen. An der Rezeption können sie uns auch nicht weiterhelfen, weil sie nicht einfach so Videos der Überwachungskamera herausgeben, vor allem nicht an zwei Teenager. Auch dann nicht, wenn sie berühmt sind, wie Curtis' vergeblicher Versuch gezeigt hat.

»Was machen wir jetzt?«

Curtis zuckt mit den Schultern und deutet hinaus. »Es wird schon dunkel.« Vielleicht taucht sie ja später auf. Bei Robyn weiß man nie.

Richtig skeptisch werde ich erst, als der Arzt von gestern ins Krankenhauszimmer kommt.

»Ihr seid noch da?« Ich nicke.

☾

»Und Raven? Sie ist nicht zu ihrem Termin um vierzehn Uhr erschienen. Ich dachte, ihr hättet vielleicht etwas miteinander unternommen.«

Ich schüttle meinen Kopf. »Wir suchen sie seit heute Mittag.«

»Das ist ja komisch. Heute Morgen war alles in Ordnung. Ich habe sie heute Vormittag einen Stapel Briefe lesen sehen. Nach der Untersuchung heute Nachmittag hätte sie ohnehin zu ihren Eltern nach Hause gehen dürfen. Vielleicht hatte sie ja einen Erinnerungsschub.«

♫

Ich sehe Robyn überall, in jedem Gesicht. Überall höre ich ihren Namen, wenn ich auf der offenen Straße bin. Vor allem aber ist es die Stimme aus meinem Unterbewusstsein, die mich langsam, aber sicher verrückt macht.

Es ist der reine Horror.

In dieser Stadt begegne ich jeden Tag Leuten, die ich einmal kannte. Wir sind mitten in den Sommerferien und die Tour der Jungs ist beendet. Überall sehe ich Shorts, bauchfreie Shirts und kurze Röcke. Die drückende Luft schreit für fast alle Jugendlichen nach Eis und Schwimmbädern.

Ich jedoch laufe mit gesenktem Blick, Sonnenbrille und weiter, schwarzer Kleidung durch die Straßen. Ich kann noch nicht aus Boston weg. Seit dem Anruf vom Krankenhaus, unserem überstürzten Aufbruch und dem Beginn der Suche ist fast eine Woche vergangen.

Ich laufe eine der Hauptstraßen Bostons entlang, als mich ein großer dünner Mann ablenkt, dessen Bekleidung sich auf Boxershorts, ein riesiges Hemd und eine Sonnenbrille beschränkt.

☼

Er rennt die Straße entlang, in seiner Hand hält er ein Handy mit Polaroidbildhülle, das wie meins aussieht.

Bitte lass es nicht das sein, wofür ich es halte.

Curtis fucking Moore rennt, als sei der Teufel persönlich hinter ihm her. Dann steht er vor mir, mit weit aufgerissenen, lodernden Augen und hält mir mein Handy ans Ohr.

»Hallo?«, stottere ich.

»Baby?«

Ich schlage meine Hände vor den Mund. »Meine Güte, Robyn! Wo bist du?«

Schluchzend nennt sie mir eine Adresse und in meinem Magen macht sich immer mehr ein ungutes Gefühl breit.

»Was stellst du nur immer an?«, flüstere ich, aber ich bin mir nicht sicher, ob sie es durch das Weinen gehört hat.

♫

Blaulicht, als wir in die Straße einbiegen.

Am Straßenrand stehen Polizisten. Meine Hände zittern, als ich die Autotür öffne.

Man sieht Robyns Haare schon aus einiger Entfernung leuchten. Sie wehen im Wind, was sie ein bisschen aussehen lässt wie ein Gespenst, auch weil sie noch immer das weiße Krankenhaushemd anhat. Neben ihr steht ein Mädchen, das einen halben Kopf kleiner ist, eine schwarze Bluse mit impressionistisch gezeichnetem Obst trägt und einen Afro, der aussieht wie ein Heiligenschein.

Nachdem wir unsere Ausweise vorgezeigt haben, dürfen wir durch.

☽

Robyn und ich rennen aufeinander zu, fallen uns in die Arme und atmen den vertrauten Duft ein. Ich sehe für einen winzigen Moment ihre Grübchen und die geraden weißen Zähne, aber ihre blauen Augen leuchten nicht. Dann umarmt sie mich noch einmal.

»Hi, ich heiße Adanna und das ist Abbey.« Das Mädchen lächelt mich an. Erst jetzt entdecke ich die Hündin mit den wilden Locken, die neben ihr auf dem Boden sitzt und mich aus ihren großen Hundeaugen anschaut.
»Ich bin Paige.« Wir umarmen uns.
Curtis taucht hinter uns auf und wir laufen zu viert zu seinem Auto auf der anderen Straßenseite.

Robyn setzt sich vorne auf den Beifahrersitz. Adanna, deren Handy ununterbrochen klingelt, und ich rutschen auf die Rückbank. »Willst du nicht rangehen?«, murmelt Robyn. Adanna schüttelt benommen den Kopf. Abbey sitzt auf ihrem Schoß und blickt sich neugierig um. Im Licht der vorbeiziehenden Straßenlaternen mustere ich Adannas Gesicht genauer. Hohe Wangenknochen, volle Lippen und hellbraune Augen. Dann fällt es mir wie Schuppen von den Augen. »Ich kenne dich.« Adanna zieht die Brauen nachdenklich zusammen. »Nee, da musst du mich verw-«
»Du kennst mich natürlich nicht. Du standst bei dem `Bonnaroo-Festival` in der ersten Reihe. Und du konntest alle Texte auswendig«, unterbreche ich sie.
Und die ganze Zeit hast du Sascha angestarrt, füge ich gedanklich hinzu.
»Und beim Meet and Greet warst du auch«, erinnere ich mich und grinse, als ich an ihre glühenden Wangen und die leuchtenden Augen denke.

☼

Es ist so wunderbar, was Musik in Menschen auslösen kann.

Curtis' von der riesigen Sonnenbrille verdecktes Gesicht dreht sich im Rückspiegel zu mir und dann zu Adanna.

Gleich bekommt sie den Schock ihres Lebens.

»Moment mal.« Adanna sieht mir direkt in die Augen und grinst noch breiter. »Du bist PAC.«

Oh ja. »Du kannst mich Paige nennen.«

»Aber ...« Sie sieht zwischen Robyn und mir hin und her.

»Leute, könnt ihr mir mal erklären, was hier abgeht?« Robyn wirft uns verständnislose Blicke zu.

»Lies die Briefe«, lache ich.

»Übrigens«, ich lehne mich betont gelassen in meinen Sitz. »Hast du dir alles in diesem Auto ganz genau angeschaut?«

Adanna lehnt sich ruckartig vor, als sie erkennt, dass es sich bei dem jungen Mann mit der Sonnenbrille um Curtis Moore handelt.

Abbey zuckt erschrocken zusammen, und dann bekommen meine Ohren die lautesten Töne zu hören, die sie jemals aushalten mussten.

»Kurz nach dem **Bonnaroo** ist Jules richtig angepisst zu mir gekommen und wollte, dass ich Sascha klar mache, dass du nicht auf ihn stehst«, erzähle ich Adanna kichernd und sie fällt in mein Lachen mit ein.

»Und was hast du dann gesagt?«, fragt sie mich und ich grinse.

»Ich habe ›Aleeeeeec gerufen, weil ich mit der Situation überfordert war«, ich kichere wieder, bevor ich weiterspreche und Curtis im Rückspiegel eine Augenbraue nach oben zieht.

»Und dann hab ich gesagt: ›Sascha, du weißt, dass ich euch liebe, aber sie hat Damian angehimmelt, genau wie alle anderen vor der Bühne‹, das hat ihn richtig getroffen.« Adanna, Robyn und ich kriegen einen Lachanfall und Curtis schmunzelt, als er uns so sieht.

Ich kann meinen Blick nicht von seinem Gesicht im Rückspiegel lösen.

»Oh mein Gott, ich habe ganz sicher keinen Crush auf Damian Winter!«, meint Adanna, als sie wieder Luft bekommt. Dann sieht sie grinsend aus dem Fenster und deutet mit dem Finger hinaus. »Da vorne ist das Hotel.«

Robyn winkt ab. »Ach was, ihr kommt alle mit zu mir.«

Adanna sieht sie ungläubig an. »Was?«

»Das ist das Mindeste.«

»Wow«, murmelt Adanna neben mir, krault Abbeys Hals und rutscht noch etwas näher an die Scheibe, um sich daran die Nase platt zu drücken.

♫

»Sie schnarcht«, murmelt Adanna neben mir verschlafen und reibt sich die Augen.

»Ich weiß.«

Gestern Abend hat Robyn uns Klamotten zum Schlafen gegeben und wir haben uns irgendwie zu dritt in ihr Bett gequetscht. Abbey liegt an unserem Fußende und Curtis auf der Couch im Wohnzimmer.

Robyn ist durch unser Geflüster wach geworden und hebt den Kopf. »Mhm?«

»Wollt ihr mir jetzt vielleicht mal erzählen, was los war?«

Ich blicke in zwei Pokerfaces, woraufhin sich die beiden Mädchen für ein paar Sekunden ansehen.

»Das ist eine lange Geschichte, Baby.« Robyn hebt leicht ihre Mundwinkel, aber das Lächeln erreicht ihre Augen nicht.

☼

Wir machen die Nachttischlampe an und Robyn atmet mehrfach tief durch, bevor sie zu sprechen beginnt. »Weißt du, du hattest recht in deinen Briefen. Steven ist ein Arschloch. Aber kein gewöhnliches – nicht so wie Domenico. Er ist gefährlich. Und ich hätte es ahnen müssen, aber ich war einfach blind. Ich habe nicht gesehen, wie toxisch unsere Beziehung war, wie einseitig, wie abhängig. Auch nicht, als er irgendwann ständig online unterwegs war und angefangen hat, vom organisierten Verbrechen zu faseln und mich echt schräge Sachen zu fragen. Und nie hätte ich geahnt, dass Steven in der Lage wäre, wirklich so etwas zu tun.«

Sie bricht ab. Sammelt sich, spricht weiter.

»Paige ... Steven hat versucht, mich umzubringen. Es war mir nicht sofort klar, weil die Erinnerungen so verschwommen waren, aber er hat mich damals absichtlich abgefüllt und er hat dafür gesorgt, dass ich in diesen Baum gekracht bin. Kurz davor ist er aus dem Auto gesprungen.«

Ich bin so geschockt, dass ich kein Wort herausbringe, sondern nur still nach ihrer Hand greife.

»Und dann die Rosen ... Steven ist der Grund, weshalb ich die letzten Tage von der Bildfläche verschwunden war. Ich hatte solche Angst ... Ada hat mich gefunden.« Robyn drückt Adannas Hand und lächelt traurig.

Adanna findet als Erste ihre Sprache wieder, sicht uns aus riesigen Augen an. »Was machen wir jetzt?«

»Wir behalten das für uns und passen aufeinander auf. Ich glaube nicht, dass Steven es noch einmal versuchen wird.« Robyn klingt entschlossener, als sie sein kann.

Und das war nicht die ganze Geschichte.

Aber sie und Adanna sind nicht die Einzigen mit einem Geheimnis und für heute Nacht muss es ausreichen, dieses eine zu teilen.

☾

Robyn hat so viel durchgemacht und muss völlig erledigt sein.
Immerhin sind wir zusammen.
Und Steven wird nicht davonkommen.

☼

[32]
Malibu

Ein markerschütternder Schrei reißt mich irgendwann mittags aus meinem Schlaf. Ich schrecke hoch und mein Kopf stößt leicht an Robyns. Adanna blinzelt verschlafen.

Wir laufen zu dritt raus auf den Flur mit dem eiskalten Marmorfußboden und Abbey tapst uns hinterher. Unten höre ich zwei Stimmen angeregt diskutieren. Robyn runzelt die Stirn und in den rosa Pantoffeln, die bei jedem Schritt tapsende Geräusche hinterlassen, geht sie uns voran die Treppe hinunter.

»Hallo, Raven Alice. Schön, dass du wieder hier bist. Was sucht dieser Grufti in unserem Wohnzimmer? Hat er etwas mit deinem Verschwinden zu tun? Paige, was für eine schöne Überraschung. Und wer bist du?«

»Adanna Okocha.« Ada streckt Audrey die Hand hin, die diese jedoch ignoriert und Ada stattdessen von oben herab ansieht.

Curtis stellt sich dicht neben mich und streift meine Hand mit seiner. Ich sehe ihn aus dem Augenwinkel an, er zwinkert mir zu. Robyns sonst zartes Gesicht ist wutverzerrt und angespannt.

Während ich Adas Hand nehme, mustert Audrey Curtis weiterhin, als sei er ein Insekt. »Wo ist Steven? Weiß er, dass ein Fremder hier übernachtet hat? Raven Alice, ich rede mit dir.«

Ada, Robyn und ich spannen uns augenblicklich an.

»Ich denke, das geht ihn überhaupt nichts an. Steven ist in Untersuchungshaft.«

Audrey schnaubt. »Warum das denn?«

»Mom, frag die Polizei. Sie haben dich bestimmt zehnmal angerufen, bevor sie Ada und mich nach megaviel Protest mit Paige und Curtis haben mitfahren lassen.«

Ada will sich aus meinem Griff befreien, aber ich drücke ihre Hand fester.

»Darüber sprechen wir, wenn dein Besuch weg ist. Wie ich sehe, sind alle dabei, jetzt zu gehen!« Audrey sieht uns aus ihren eisblauen Augen an.

»Schön. Sie sollen gehen, aber ich gehe auch«, meint Robyn ungerührt und macht einen Schritt zurück.

»Okay, ich verstehe. Aber dann kannst du selbst zusehen, wie du dein Leben auf die Reihe bekommst. Mit unserer finanziellen Unterstützung kannst du jedenfalls nicht rechnen.«

»Schön.« Nichts als Hass liegt in Robyns Stimme. Ada sieht angespannt auf unsere Hände. Ich nicke, um ihr zu versichern, dass ich sie nicht loslassen werde.

»Dann wollen wir mal sehen, was du ohne das ganze Geld anfängst, das wir dir immer in den Arsch geschoben haben. Deine Kreditkarte wird selbstverständlich gesperrt.« Audrey steht die Genugtuung ins Gesicht geschrieben.

Ada drückt meine Hand fester.

»Oh, ich hasse dich«, flüstert Robyn, bevor sie sich umdreht und die Treppe nach oben stürmt.

In meinen Augen sammeln sich Tränen, Tränen der Wut. Abbey beginnt zu knurren, aber als Ada sich runterbückt und sie auf den Arm nimmt, schnauft sie nur noch sehr aufgebracht. Als ich mit ihr und Curtis im Schlepptau das Wohnzimmer verlasse, höre ich, wie Audrey murmelt: »So eine Enttäuschung.«

»Timothy!«, kreischt sie.
Robyns Vater, der in der offenen Küche am Herd steht, schüttelt den Kopf. Statt seiner Frau beizustehen, lächelt er mich an.
Curtis nickt mir zu und läuft mit Ada die Treppe hoch. Es ist besser, wenn alle herausgehalten werden.
»Lange nicht mehr gesehen, Paige.« Er schließt mich in seine Arme.
»Pass auf meine Tochter auf.« Ihr Vater war schon immer einer von den Guten.
Er liebt Robyn wirklich.
Timothy ist der beste Freund meines Dads, ich kenne ihn schon, seit ich denken kann. Und er war mit ihm zusammen bei jedem einzelnen unserer Auftritte.

Robyns vorhin noch so ordentliches Zimmer ist das reinste Chaos. Sie stopft ihre Kleider und die vielen Noten mitsamt den Tagebüchern und dem Laptop in einen großen Koffer, bevor sie sich im Bad alle Utensilien zusammenschnappt, sie in einem Waschbeutel verstaut und auch den noch in den Koffer quetscht.
Curtis nimmt ihr den Koffer ab und trägt ihn hinunter.

Ada sieht mich mit diesem ausdruckslosen, stillen Blick an.
Und ich weiß genau so wenig wie John Green, ob sie in einem Tagtraum tanzt oder das Gewicht der Welt trägt.

»Und was machen wir jetzt?«, frage ich Curtis, als wir mit dem Koffer vor Robyns Elternhaus stehen.

☾

Plötzlich schaut Curtis mich an, stürmt auf mich zu und wirbelt mich lachend herum.

»Äh, stopp«, kreische ich überrascht und halte mich an seinen Schultern fest.

»Ich bin zwar der beste Lippenleser der Welt, aber es hat mich glücklich gemacht, deine Stimme zu hören und nicht nur zu sehen, dass du etwas sagst.«

Ich schlage mir die Hände vor den Mund und Curtis stellt mich zurück auf den Boden und grinst.

Robyn und Ada stellen sich ahnungslos zu uns.

»Malibu?« Curtis sieht mich fragend an.

Ich schaue zu Robyn.

»Malibu?«, frage ich sie und Ada.

»Wow«, sagt Ada wieder nur und wir lachen, bevor wir ins Auto einsteigen und ich in meinen Kontakten nach Alecs Nummer suche.

♫

Curtis und Damian haben Alec, Ada, Sascha, Robyn, Jules und mich mit zu ihrem Ferienhaus genommen.

In Malibu ist immer alles wundervoll.

»Geil.« Robyn reißt mir die Einkaufstüten aus der Hand und fällt über die Süßigkeiten her. »Wo sind denn alle hin?«, frage ich verwirrt.

»Unten am Meer. Hab übel die Unterleibsschmerzen.«

Ich stelle die restlichen Tüten auf unsere Kücheninsel und lasse mich auf einen der Stühle fallen.

»Hast du deine Tage?«, frage ich sie und greife nach einer Flasche Wasser.

☼

Sie sieht mich an und sieht dann ängstlich an sich herunter.

»Hast du einen Tampon?« Sie verzieht entschuldigend das Gesicht.

Ich greife lachend in die Einkaufstasche und werfe ihr eine Packung zu.

»Du wirst für immer dreizehn bleiben, Robyn. Ich weiß es.«

Nach ein paar Minuten kommt sie aus dem Bad zurück und bleibt im Türrahmen stehen.

»Warum hast du mir die Briefe geschrieben?«, fragt sie mich.

»Ich wollte nicht, dass du das Gefühl hast, etwas verpasst zu haben, wenn du aufwachst. Und weil ich nicht wusste, mit wem ich sonst über alles reden kann.«

»Du hast mit den Briefen die Welt für mich angehalten, Paige.« Robyn drückt meine Hand und wir lächeln uns an.

»Die Jungs nehmen ihr neues Album auf.«

»Damit tötet Curtis sein Gehör.« Ich starre in die Leere.

»Du kennst ihn mit Damian am besten. Dir ist wohl am meisten bewusst, dass Curtis Moore seine eigenen Bedürfnisse immer hinter die von eXtRaVaGant stellt.«

In diesem Augenblick falle ich. Aber ich komme nicht am Boden auf, sondern schwebe in der Leere und fühle mich weder dem Oben noch dem Unten zugehörig.

Während ich schwebe, habe ich Curtis' Gesicht und seine zerbrechliche Figur vor Augen und wie er fliegt.

Aber nicht nach oben, nein, er fällt wie ich.

Nur schneller und unkontrollierter und kurz bevor er auf dem Boden aufschlägt, renne ich hoch ins Bad, schließe die Tür hinter mir zu und knie mich vor die Kloschüssel.

☾

♫

Sascha und Ada verbringen ihre gesamte Zeit zusammen unten am Meer, schwimmen, trinken Alkohol und feiern bis in die frühen Morgenstunden. Sie trägt seine Shirts und rasiert seinen Bart, er kauft ihr Zigaretten und Gras und nimmt sie mit zu Partys. Wenn Sascha über sie redet, sagt er immer »mein Mädchen« und sie verhalten sich, als wären sie ein Pärchen.

Ich höre sie im Nebenzimmer. Leise Gitarrenakkorde ertönen, vermischt mit Saschas schnellen Worten und Adas Lachen. Dann ist es kurz still und ich schmunzle, als ich erst Saschas und dann Adas Stimme vernehme.

Adanna Okocha – Rockstar (I was only sixteen)

```
        (Sascha)
     The beginning
 of this song could be you
      saying that
     you adore me.
       (Adanna)
     You're funny.
```

Erste Strophe
```
Gonna look up at the night sky of Vermont
 with my mind full of thoughts 'bout us,
              us.
There are people that I kinda like
     and then there's you:
  Got a big house full of money
   and could have everything.
```

☼

```
Gonna have a pretty boring life
with my mind full of thoughts 'bout us,
                us.
This whole thing never makes sense 'cause you're
               away.
I feel like smothering and you're flying to LA
               today.

              Chorus
But you just sit by the beach
        with your bass,
      looking at the stars.
If you wouldn't be a rockstar,
you would've ended up in jail because of bored-
               ness,
        you're such a jerk.
```

Die Musik bricht ab und ich rufe lachend: »Lasst den Dialog am Anfang drin, der ist geil!«

»Schau, Paige will auch, dass du sagst, dass du mich verehrst«, meint Sascha zu Ada.

»Äh, nein!«, schalte ich mich kichernd wieder ein, »ich finde es nur sehr umwerfend, wie du sie zwingst, das zu sagen, Sascha.«

»Danke! Ich liebe dich, Paige!«, ruft Ada und ich lache wieder. »Ich dich auch, Süße!«

»Ich dachte, ihr liebt mich«, sagt Sascha.

»Äh, nein, ganz sicher nicht.« Ada lacht laut und Robyn läuft in den Flur und ich sehe, wie sie in Saschas Zimmer abbiegt.

»Find dich damit ab. Jeder hier liebt Paige mehr als dich«, meint Robyn kichernd und ich verdrehe die Augen.

(

Adanna Okocha - Rockstar (I was only sixteen)

Oh baby, never take me back to crying rivers
in my town.
Oh baby, never take me back, ouuh.

Oh boy, I can't live without you sitting there
all day.
Oh boy, don't try to make me put on this
damn smile on my face.
I am not happy at all because nothing here will
stay.

Bridge
All the photographs,
all the movie-like kisses,
all the party nights I was dancing high
in your light.
The weed u gave me that I smoked
and all the cigarettes, you aesthetic murderer.

When I was only sixteen
When I was only sixteen

Zweite Strophe
Gonna call him at midnight
(hope that's alright)
with my mind full of thoughts 'bout us,
us.
You seem arrogant but insecure and maybe
that is it.

☼

When I'm at home again I'll miss this more
than anything.

Gonna have a pretty boring life
with my mind full of thoughts 'bout us,
us.
This whole thing never makes sense 'cause
you're away.
I feel like smothering
and you're flying to LA today.

Chorus
But you just sit by the beach
with your bass,
looking at the stars.
If you wouldn't be a rockstar,
you would've ended up in jail because of
boredness,
you're such a jerk.
Oh baby, never take me back to crying rivers
in my town.
Oh baby, never take me back, ouuh.

Oh boy, I can't live without you sitting there
all day.
Oh boy, don't try to make me put on this
damn smile on my face.
I am not happy at all because nothing here
will stay.
Ououoh!

»Kommst du mit zum Strand?«, Jules macht einen Schritt in Curtis'
Zimmer, hinter ihm steht Robyn und winkt mir grinsend zu. Sascha
trägt Ada huckepack, die umher zappelt und lacht, und läuft mit ihr
durch den Flur.
Ich sehe wieder zu Jules und grinse. »Nee, ich schreib grad, aber ich
wünsch euch ganz viel Spaß.«

Es ist Mittag und ich sitze hier, auf Curtis' Bett im `Golden State`
und haue mit meiner Schreibmaschine Worte aufs Papier.
Licht flutet den Raum mit den hohen Wänden.

Ich weiß, dass Curtis im Türrahmen steht und mich beobachtet. Als
ich nicht zu ihm aufblicke und grinse, wie ich es sonst immer tue,
sondern mir nur lächelnd auf die Unterlippe beiße und weiterhin auf
mein Blatt schaue, läuft er durch den Raum ans Bett.

Im nächsten Moment greift er nach meiner Schreibmaschine, klemmt
sie sich unter den Arm und rennt damit durch sein riesiges Zimmer in
den Flur. Ich laufe hinter ihm her, die Treppe runter und raus in den
Garten.
Als er sieht, dass ich ihm folge, schlägt er den Weg zum Strand ein.
Dort angekommen, rennt er auf den Steg, wo sich die anderen lachend
unterhalten.
Ich zögere kurz, dann laufe ich ebenfalls weiter.
Robyn, Sascha, Damian und Alec sind die ersten, die ins Meer sprin-
gen. Ada zwinkert mir zu und hüpft dann zeitgleich mit Jules ins
Wasser.
Ich drehe mich zu Curtis, der am Ende des Stegs steht, und versuche,
meine Schreibmaschine zu fassen zu bekommen, die er wackelig in
die Höhe hält, als würde er sie gleich fallen lassen.

»Schneewittchen? Vertragen so Maschinen eigentlich Wasser?«, fragt
er, mustert mich von oben bis unten und lässt das schwarz glänzende
Gehäuse ein Stück runter.

Ich gehe auf ihn zu und will danach greifen, aber er hebt die Schreibmaschine wieder so weit nach oben, dass ich nicht dran komme.
»Die wird langsam ein bisschen schwer.«
»Du bist der größte Idiot, den ich kenne, Curtis Moore!«
»Äh, danke?« Er lässt die Schreibmaschine belustigt ein kleines Stück
sinken und genau in dem Moment, in dem ich wieder danach greifen
möchte, stellt er sie mit einer einzigen schnellen Bewegung neben
sich auf den Steg, legt seinen linken Arm unter meine Kniekehlen
und seinen rechten unter meinen Rücken, zieht mich an seinen
Körper und springt mit mir ins Meer.

Als wir wieder auftauchen, schnappe ich nach Luft und Curtis lässt
mich los. Seine Haare sind nass und er sieht mich an, als wäre ich das
einzige Mädchen auf der ganzen Welt.
»Wofür war das denn?«, bringe ich stotternd raus und versuche, nicht
in seinen goldenen Augen zu versinken. Curtis zuckt grinsend mit
den Schultern.
»Ich wollte dich ins Wasser bekommen.« Ich spüre seinen Atem auf
meinen Lippen, als er mir meine nassen Haare aus dem Gesicht
streicht und mir die Hitze ins Gesicht schießt.
Die Wellen sind hoch und mein Herz klopft unglaublich schnell.
Curtis schmunzelt, als er meinen verwirrten Gesichtsausdruck sieht.
Sein Körper befindet sich nur ein paar Zentimeter von meinem entfernt und etwas in mir schreit danach, von ihm berührt zu werden.
»Aber war-«, ich unterbreche mich selbst und vergesse zu atmen, als

☾

ich merke, dass Curtis mir gar nicht zuhört, sondern sein Blick die ganze Zeit von meinen Augen zu meinen Lippen wandert.

♫

Sonnenuntergang am Strand in `Malibu`. Adanna spielt ein paar Gitarrenakkorde, während sie sich mit Sascha unterhält, der einen Schluck Bier aus seiner Flasche nimmt und sie beobachtet. »Gibst du mir meine Gitarre wieder?«, fragt Sascha sie und küsst ihre Schulter. Ada schüttelt grinsend ihren Kopf und schlägt die Akkorde zu `Infinity` an, die mir mittlerweile, nach der Tour, in Fleisch und Blut übergegangen sind.
Sie lächelt mich an und nickt mir zu, als ich den Mund öffne, um die ersten Worte zu singen.
Und ab dem zweiten Satz singen wir zweistimmig, als hätten wir nie etwas anderes gemacht.

Noch bevor die letzten Töne verklungen sind, jubelt Damian, umarmt uns beide und sagt dann lachend: »Curtis, die sind besser als wir.«

Herbst

☾

[33]
Sonne

Ich lege die Fotos der vergangenen Wochen vor mich auf den Fußboden meines Zimmers in `Chicago`, schließe die Augen und lasse alles noch einmal geschehen. Mein Lieblingsbild ist vom Meer. Sascha, Jules, Alec, Ada, Curtis, Damian, Robyn und ich in Badesachen in `Malibu` am Strand.

Ich sammle alle Fotos zusammen und mir schießen Tränen in die Augen, als ich sie an meine Brust drücke und mir klar wird, dass diese Zeit jetzt vorbei ist.

Leslie lebt wieder bei Marie und Dad in `Brooklyn`. Sie besucht mich zwar, so oft es geht, und wir telefonieren fast täglich, aber diese Wohnung fühlt sich ohne sie so unvollständig an. Ihr Zimmer sieht fast genauso aus, wie sie es verlassen hat, nur auf ihrem hellblauen Kopfkissen liegt ein neuer Roman, den ich ihr gekauft habe.

♫

Robyn und ich sitzen auf meinem Bett und ich zeige ihr meine Songs.
»`Can't hear 'em.`«, liest Robyn laut.
»`I know all of her problems about me.` Ich mag die Line.«
Sie schaut mich an und ich lächle, bevor ich meinen Mund öffne und singe.

I know all of her problems
about me.

Robyn grinst ebenfalls, als sie anfängt zu singen.

The time we see each other,
we're acting like
we never met.

»Ich hole die Gitarre, Baby.« Robyn steht auf und läuft durch die Wohnung. Als sie sich mit ihrer Gitarre neben mich gesetzt hat, sage ich ihr die Akkorde.

»Kannst du mir das zeigen?«, frage ich Robyn und deute auf ihre Gitarre. »Du wirst für immer dreizehn bleiben, Paige. Ich weiß es«, wiederholt sie grinsend meine Worte.

Noch bevor ich Robyn kichernd antworten kann, dass sie sich gefälligst eigene Sachen einfallen lassen soll, mit denen sie mich ärgern kann, klingelt es an der Tür und ich stehe seufzend auf und nehme den Hörer der Gegensprechanlage ab.
»Hallo?«, frage ich.
»Paige?«, kommt es zurück und ich bin nicht in der Lage, zu antworten.
»Ich bin's, Audrey. Ist Raven Alice auch da?«
»J-j-a. Raven ist auch da.« Ich bin so durcheinander, dass ich Robyn sogar Raven nenne.
»Lässt du mich bitte rein, kleine Paige?« Das gewohnte Surren des Türöffners ertönt und ich hänge den Hörer ein.

☽

Sie nennt mich ›kleine Paige‹, als wäre ich immer noch die alte, langweilige und sehr naive Paige von früher.

Sie lässt es klingen, als wüsste sie, wer ich wirklich bin, als würden wir uns mögen und als wäre das etwas, das sie zu mir sagt, weil wir uns gerne daran erinnern, dass wir uns schon kennen, seit ich ein Baby bin.

Sie tut so, als wäre sie immer für mich da gewesen und als wäre sie ein netter Mensch, der seine Tochter und ihre langjährige beste Freundin besuchen möchte, weil er sie vermisst.

Aber ich weiß es besser.

Sie hat ein schlechtes Gewissen.

Und zwar zum ersten Mal.

Meine Gedanken rasen und fast bereue ich es, sie nicht einfach draußen stehen gelassen zu haben.

Robyn tritt in den Flur und ich sehe sie an.

Aber es ist ihre Mutter.

Und auch wenn ich meine eigene oft nicht verstanden und mir gewünscht habe, sie würde mir öfter sagen, dass sie mich liebt und dass sie stolz auf mich ist, liebe ich sie trotzdem, wie ich niemand anderen liebe.

Weil sie meine Mom ist.

Und jetzt ist sie tot.

Und wenn heute statt Robyns meine Mom hier stünde, würde ich nicht wollen, dass Robyn für mich entscheidet, dass sie mich nicht sehen darf.

Denn es könnte immer das letzte Mal sein.

☼

»Und? Ist es Alec?« Ich schüttle meinen Kopf und schlucke, dann öffne ich die Tür zum Treppenhaus und höre den Aufzug immer näher kommen.

Die Aufzugtür geht auf und ich drücke kurz unsicher Robyns Hand.
»Hallo, Raven Alice, hallo, Paige. Es ist schön, euch zu sehen.«
Audrey sieht Robyn an.
Und Robyn sieht mich an.
»Ich muss mich bei euch entschuldigen«, sagt Audrey dann schnell und ich sehe ihr an, wie nervös sie ist.
»Du kannst dich nicht selbst entschuldigen, man bittet um Entschuldigung, Mom«, ist das Erste, was aus Robyns Mund kommt.
»Es freut uns, dass du hier bist«, sage ich, um Robyns Worte zu entschärfen.

Ich wünsche mir so sehr, dass Robyn nicht sauer auf mich ist.

Mein Blick fällt auf Audreys volle Hände.
»Soll ich dir das abnehmen, Audrey?«, frage ich also, um einen Grund zu haben, verschwinden zu können, damit ich nicht zwischen die Fronten gerate.
Sie reicht mir dankend ihre Mitbringsel. Ich trage die Blumen und den Kuchen in die Küche und lasse mir extra viel Zeit, eine Vase und einen freien Platz im Kühlschrank zu finden, damit Robyn und Audrey ungestört reden können. Dann sehe ich mir das Album an, das sie mir ebenfalls übergeben hat.
Alte Fotos aus Moms und Audreys Zeit am `Lincoln Square Ballet` und welche, die sie gemeinsam mit Timothy und Dad hübsch gemacht auf irgendwelchen Tanzveranstaltungen zeigen.
Sie sehen aus, als wären sie wirklich glücklich gewesen.

☾

Unter den Bildern ist auch jenes, das ich bei Mom gesehen habe. Allerdings hat hier irgendjemand das blonde Mädchen abgeschnitten. Als müsse ich sichergehen, fahre ich mit dem Zeigefinger über die Kante. Er fängt direkt an zu bluten.

Die Wohnungstür schließt sich.
»Geh doch schon mal vor ins Wohnzimmer«, höre ich Robyns Stimme und atme erleichtert auf.
Bei Robyn kann ich mir nie sicher sein, was sie will.
Genauso gut hätte sie ihrer Mutter die Tür vor der Nase zuknallen können, sobald die etwas sagte, dass ihr nicht passte, oder behaupten können, wir hätten heute noch einen Termin, nur um sie nicht sehen zu müssen.

Aber jetzt sitzt Audrey in unserem Wohnzimmer, und als ich die Kühlschranktür schließe und mich umdrehe, steht Robyn im Türrahmen und lächelt mich an.

»Ich hab dich lieb, Paige.« Sie kommt auf mich zu und zieht mich in ihre Arme.
»Ich dich auch, Robyn. Du bist mir das Wichtigste.« Ich vergrabe meinen Kopf in ihrer Halsbeuge.
Und so stehen wir hier.
Wie Schwestern,
wie Seelenverwandte.

♫

»Komm rein.« Dave hält mir lächelnd die Tür zu seinem Apartment auf und ich folge dem hellen Licht.

☼

»Leg deine Sachen einfach auf diesen Stuhl, Miley wird sie gleich weg-räumen.«
Ich nicke still und ziehe mir meine Jeansjacke von den Schultern.

»Schön, dich zu sehen. Was führt dich zu mir, Paige?«, fragt Dave mich und beugt sich über seinen Tisch. Ich zucke mit den Schultern.
»Ich möchte ein Album aufnehmen«, bringe ich heraus.
Seit dem Tod meiner Mutter ist es das erste Mal, dass ich einen Fuß in das `TSoundz`-Studio in `Chicago` setze.

♫

»Hör auf so zu zittern, schönes Mädchen.« Ich schließe meine Augen, damit Alec mich fertig schminken kann. Ich sitze neben Jules und Robyn in einem Backstageraum in `Chicago` und drücke ihre Hand.
»Das erinnert mich an früher«, sagt Robyn und ich höre, dass sie grinst.» Wir zerquetschen uns gegenseitig die Hände und haben Schiss.«
»Ich mehr als du«, antworte ich und beiße mir auf die Unterlippe.
Alec haut mir auf die Schulter. »Hör auf, sonst bekommst du Lippenstift auf die Zähne.«
»Alles wie früher«, lacht Robyn.

»Wie lange haben wir noch?«, frage ich Alec, meine Stimme zittert.
»Drei Minuten.«
Scheiße.
Mein Herz klopft unregelmäßig gegen meine Brust.
Adrenalin flutet meinen Körper.

Als ich aufstehe, versuche ich ein Lächeln aufzusetzen und Alec zieht Robyn und mich in seine Arme. »Meine zwei Goldkehlchen.«

Wir halten uns eine Weile fest, bis ich ihn loslassen muss, da sich die Tür öffnet. Jules schlägt mit Alec ein und Robyn legt je einen Arm um Jules und mich.

»Wir gehen da jetzt raus und bluten Musik«, sagt sie und küsst uns beide auf die Wange, bevor wir der Securityfrau durch den Gang folgen, der zur Bühne führt.

Ich höre den Lärmpegel in der Konzerthalle, während Robyn und mir die E-Gitarren und Jules seine Drumsticks gereicht werden. Dave sagt uns noch einige Dinge, die ich nach zwei Sekunden wieder vergessen habe, und umarmt mich.

Mein Herz pumpt auf Hochtouren, als wir zu dritt durch den Seitengang zur Bühne laufen.

Ich schließe für einen Moment die Augen.

Das Geschrei ertönt.

Sogar Adanna ist extra aus **Vermont** hergefahren, steht mit Sascha, Leslie und Yves irgendwo in der Menge und hat versprochen, mich nicht zum Lachen zu bringen.

Alles ist voller Nebel.

»Hab gehört, du spielst Klavier. Kannst du noch was anderes?« Dave Tanner lehnt sich in seinem Schreibtischstuhl zurück und sieht dich abwartend an.

»Nein.« Du knetest deine Handballen. »Vielleicht ein bisschen Gitarre«, hauchst du leise.

Das war eine gute. Das war eine gute Erinnerung.

Ich lächle.

Die lila E-Gitarre liegt schwer in meiner Hand.

Ich umarme Jules und Robyn ein letztes Mal und ziehe Damians
schwarz-weiß karierten Gurt über den Kopf, bevor ich mich vor mein
Mikro neben Robyn stelle. Jules läuft zum Schlagzeug und zwinkert
Robyn zu.
Der Nebel um uns herum lichtet sich.
Ich schließe noch einmal die Augen und gehe in mich.
Als ich sie wieder öffne, nickt Robyn Jules und mir zu und er zählt ein.
Meine Finger zittern und ich kann fast nicht atmen.
Ich spiele mein Solo und Jules und Robyn setzen ein.
Dann öffne ich meinen Mund und beginne zu singen.

☾

Erste Strophe
I know all of her problems
about me.
The time we see each other,
we're acting like
we never met.
Oh, I know why she isn't talking
with me anyways.
All these things that she says
to make me mad, oh.

I can't hear 'em anymore.
I can't hear 'em anymore.

Chorus
Girls, why are they so kind sometimes,
mean sometimes?
Boys, you know they have broken my heart
too many times.

I can't hear 'em anymore.
I can't hear 'em anymore.

☼

Zweite Strophe
I don't know why I care
'bout people.
They're always talkin'
without thinkin'
'n' making me binge.
Oh I know why I'm not talking
to you anymore.
All these things that I have to hear
are for fools.

Chorus
Girls, why are they so kind sometimes,
mean sometimes?
Boys, you know they have broken my heart
too many times.

Mean sometimes,
too many times.
Mean sometimes,
too many times.

Als ich meine Augen wieder öffne, hat sich die Menge in ein einziges, riesiges Lichtermeer verwandelt. Ich bin so überwältigt, dass ich kurz vor einem Blackout stehe. Hunderte Lichter in der Menge.

»Dankeschön, `Chicago`«, sage ich in das Mikrofon, und die Menge kreischt. Robyn und Jules kommen auf mich zu und wir schließen uns in die Arme, bevor wir von der Bühne gehen.

Ich umarme Dave und Alec. »Das war unglaublich, schönes Mädchen!« Alec imitiert mein Gitarrensolo. Meine Augen müssen leuchten, so hell, dass sie mit ihrem Strahlen die ganze Stadt erhellen könnten. Dave winkt mich zu sich. »Paige, zieh dich um, du hast in einer halben Stunde ein Interview.«

Ein psychisch labiler Mensch hat gelegentlich Hochphasen, in denen er denkt, er habe das Schlimmste überstanden.
Und erst, wenn er dann nachts stundenlang in seinem Bett wachliegt und nachdenkt, merkt er, dass dem nicht so ist.

[34]
Freunde

Als ich die Tür öffne und Curtis vor mir steht, kann ich nicht anders, als zu grinsen.

Er zieht mich mit einem schelmischen Lächeln auf den Lippen in eine Umarmung und ich höre, wie Robyn sich hinter mich in den Flur stellt und Damian die Treppe nach oben poltert.

»Hi, Leuts.« Damian schiebt sich mit zwei Kästen Bier an Curtis, Robyn und mir vorbei in mein Apartment in `Chicago` und stellt sie neben den Couchtisch.

Curtis sieht mich einen Moment lang prüfend an, bevor ich mich seinem Blick entziehe und Damian mit einem mulmigen Gefühl ins Wohnzimmer folge. Ich habe schon seit Wochen keinen Alkohol mehr getrunken und es ist eigentlich eine unausgesprochene Regel, dass dieser in meiner Wohnung auch nicht konsumiert wird.

Meine Wohnung.

Ist sie das überhaupt noch, seitdem Robyn hier ist?

Das Zimmer neben Leslies hat jetzt einen blauen Teppich und Blumenvorhänge. Robyns bunte Klamotten sind quer im Zimmer verteilt und manchmal finde ich noch Zigarettenstummel auf dem Fenstersims, neben der fröhlich vor sich hin wedelnden Solarplastikpflanze.

»Das brauche ich«, sagt Robyn immer dann, wenn mein Blick ein bisschen zu lange auf ihren Todesröllchen hängen bleibt, obwohl sie mir doch schon so oft versprochen hat, mit dem Rauchen aufzuhören.

Im Kühlschrank liegt angebissener Käse und auf dem Küchentisch steht ein offenes Essiggurkenglas. In meiner Bürste hängen hellblonde Haare und viel zu oft verschwinden meine Schuhe, Jacken, Handtaschen und Geld.

Wenn man Robyn nicht mit irgendwelchen produktiven Tagesplänen von ihrem Rhythmus abhält, schläft sie von drei Uhr nachts bis zwei Uhr nachmittags und isst in ihrer wachen Phase unser gesamtes Essen auf. Sie schreibt todtraurige, melancholische Songs und erzählt mir, wenn ich vom Studio nach Hause komme, ohne Punkt und Komma davon, worüber sie sich den ganzen Tag den Kopf zerbrochen hat.

Robyn ist ein Engel und ich liebe sie, aber es ist eine Herausforderung, sich mit ihr eine Wohnung zu teilen.

Arctic Monkeys dröhnen aus den Lautsprechern meines Wohnzimmers.
»Kiffermusik«, höre ich Moms Stimme in meinem Kopf.
Aber ich liebe sie.

Wir setzen uns zu viert auf die Couch und Damian stellt jedem von uns eine Flasche Bier vor die Nase. Curtis und ich sehen uns flüchtig an, während Damian mit Curtis' Flasche seine eigene öffnet.
»Ich hab übrigens Pizza hierher bestellt, Paige«, sagt er dann und ich nicke.

Robyn greift nach ihrem Flaschenöffner-Schlüsselanhänger, macht sich ihr Bier auf und hält ihn mir hin. Ich starre für ein paar Sekunden auf ihre Hand mit dem silbernen runden Dreieck und sehe dann wieder Curtis an. Robyn legt mir ihren Schlüsselbund auf den Schoß und

☼

Damian greift danach, um Curtis' Bier zu öffnen, der mich immer noch fragend anschaut.

»Paige?«, Curtis' Stimme geht beinahe in der lauten Musik unter. Er hört sich an, als wäre er ganz weit weg.

Damian wirft seinen Kopf in den Nacken und lacht laut.

»Oh wow. Curtis fragt sein Mädchen um Erlaubnis, Alk trinken zu dürfen.«

Robyn trinkt schmunzelnd einen Schluck Bier und sieht uns dann belustigt an. »Warum das?«

Ich beiße mir auf die Zunge und fühle mich plötzlich sehr unwohl. Dann zucke ich mit den Schultern.

»Mach halt.«

Ich sollte mich etwas mehr zusammenreißen.

Damian reicht Curtis das Bier und stößt mit ihm an, bevor er einen großen Schluck trinkt.

Ich sehe hilfesuchend zu Robyn, aber sie spürt meinen Blick nicht.

»Welcher Film?« Sie tänzelt nach vorne zu unserem DVD-Regal, dreht sich dann auf einem Fuß wieder um und sieht Curtis, Damian und mich abwechselnd an.

»Habt ihr euch die angeschaut, die ich gestern in die Gruppe geschickt habe?«, frage ich die drei und weiß eigentlich schon, dass sie es nicht getan haben.

»Nö.« Damian trinkt einen Schluck Bier und wischt sich dann mit seinem Handrücken den Mund ab, bevor er laut rülpst und an seiner Zigarette zieht.

»Du bist halt echt immer hart ekelhaft, Damian.« Robyn zieht anklagend ihre Augenbraue hoch und tätschelt großmütterlich seine Wange, bevor sie sich zu mir dreht.

»BlacKkKlansman, Baby?«

»Ja, auch, den gibt's aber glaub ich noch gar nicht als DVD oder Blu-Ray. Würde aber eigentlich noch lieber `Arizona Dream` anschauen.«

Mom wollte den Film letztes Jahr mit mir zusammen ansehen, weil er sie damals, als er noch in den Kinos lief, so beeindruckt hat. Ich habe die DVD vor ein paar Tagen in einer Kiste gefunden und will ihn seitdem unbedingt sehen.

Ich sehe zu Curtis, der uns schweigend zuhört.

»Ist `BlacKkKlansman` nicht der über den Ku-Klux-Klan mit dem schwarzen Polizisten, der übers Telefon so tut, als würde er Mitglied werden wollen?«, fragt Damian mich.

Ich drehe mich zu ihm um und strahle übers ganze Gesicht.

Oha, Damian kennt sich ja anscheinend doch mit guten Filmen aus.

»Du kennst den?«

»Ich hab den jetzt noch nicht gesehen, hab zwar nur Gutes darüber gehört, fand den Trailer aber nicht soooo unglaublich, dass ich den unbedingt sehen müsste.«

»Das ist mein Lieblingsfilm.« Ich lache.

»Ich dachte, dein Lieblingsfilm wäre `Bohemian Rhapsody`«, wirft Curtis neckend ein und ich verdrehe grinsend meine Augen.

»Der ist erst seit ein paar Tagen draußen, den gibt's auch noch nicht als DVD oder so. Und das hab ich dir doch schon hundertmal erklärt, die beiden Filme kann man überhaupt nicht miteinander vergleichen!«

»Also ich bin ja für den einen, von dem Sascha letztens geredet hat.« Damian sieht uns übertrieben motiviert an und ich verziehe mein Gesicht.

»Das ist ja mal übel der Splatterfilm.«

Damian zuckt frech mit den Schultern. »Ist doch geil.«

Ich lache und sehe zu Robyn. »Nee, irgendwie nicht.«

»Steven fand den Film auch immer megascheiße, ich glaub ich würde den schon allein deshalb echt feiern.«

Ich sehe sie für ein paar Sekunden an.

Robyn hat schon seit Ewigkeiten kein einziges Wort mehr über Steven verloren. »Steven fand den scheiße, weil er Scheiße ist, Robyn. Vertrau mir.«

»Mir ist es übrigens echt egal, Leute«, wirft Curtis ein und schaut weiterhin auf sein Handy, auf dem er schon seit ein paar Minuten immer wieder herumtippt.

»Alles okay?«, frage ich ihn und er sieht mich kurz an.

»Ja?« Ich hasse es, wenn seine Antworten sich anhören wie Fragen und er mir nicht sagt, was gerade in seinem Kopf vorgeht.

»Schauen wir den von Sascha dann an?«, fragt Damian mich genervt.

Ich zucke mit den Schultern, kriege aber innerlich schon wieder das Kotzen, weil ich Filme mit exzessiver Gewalt und Blut abgrundtief hasse.

Es klingelt an der Tür. Weil ich weiß, dass niemand aufstehen wird, laufe ich in den Flur und nehme den Hörer der Gegensprechanlage ab.

»Hallo?«, frage ich und weiß ganz genau, dass ich klinge wie ein beleidigtes Kleinkind.

»Sie haben eine Pizza bestellt?«

»Ja, ähm, genau. Moment.« Ich lege den Hörer wieder auf und drehe mich zum Wohnzimmer.

»Habt ihr Kleingeld da?« Ich warte ein paar Sekunden.

»Robyn?«, werfe ich genervt hinterher.

»Was?« Sie sieht mich nicht an, sondern hält Curtis ihr Handy unter die Nase.

»Hast du Geld?«

»Nee.« Sie kichert und ich verdrehe meine Augen.

Typisch Robyn.

Ich weiß ganz genau, dass ich kein Bargeld in der Wohnung habe und beiße mir nervös auf der Unterlippe herum, bis mir etwas einfällt. Der Hundert-Dollar-Schein, den ich vor Monaten in einem Roman in Les' Zimmer versteckt habe.

Ich jogge rüber, ziehe das dicke Buch aus dem Regal und schlage Seite 100 auf, nehme den frischen Schein heraus und gehe damit ins Treppenhaus, bevor ich zum ersten Mal seit Wochen wieder den Aufzug benutze und nicht die fünfzehn Stockwerke nach unten laufe.

Als ich wieder oben bin, stelle ich den Pizzakarton auf den Tisch. Auf dem Bildschirm ist gerade eine sehr verängstigte, kreischende junge Frau zu sehen, die durch den Wald rennt, hinter ihr her ein Mann mit Kettensäge.

Das ist aber schön, dass meine lieben Freunde meinen Einwand, der Film sei Scheiße, so ernst genommen haben.

Ich schaue wieder hilfesuchend zu Robyn, aber die rennt nur völlig aufgedreht durch den Flur, kommt mit einer grünen Schachtel Likörfläschchen zurück ins Wohnzimmer und springt auf die Couch. »Waldmeister, Feige und irgendwas mit Apfel.« Sie reißt die grüne Pappe auf und reicht Damian und Curtis jeweils ein Fläschchen, eines stellt sie vor mich.

Robyn stürzt die Flüssigkeit in einem Zug runter, bevor sie das Gesicht verzieht und kichernd nach einem weiteren Fläschchen greift.

Damian inhaliert den hochprozentigen Alkohol ebenfalls förmlich ein, bevor er suchend in seine Hosentaschen greift.

»Robyn, hast du Kippen da?«, fragt er meine beste Freundin, als er merkt, dass er nicht finden wird, wonach er sucht, und auch Curtis sieht sie an.

»Ich dachte, ihr hättet aufgehört«, sage ich und weiß, dass es sich viel zu vorwurfsvoll dafür anhört, dass es mich eigentlich überhaupt nichts angeht.

»Hör auf, immer so penibel zu sein.« Robyn küsst mich auf die Wange und ich sehe ihr nach, wie sie in den Flur läuft und mit ihrem Tabakbeutel, den Blättchen und Filtern zurückkommt.

Und dann beginnt sie, Zigaretten zu drehen, wie sie es immer tut. Robyns Griff nach dem Tabakbeutel und das Zusammendrehen des Papiers sind mir so vertraut wie der Duft von Kaffee oder die Melodien unserer alten Songs.

Aber wir sind nicht mehr diese Mädchen, die sich selbst die Haare schneiden, oder Schule schwänzen, um shoppen zu gehen, oder schauen, wie viel Alkohol in ihre Körper reinpasst, bis das, was von ihnen übrig geblieben ist, komplett dicht auf Autodächern tanzt und mit irgendwelchen Vollidioten rumknutscht, nur weil sie es können.

Ich habe das Gefühl, dass ich in den letzten paar Monaten einige Dinge über das Leben verstanden habe, die andere im Raum scheinbar noch nicht wissen.

Robyn macht sich wieder selbst kaputt und das Einzige, was ich tun kann, ist, ihr dabei zuzusehen.

Ich schiebe das Likörfläschchen, das Robyn vor mich gestellt hatte, in die Mitte des Couchtisches und beobachte, wie sie sich zwei Zigaretten in den Mund klemmt, sie anzündet, einmal daran zieht, dann eine Damian reicht und Curtis frech angrinst, weil er sie dabei die ganze Zeit über mindestens genauso sehr angestarrt hat wie ich.

Ich weiß, wie Robyn mit Menschen umgeht.
Sie kann nicht mit ihnen reden, oder sie einfach nur ansehen, ohne zu flirten.
Das liegt einfach in ihrer Art.
Und das mit den Kippen macht sie immer so.
Sie gibt anderen Leuten nie ihr Feuerzeug, zündet Zigaretten immer selbst an und gibt sie dann weiter.
Das ist schon immer so gewesen und hat mich nie gestört, weil ihre ganzen rauchenden Freunde mich sowieso nie gejuckt haben, solange sie keine dummen Kommentare abgegeben haben.
Aber dieses Mal starre ich die drei Menschen in meinem Wohnzimmer nur an, als wären sie Außerirdische.

Noch bevor ich mir geben muss, wie Curtis Robyn nach einer Zigarette fragt, stehe ich blitzartig auf und nuschle ein hastiges: »Ich geh ins Bad.« Dann sehe ich Curtis noch für ein paar Sekunden an, weil ich mir einbilde, er würde gleich den Mund öffnen und etwas sagen. Aber als ich merke, dass das nicht passieren wird, und ich einfach nur paranoid bin, räuspere ich mich peinlich berührt und drehe mich schnell um.

In dem Moment, in dem ich das Wohnzimmer verlasse, schlägt sie zu.

Paigielein. Jeder Mensch mit Augen im Kopf kann gar nicht anders, als Robyn anziehend zu finden.

☼

Ich weiß. Aber Curtis …

Curtis ist auch nur ein Mann und Robyn ist ein bildhübsches Mädchen, was erwartest du?

Ich dachte, er …

Oh Liebes, hör auf so naiv zu sein. Du hast doch ihre Blicke gesehen.

Aber sie würden doch niemals etwas tun, das mich verletzen könnte?

Kannst du dir da so sicher sein, nach allem, was passiert ist?

Ich schließe das Badezimmer hinter mir zu und lasse mich an der Tür nach unten auf den Boden gleiten. Die Gedanken in meinem Kopf rasen.

Robyn ist meine engste Vertraute und Curtis …

Er wird merken, wie spießig du wirklich bist und dir das Herz brechen.

Ich schlucke. Curtis weiß wahrscheinlich besser, wer ich wirklich bin, als ich selbst.

Ich laufe zur Toilette, zögere kurz und drücke dann die Spülung runter. Während ich mir die Hände wasche, betrachte ich mich viel zu lange im Spiegel und lege meine eiskalten Hände auf die glühenden Wangen.

☾

Als ich wieder in den Flur trete, höre ich Robyns lautes Kichern. Ich spüre, wie eine Welle der Eifersucht mich überrollt, als ich näher komme und sehe, dass Curtis mit einer halbleeren Flasche Wodka lachend neben Robyn auf der Couch kniet und ihren Arm festhält, der danach greifen will.

»Kein Alkohol mehr für dich, Darling.« Curtis schnappt sich Robyns Zigarette und drückt sie auf meiner Songskizze aus, die auf dem Couchtisch liegt.
DARLING.
Oh mein Gott, mir wird schwindelig.
Ich bleibe bewegungsunfähig im Türrahmen stehen und fixiere den Zigarettenstummel auf meinem Text.
Damians Blick bleibt an mir hängen und als Curtis merkt, dass ich es gehört habe, stellt er schnell die Wodkaflasche auf den Tisch und mcint mit Blick auf mich nur lachend: »Jetzt kannst du es nicht mehr zu Ende erzählen, Damian.«

»Was?« Das Wort verlässt meinen Mund schneller, als ich überhaupt darüber nachdenken kann. Curtis und Robyn sehen sich kurz stumm an und lachen dann laut los.
Ich schlucke und sehe zu Damian, der sich ebenfalls nicht mehr halten kann.
Mein Herz klopft viel zu schnell.

»Was ist los?«, meine Stimme klingt unglaublich verschüchtert und ich hasse mich so sehr dafür. Anstatt von irgendwem eine Antwort zu bekommen, fangen nur alle an, noch lauter zu lachen und ich lehne mich gegen den Türrahmen und warte, bis sich die Stimmung wieder etwas beruhigt hat.

☼

»Wollt ihr mir vielleicht mal erzählen, was los ist?« Ich versuche, Blickkontakt zu Curtis herzustellen, aber der ist schon wieder damit beschäftigt, die halbvolle Wodkaflasche aus Robyns Reichweite zu entfernen.

»Wir wollen ja nicht, dass du wieder ins Koma fällst, Dornröschen.« Curtis sieht meine beste Freundin an, die sich mit den Augen flatternd und vollkommen unzurechnungsfähig an ihn lehnt und sehr laut kichert.

Ich halte die Luft an und denke, ich muss sterben.
Oh
mein
Gott,
Curtis
fucking
Moore
ist der größte beschissene Vollidiot, den ich kenne.

Ich sehe ihn für ein paar Sekunden an, aber ich glaube, er merkt nicht mal, dass er sich benimmt wie ein verdammtes Arschloch.

»Du passt doch auf mich auf, Honey.« Robyn steht auf, zieht lachend an seinem Arm und nimmt ihm die Wodkaflasche aus der Hand, um stark schwankend und lallend einen großen Schluck daraus zu trinken. Curtis schlingt seinen Arm um ihre Taille und nimmt ihr den Alkohol wieder ab.
»Hör auf, so viel zu trinken, Darling.« Er hält sie fest, damit sie nicht umkippt, und sie schiebt ihre Oberlippe nach vorne.

»Kannst du mir noch 'ne Kippe anzünden, Hottie?« Robyn hält Curtis ihre Zigarette und das Feuer hin und ich glaube, ich falle gleich tot um, als er sich ihre bescheuerte Zigarette doch tatsächlich zwischen die Lippen steckt, sie anzündet und einmal daran zieht, bevor er sie ihr reicht.

Ich spüre, wie mir die Magensäure hochsteigt, und weiß, dass ich gleich kotzen werde, wenn ich mir das hier weiterhin geben muss.

»Die sind echt dicht, Pac«, sagt Damian, als er mein wahrscheinlich leichenblasses Gesicht sieht.
Als würde das irgendwas besser machen.

Ich weiß ganz genau, wie überdurchschnittlich intensiv lebende Menschen miteinander reagieren, wenn man ihnen auch nur ein bisschen Alkohol gibt.

»Warum hat Curtis gesagt, dass du die Geschichte jetzt nicht mehr zu Ende erzählen kannst, als ich reingekommen bin?«, frage ich Damian monoton.
»Nimm es bitte nicht persönlich, Baby, aber das willst du gar nicht wissen«, mischt Robyn sich ein, zieht mit zitternden Fingern an ihrer Zigarette und bläst den Rauch in meine Richtung.
Und ich erinnere mich an all das, was ich ihr in den Briefen geschrieben habe. Wie ich sie über Curtis vollgeheult und über meine Unsicherheiten gesprochen habe. Und wie ich schrieb, sie hätte mir noch nie ins Gesicht geraucht, weil sie weiß, dass ich das hasse.
Ich kann sie nur anstarren, während mir die Tränen in die Augen schießen.
Sie nennt mich Baby, wie sie es immer tut, aber heute klingt es für

mich, als schaute sie auf mich herab und meinte, sie wüsste besser als ich selbst, was gut für mich ist.

Sie kann so unglaublich schrecklich sein und das Schlimmste in Menschen hervorbringen.

Ich bin ein Mensch mit einer Seele aus Glas.
Curtis und Robyn gehören der Königsklasse gebrochener Künstler an.
Sie haben die Macht, alles um sich herum mit sich in die Tiefe zu ziehen, oder zu den glücklichsten Geschöpfen dieses Planeten zu machen.
Sie sind gefallene Engel, hochintelligent, charmant, redegewandt, melancholisch, intensiv und bewundert von allen, denen sie begegnen.

»Boah, ich stell mir die ganze Situation so cringe vor«, sagt Curtis zu Damian, bevor er mich für ein paar Sekunden ansieht und dann seine gesamte Aufmerksamkeit auf Robyn richtet.
»Erzähl es ihr bitte einfach nicht, Darling.«
»Werde ich nicht, Bunny.« Robyn lächelt Curtis an.
Ich lache unsicher. »Wenn ihr mir nicht erzählen wollt, worüber ihr geredet habt, seid ihr selbst schuld.«
»Dann sind wir selbst schuld, Damian, hörst du?«, dringt Curtis' Stimme aus dem Wohnzimmer und ich muss die Tränen, die sich in meinen Augen ansammeln, wegblinzeln, als ich Robyns lautes Lachen höre.

»Ich geh jetzt schlafen«, murmle ich mit erstickter Stimme.

»Ouh! Ich glaub' du hast es riiichtig verkackt bei ihr«, lacht Damian belustigt und verpasst Curtis einen Klaps auf den Hinterkopf. Ich drehe mich um und spüre, wie mir die heißen Tränen über die Wangen laufen.

»Kann ich doch nichts für, wenn die immer so empfindlich ist«, tönt Curtis' Stimme aus dem Wohnzimmer und mein ganzer Körper zittert.

Curtis Moore ist und bleibt ein unsensibles Schwein.

In meinem Kopf pocht es, als ich mir die Bettdecke über den Kopf ziehe.

Yang hakt sich kichernd bei dir unter. Ihr lauft mit gelockten Haaren und viel zu übertriebenem Make-up hinter Sascha und Damian an der Schlange vorbei durch den Hintereingang in den Club.
Drinnen ist es laut.
Damian reicht dir eine geöffnete Flasche Bier, nach der du nicht gefragt hast, die du aber trotzdem annimmst.

Mit Alkohol bist du lustiger, flüstere ich dir zu, und du lächelst, als du das Bier in großen Schlucken leerst, die Flasche auf den Tresen stellst und Yang dich auf die Tanzfläche zerrt.

Warmer Atem in deinem Nacken.
»Curtis!«, du drehst dich grinsend in seinen Armen um und fällst ihm um den Hals. Er riecht mehr nach Alkohol als nach Zimt, aber das macht dir nichts aus, als er dich noch näher an sich zieht, sein Kinn auf deinen Kopf legt und langsam nach links und rechts wippt. Wenn er dich so hält, fühlst du dich wie ein Baby, das nichts anderes kennt, als das Gefühl, geliebt zu sein.
Nur dass es bei euch ein unsicheres, viel zu gefährliches Hochschaukeln ist.

Egal wie fest er dich hält oder wie oft er dir sagt, dass du die Wichtigste bist, vergiss nie, Paige, ich bin die, die dich am meisten liebt.

Ich lüge dich nicht an, weil ich nicht denke, dass du die Wahrheit nicht verträgst, wie alle diese Verräter.

Ich möchte nicht, dass du deinen Fokus verlierst, weil sich diese ganzen Menschen zwischen uns stellen, weil sie eifersüchtig sind, auf alles, was wir zusammen schaffen können.

Wenn du dich leer fühlst, bin ich das, was übrig bleibt.
Ich bin das, was dich dazu treibt, perfekt zu werden.
Und das, was Menschen in dir leuchten sehen, alles, was dich besonders macht, bist nicht du, Paige.
Das bin ich.

Schau dich an, schau dich ganz genau an.

Du liegst hier, stockbesoffen, in einer Ecke, Mascara, Tränen und Kotze kleben an deiner Wange, auf deinen Händen und dem viel zu engen Kleid, das deinen speckigen Bauch und deinen fetten Po betont und dafür, dass du keine Brüste hast, einen viel zu tiefen Ausschnitt hat.
Du bist mutterseelenallein.
Niemand ist hier, um dich zu beschützen. Nicht einmal Curtis, oder Damian, oder irgendwer.

Aber ich bin hier.

Ich lege meine schützenden Arme um dich, wickle dich in ein großes Tuch und helfe dir, perfekt und unabhängig zu werden.

☾

Du brauchst niemanden außer mir.

Denn ich liebe dich am meisten und das wird auch für immer so bleiben.

»Ich kann dich nicht lieben«, murmle ich und spüre, dass mir Tränen über die Wangen laufen, als ich mich mitten in der Nacht auf meinem Bett wiederfinde und mir vor lauter Emotionen nicht sicher sein kann, ob es eine Erinnerung oder nur ein Traum war.

☼

[35]
Carnegie Hall

Robyn und ich gehen uns aus dem Weg.

Das ist nicht schwer, weil unsere Schlaf- und Wachzeiten sowieso vollkommen unterschiedlich sind.

Seit Tagen haben wir kein Wort miteinander gesprochen.

Zwei Tage nach dem Filmeabend lag ein Päckchen mit meinem Namen vor der Tür – von Damian. Darin lag ein deutsches Lebkuchenherz mit einem ›Sorry‹ aus Zuckerguss.

Irgendwie ist das meganiedlich.

Dann habe ich ihn angerufen und wir haben eine halbe Stunde über alles außer Curtis und Robyn geredet.

Das ist eben Damian, mein Bruder; ich kann ihm nicht lange böse sein.

♫

Neunter Oktober. Ich habe das Gefühl, jeden Moment ersticken zu müssen. Mein Kleid schnürt mich komplett ein und mir wird schwindelig, als die Menge beginnt zu applaudieren. Zwei Reihen vor mir stehen vier Typen auf und laufen durch den Gang zur Bühne. Ihnen wird die silberne pyramidenförmige American-Music-Award-Skulptur überreicht. eXtRaVaGant hat den AMA für die ›Beste Rock und Pop Single des Jahres‹ gewonnen und ich weiß, dass sie auch gefühlt alle anderen AMAs in der Rock-und-Pop-Kategorie abräumen werden.

☾

Ich höre ihre Worte nicht, als sie vorne stehen und sich für den Preis
bedanken.
In meinem Kopf ist es zu laut.

In der Pause laufe ich zu den Toiletten. Ich ziehe meine Kopfhörer aus
der Tasche und stecke sie in mein Handy, bevor ich den Song googele,
mit dem eXtRaVaGant den AMA gewonnen hat, wegen dem ich hier
bin. Ein Gitarrensolo dröhnt in meinen Kopf hinein.

☼

eXtRaVaGant − Eight Cups Of Coffee

Erste Strophe
When we first met,
she wore purple Converse.
Damy told me
many things 'bout her.
I knew everything
'bout her dad
and the rules
of her roulette.
And then I recognized,
she was ice,
and I only knew fire.

Chorus
Eight cups of coffee,
that's all she needs.
Eight cups of coffee,
she never speaks.
Whenever I ask her
if everything's right,
whenever we talk
and I stay overnight,
she drinks so much coffee
but she really eats nothing.
She closes her eyes
and she starts to cry.
Snow White is a broken girl,
Snow White is a broken girl
and she means everything to me.

☾

When we first met,
she had black nails.
Damy advised me
not to break her heart.
I knew the name
of her cat
and the places
she used to puke.
And then I recognized,
she was broken,
and I couldn't fix her.

Chorus
Eight cups of coffee,
that's all she needs.
Eight cups of coffee,
she never speaks.
Whenever I ask her
if everything's right,
whenever we talk
and I stay overnight
she drinks so much coffee,
but she really eats nothing
She closes her eyes
and she starts to cry.
Snow White is a broken girl,
Snow White is a broken girl
and she means everything to me.

☼

»Scheiße, mein Kaffee«, murmelst du.

Curtis dreht sich um und lacht. »Wie viele Tassen Kaffee am Tag trinkst du eigentlich?«

Du zuckst mit den Schultern. »Acht.«

»Was?« Du siehst ihn verständnislos an.

»Wir gehen.« Curtis läuft zur Tür, winkt dich hindurch und schließt ab.

»Hier.« Curtis hält dir seinen Coffee-to-go-Becher hin und grinst. »Wir wollen ja nicht, dass du Entzugserscheinungen bekommst.«

In der Geografiestunde schläfst du fast ein.

Du wirst dir nachher den dritten Kaffee kaufen.

»Würdest du mitkommen, wenn ich dich fragen würde?«

Ein paar Sekunden verstreichen.

Du nickst, dann fällt dein Blick auf die aufgeschlagene Seite des Ringbuchs in seiner Hand. »`Eight Cups Of Coffee`«, liest du laut. Er schaut auf das Blatt und klappt das Ringbuch schnell wieder zu.

»Neuer Song?«, fragst du ihn und lächelst.

»Ich brauche Kaffee«, murmelst du gegen die Fensterscheibe und Curtis grinst.

»Nach mir bist du der kaffeesüchtigste Mensch, den ich kenne.«

»Was ist mit Damian?«

»Der ist lange nicht so schlimm wie du.«

Während er das sagt, öffnet er deinen Zopf und steckt das Haargummi in deine Hosentasche. »Besser.«

Curtis nimmt das Mikro vom Ständer und läuft zum Rand der Bühne.

»Ich hasse es, mit Mädchen befreundet zu sein und ich hasse lange, leere

☾

Gespräche. Es gibt ein Mädchen, das mir bei unserer ersten Begegnung gesagt hat, dass sie nicht viel redet, weil es in ihrem Kopf meistens laut genug ist. Sie trinkt am Tag acht Tassen schwarzen Kaffee und sonst nichts. Sie erfüllt Träume und verliebt sich in Idioten.«

`eXtRaVaGants` Song `Eight Cups Of Coffee` läuft seit Monaten in Dauerschleife im Radio, aber ich habe bis jetzt keine einzige Sekunde an den Gedanken verschwendet, dass er von mir handeln könnte.

Obwohl es so dumm offensichtlich ist, dass ich jetzt am liebsten über meine eigene Logiktaubheit heulen würde.

♫

»Du warst für die gleichen Preise nominiert wie `eXtRaVaGant`«, meint Dave beiläufig und biegt rechts ab, bevor er parkt.

Ich zucke mit den Schultern und öffne meine Tür, um auszusteigen.

»Was bringt mir das? `eXtRaVaGant` gewinnt sie ja doch alle.«

Kurz bevor wir das Studio betreten, schaut Dave mich verlegen an und kommt einen Schritt auf mich zu.

Dann legt er seine Hand auf meine Wange und küsst mich auf den Mund.

Nach ein paar Sekunden, in denen ich realisiere, was gerade passiert, schiebe ich ihn von mir weg und ringe nach Luft. Auf der anderen Straßenseite sehe ich eine Frau mit Sonnenbrille, die uns filmt.

♫

☼

So endet es immer. Ich sitze alleine und umringt von Taschentüchern auf der Couch und heule. Ich zappe die Programme im Fernseher durch, halte bei einem Promiformat inne und erstarre.

Curtis fucking Moore streicht sich durch die schwarzen Haare und rückt seine Sonnenbrille zurecht, dann sagt er mit monotoner Stimme: »Die Leute dürfen ja machen, was sie wollen.«
Die Moderatorin legt den Kopf schief. »Erläutere uns das.« Sie hält ihm das Mikrofon unter die Nase.
»PAC ist ein sehr besonderer Mensch«, meint er knapp.
Ich schnappe nach Luft, drücke auf den roten Knopf und starre auf den schwarzen Bildschirm.
Dann laufen die Tränen wieder über mein Gesicht.

♫

Die Glastür öffnet sich.
»Hallo, Paige, ich muss dir unbedingt was er-«
»Dave.« Ich verharre in meiner Position. »Das geht so nicht.«
Etwas liegt in seinem Blick, als ich die Worte ausgesprochen habe.
»Ich weiß.«
Und ich weiß, dass er es weiß, als er sich abwesend mir gegenüber an den weißen Tisch inmitten seines riesigen, lichtdurchfluteten Wohnzimmers setzt und mir bedeutet zu sprechen.

»Paige?«
Ich sehe ihn an und bemerke, dass ich ziemlich lange auf die tickende Uhr rechts an der Wand gestarrt habe. »Hm?«
»Warum bist du hier?« Dave faltet die Hände in der Mitte des Tisches und sieht mich unter den geschwungenen Wimpern an.

Ich schweige.

»Rede mit mir«, fordert er mich auf.

»Warum hast du mich geküsst?«, platzt es aus mir heraus. Er runzelt die Stirn. »Was willst du hören?«

»Hör zu, ich ...«, fange ich an, aber Dave unterbricht mich, indem er eine Hand auf meinen Arm legt und meinen Satz vollendet: »... liebe einen Idioten, deshalb bin ich knallrot angelaufen, als du mir plötzlich deine Zunge in den Hals gesteckt hast. Leider bin ich zu schüchtern und empathisch, als dass ich dir das jemals bei Bewusstsein ins Gesicht sagen könnte.«

Er verdreht die Augen und redet mit seiner normalen Stimme weiter. »Du bist ein offenes Buch, Paige. Und ich habe verstanden, dass Curtis Moore dich für jeden anderen Mann in deiner Zukunft verdorben hat.«

Dave weiß, was er sagen muss, damit ich meinen Mund aufbekomme. »Das stimmt nicht.«

»Sicher?« Ich nicke und weiß selbst, dass ich lüge.

»Beweise es mir.« Er lächelt wieder und ich knete den Saum meines Shirts.

»Was würdest du sagen, wenn ich dir jetzt mitteilen würde, dass ich die `Carnegie Hall` in `New York` für ein Konzert gebucht habe?«

Ich lasse mein Shirt los und starre ihn an. »Hast du nicht.«

Er lacht. »Was, wenn doch?«

»David Elin Tanner, die kriegen wir niemals voll«, sage ich und schlage mir die Hände vor dem Mund zusammen.

»Ach was, da passen nur ungefähr zweitausendachthundert Leute rein, mach dir keine Sorgen.« Ich schnappe nach Luft.

☼

Oh mein Gott.

Oh. Mein. Gott.

Dave bedeutet mir aufzustehen.

»Drehen. Welche Größe hast du?« Ich drehe mich wieder um und sehe ihn mit großen Augen an.

»Jetzt sag schon, dann kann Neil Laurent dir ein passendes Kleid schneidern.«

Darin wirst du aussehen wie eine Presswurst.

♫

Mit dem Handy am Ohr laufe ich durch mein Hotelzimmer »Versprich mir, dass du nichts Unüberlegtes tust«, sagt Damian mit ungewohnt sorgenvoller Stimme, als ich durch das Badfenster auf das `Rockefeller Center` blicke. Doch eigentlich meint er: »Ich traue Dave Tanner nicht über den Weg.«

Ich setze meine nackten Füße auf die Waage, halte kurz darauf meine Luft an, während ich im Kopf meinen BMI überschlage. Vor mir dreht sich alles. Ich finde Halt an der Wand und sinke an ihr zu Boden, bevor ich mein Gesicht zwischen den Knien vergrabe und anfange, mit auf den Mund gepresster Hand zu weinen. Meine Gedanken können sich nicht einordnen, wirbeln wie wild in meinem Kopf hin und her und finden keine Ruhe.

Ich werde bleiben. Es liegt an dir, ob du meine Feindin oder meine Freundin sein möchtest.

♫

☾

Während Alec mich schminkt, schweigen wir uns an. Ich wollte nie, dass es so weit kommt.

»Paige, du hast Bulimie. Du musst aufhören, dich kaputt zu machen«, flüstert er und drückt flehend meine Hand.

Er will dich nur kontrollieren, Paige.

Mir schießen Tränen in die Augen. Wegen dem Chaos, das er damit in meinem Inneren auslöst. Langsam werden meine Wangen nass und ein Schluchzer schüttelt mich ein weiteres Mal.

Hör auf, so eine Heulsuse zu sein, Paige.

Diese Stimme hat mich schon viel zu lange unter ihrer Kontrolle. Es ist eine Hassliebe. Sie gibt mir gleichzeitig Halt und zerstört mich.

Schau doch, was wir zusammen schon alles erreicht haben. Wenn du mich verlässt, wirst du wieder fett.

Wenn ich meine Augen aufschlage, sehe ich ein fremdes, verängstigtes kleines Mädchen, das sich schon lange an das Böse verloren hat.

»Meine Schwester ist an Essbrechsucht gestorben, als sie so alt war wie du.«

Alecs Schwester hat es eben nicht so gut unter Kontrolle gehabt wie du.

»Ich hab keine Essstörung.«

☼

Alec nimmt meine Hand und schaut auf meine Finger und meinen Arm, bevor er mir wieder in die Augen sieht. »Das hat meine Schwester auch gesagt, kurz bevor sie gestorben ist. Du erinnerst mich so sehr an Becca.«
Er lässt meine Hand los und streicht über meinen Arm.

Alec ist nur neidisch, weil er sieht, wie du immer schöner wirst.

»Sie war andauernd in Kliniken. Die Ärzte haben Becca aufgegeben. Sie lag jeden Abend weinend in ihrem Zimmer, hatte eine Kotztüte unter ihrem Bett und eine Süßigkeitenbox in ihrem Schreibtischschrank. Ich hab gehört, wenn sie sich nachts übergeben hat, weil sie am Abend ihren Vorrat leer gemacht hat. Irgendwann sah sie aus wie ein Gespenst mit ihrer gelben Haut und ihren gelben Zähnen, dem dichten Flaum am ganzen Körper, den rissigen Fingernägeln, den entweder viel zu großen oder viel zu kleinen Klamotten und den blassen Augen. Ihr Gewicht ist durchgehend um zehn Kilo hoch und runter geschwankt. Ihr war immer kalt und sie war immer müde. Becca hat auch ständig Kaffee getrunken, so wie du.« Alec lächelt traurig und seufzt.

Nur weil du viel Kaffee trinkst, bist du jetzt also auch so eine Psychotante, oder was?

»Wenn ich im Supermarkt die Gänge entlanglaufe, sehe ich sie in jeder Abteilung. Das Mundwasser und die Minzbonbons. Die M&Ms und Skittles waren ihre Lieblingssüßigkeiten.«
»Das tut mir leid, Alec«, sage ich leise und in meinen Augen sammeln sich Tränen.

☾

»Schönes Mädchen, versprich mir, dass ich nicht auch zu deiner Beerdigung kommen muss.«

Von gesunder Ernährung stirbt man nicht.

Alec verkabelt mich stumm. Als er fertig ist, zieht er mich in seine Arme und drückt mich. »Der beste Freund in mir weiß, dass es nicht richtig ist, dich heute Abend auf diese Bühne gehen zu lassen.«

Er gönnt dir deinen Ruhm nicht und will dich kleinhalten.

Alec lässt mich los. Ich sehe die Tränen in seinen Augen und muss mich zwingen, nicht meinen Emotionen nachzugeben.
»Es geht mir gut.« Die Tür öffnet sich.
»Ich hab dich lieb, Alec.«

Du liebst ihn nicht, du liebst mich.

Er küsst mich auf die Stirn.
»Ich dich auch, Pacie. Ich dich auch.«

Ich laufe durch den Gang zu Dave. Er legt seinen Arm um mich.
»Die Halle ist voll. Viel Glück, Paige.«
»Danke, Dave.«
Er lässt mich los und schaut mich noch ein letztes Mal an.
»Und jetzt hoch mit dir, bevor ich sentimental werde.«
Dave lacht und stupst mich an.

Wenn du das hier gut durchstehst, darfst du später einen Muffin essen.

Der Weg auf die Bühne ist mir noch nie so hart vorgekommen. Um mich herum dreht sich alles und ich habe das Gefühl, jeden Moment umzukippen. Die Kleidung ist viel zu schwer für meine schwachen Schultern.

Nicht umknicken, lauf einfach gerade über die Bühne und lächle.

Ich fixiere einen Punkt vor mir, um vor Kopfschmerzen und Übelkeit nicht wieder mit dem Weinen anzufangen. Als ich mich auf den Klavierhocker setze, kann ich auf die andere Seite sehen. Alec und Curtis stehen neben dem Vorhang und sehen mich an.

Eigentlich spüre ich seine Anwesenheit doch schon den ganzen Abend.

Aber als Curtis' Augen mich jetzt von oben bis unten mustern, fließt mir trotzdem eine Träne über die Wange. Ich öffne meinen Mund, um etwas zu sagen, aber die lauten Schreie der Menschen bringen mich zum Schweigen. Ich wische mir mit dem Handrücken die Träne aus dem Gesicht und lege meine Hände auf die Tasten.

Vergiss Curtis. Und jetzt streng dich zur Abwechslung mal ein bisschen an, die Menschen haben dafür bezahlt, dass du gut bist.

☾

PAC — And tell the world all my deepest thoughts.

Erste Strophe
I never
wanted you to think
that I'm weird
because I'm the most
complicated one.
I sometimes think that
things only come true
when I say them
out loud.
My mind can be a terrible place
at night.
Or anytime
you're not around.
With you,
I tend to
forget my thoughts.
You say that
my life's about me
when I tell you that it makes me
happy
when others are content.

Chorus
We're hours and hours and hours away
but you could step into a private jet
every other day
to see my face
before you go on stage

☼

and tell the world all my
deepest thoughts.

Zweite Strophe
How much can you tell?
How much will you show?
But you wanted to be
pretty
and loved, she whispers.
And I'm your only chance.
Put on that party dress
and a lovely smile
and drink some wine
or vodka strong.
We're looking into the mirror
every fucking day.
Will we be alone
for the rest of our lives?
I hate to hear you leave
my lilac room
in the middle of the night,
coloring me blue.

Chorus
We're hours and hours and hours away
but you could step into a private jet
every other day
to see my face
before you go on stage
and tell the world all my
deepest thoughts.

☾

Bridge
We turned the nights into days.
Remember?
TheWayStation.
That was our way station.
What happens if
everything
you believed in
falls apart
and
you're your own worst enemy?
Skinny legs and
neon tumblr girl nails.
She's walking down the street
in her stunning
party dress.
Her borderline moods ...
she's crying in public places,
sharing deeper thoughts
in the night.
And I'm always going back to
flying to New York again
when I'm feeling blue.
In Chicago you are
leaning in my bedroom door
at three a.m.
writing me a song,
thinking that I'm sleeping
even though I don't.

Chorus
We're hours and hours and hours away
but you could step into a private jet
every other day
to see my face
before you go on stage
and tell the world all my
deepest thoughts.

Die Menge jubelt. Ich stehe mit wackeligen Beinen von dem Klavierhocker auf und stolpere mit der Gitarre vor zum Mikro für den zweiten Song.

Hör auf, so leidend zu schauen.

»Guten Abend, `New York City`«, begrüße ich die schreiende Menge und meine Stimme zittert. Mein Kopf schmerzt.

Jetzt reiß dich zusammen.

Ich spiele die ersten Akkorde zu `Stay alive.`, aber alles um mich herum dreht sich, und meine Finger zittern.

Du bist einfach nicht stark genug.

Wie in Zeitlupe kippen nacheinander die Scheinwerfer, Zuschauer und die Bühne zur Seite. Erst nach einigen Sekunden komme ich auf dem Bühnenboden auf.
Dann ist alles still.

☼

[36]
Bulimie

Als Robyn im Koma lag, habe ich mich oft gefragt, wie es sich anfühlen muss, keine Kontrolle mehr über den eigenen Körper zu haben, und welche Gedanken ihr durch den Kopf geschossen sind, bevor ihr Bewusstsein sie verlassen hat.

Der Boden unter mir, auf den ich vor wenigen Sekunden geprallt bin, verliert allmählich seine Kälte. Von meiner pulsierenden Stirn läuft eine warme Flüssigkeit über mein Gesicht. Ich starre auf die Scheinwerfer und die Sanitäter um mich herum, als ich merke, wie mein Puls immer langsamer wird und mein Bewusstsein mich verlässt.

Die Stimmen verschwimmen ineinander und ich will schreien.

♫

Blut, überall Blut. Weißes Spitzenkleid, schwarze Haare über ihrem Gesicht. Dunkelheit.

»Da ist wer für dich an der Tür«, murmelt Old Lady Jenkins und Fox sieht dich aus seinen großen Hundeaugen an.
Du stehst auf und Fox tapst hinter dir zur Haustür. Du machst sie einen Spalt auf und dein Herz schlägt doppelt so schnell weiter.
»Ich hab es dir versprochen. Weißt du noch? Ich bin dein Schutzengel, Schneewittchen.« Curtis zieht dich in seine Arme und hält dich ganz fest.

☾

Er öffnet den Mund und du weißt, dass ihm auf der Zunge liegt, dich zu fragen, wie viel Wodka du getrunken hast, aber stattdessen legt er seine Arme unter deine Kniekehle und deinen Rücken und hebt dich hoch.
Du vergräbst dein Gesicht in seiner Jeansjacke.
Vor seinem Auto setzt er dich ab und hilft dir, dich auf die Rückbank zu legen.
Du siehst Curtis aus großen Augen an und er lächelt.

»Ich hab mich in dich verliebt, aber du bist zu blind, es zu sehen.«
Dein Herz beginnt zu rasen.
In deinem Kopf springen alle Sicherungen raus.

»Es ist unfair, mir das jetzt zu sagen. Ich werde es vergessen«, lallst du, und in deinem Herzen macht sich wieder die große Leere breit.
»Ich weiß, Schneewittchen.« Deine Augen fallen wieder zu.

Du denkst über Curtis' Worte nach und darüber, dass du sie vergessen wirst. Aber du wirst nicht vergessen, was sie in dir ausgelöst haben. Sie haben dir das Gefühl gegeben, heller zu leuchten als alles andere auf diesem Planeten.

♫

»Ihre Werte fallen rapide ab«, drängen sich die Stimmen der Ärzte in mein Bewusstsein. »Sie kommt zu sich.« Es fühlt sich an, als würde ich in einen riesigen Strudel gezogen werden. Langsam fühle ich meinen Körper wieder.
Er zittert wie Espenlaub.
Tränen auf meinen Wangen.
Meine Hände werden von beiden Seiten gedrückt.

☼

Ich schlage meine Augen auf und werde von grellweißem Licht geblendet.

Robyn, Leslie, Marie, Damian, Dad, Alec, Ada, Sascha und Jules stehen rund um das weiße Bett, auf dem ich liege.

Ich muss ein paar Mal schlucken, als ich bemerke, dass Curtis sich nicht unter ihnen befindet.

»Hey, Leute«, krächze ich und mein Blick fällt auf meinen Arm, der mit einem Tropf verbunden ist.

»Mach dir keine Sorgen, alles wird gut«, sagt Dad und streicht mir über die Wange. Mein Herz klopft schneller. »Warum bin ich hier?«

Doch als ich die Worte ausgesprochen habe, dringen Erinnerungsfetzen in mein Bewusstsein.

Alec. Die Bühne. Das Zittern. Der Sturz. Die Scheinwerfer. Curtis.

»Wo ist Curtis?«

Vielsagende Blicke, doch keine Worte.

Ich denke an ihn und die Dinge, die er sagte, um mein Herz nicht zu brechen.

»Langsam, Liebes, du bist doch gerade erst aufgewacht.« Marie setzt sich auf das Bett und streicht über mein Bein.

Mir schießen wieder die Tränen in die Augen. »Warum zur Hölle hänge ich an einem beschissenen Tropf?«

»Du hast in den letzten Wochen zu viel Gewicht verloren und befindest dich schon seit Längerem in der roten Zone, was dein Untergewicht betrifft, weshalb die Ärzte gezwungen waren, dich künstlich zu ernähren.«

Nachdem Marie ihren Satz beendet hat, betritt ein Mann in weißem Kittel das Krankenhauszimmer.

»Dr. Jim.« Der Arzt schüttelt zuerst mir und dann Dad die Hand.

»Sie sind der Erziehungsberechtigte?«

Dad nickt und ich sehe ihm an, wie viel Kraft es ihn kostet, mich auf diesem Krankenhausbett sitzen zu sehen, verblasst, gebrochen.

Das Haute-Couture-Kleid von Neil Laurent hängt über einem Stuhl und die High Heels liegen verstreut im Zimmer. Ich trage nichts weiter als das weiße Krankenhaushemd und meine Unterwäsche.

»Ich würde vorschlagen, ich spreche kurz unter vier Augen mit der Patientin und dann bekommt sie erst mal nur Einzelbesuche.« Ich will etwas sagen, doch da beginnen schon die Verhandlungen, wer gleich als Erstes mit mir sprechen darf.

Und bevor ich ein Wort sagen kann, steht nur noch Dr. Jim vor meinem Bett.

»Wir haben Ihnen Blut abgenommen und mussten leider feststellen, dass Ihnen Kalium und Magnesium fehlen, was zu Herzrhythmusstörungen führen kann. Außerdem haben Sie Kalzium- und Phosphatmangel, was auf lange Sicht ihren Knochen und Gelenken schaden könnte. Weiterhin weisen Sie einige Symptome einer Bulimie auf, wenn ich mir die Behaarung an ihren Armen und ihr Gebiss anschaue. Fühlen Sie sich oft müde oder erschöpft oder hat sich ihre Regelblutung verändert?«

Ich räuspere mich. »Meine Tage hatte ich das letzte Mal vor drei Monaten.«

»Weitere deutliche Mangelerscheinungen, wie zum Beispiel der vorliegende Vitamin-D-Mangel und der Eisenmangel können dafür verantwortlich sein, dass sie aufgrund einer Blutarmut erschöpft oder müde sind. Sind sie in psychiatrischer oder psychologischer Behandlung?«

Ich schüttle meinen Kopf.

☼

»Miss Courtney, ich würde Ihnen raten, eine stationäre Therapie in Angriff zu nehmen.« Dr. Jim heftet seinen Kugelschreiber an sein Klemmbrett und sieht mich durch seine eckige Brille an. »Eine ambulante Therapie mit geordnetem Umfeld und begleitender Selbsthilfegruppe ist natürlich auch durchaus denkbar.«

Meine Welt kippt.

♫

»Was machst du hier, Robyn?« Das Mädchen mit den hellblonden Haaren steckt ihren Kopf durch die Tür meines Krankenhauszimmers. Sie schließt die Tür hinter sich, aber anstatt sich zu mir ins Bett zu legen, wie sie es sonst tun würde, bleibt sie in der Mitte des Raumes stehen und sieht mich an.

»Ich möchte mich bei dir entschuldigen, Paige. Ich war eine schreckliche Freundin und es tut mir leid.«
Robyn hat sich noch nie zuvor bei irgendjemandem für irgendetwas entschuldigt, weshalb ich schlucken muss, bevor ich zu sprechen beginne.
»Was tut dir leid, Robyn? Ich habe in Curtis etwas gesehen, das ich bei niemand anderem gefunden habe. Ich war naiv und blind in ihn verliebt und es war mir unglaublich wichtig, dass du ihn magst, weil ich weiß, dass du die meisten Menschen hasst.« Ich schüttle traurig lächelnd meinen Kopf.
»Es war komplett dumm von mir, nicht von Anfang an zu wissen, dass ihr euch anhimmeln würdet.« Ich sehe ihr direkt in ihre hellblauen Augen und weiß nicht, was ich fühle, bevor der nächste Satz aus mei-

nem Mund sprudelt, ohne dass ich nur eine Sekunde darüber nachdenken kann.

»Du hättest so ungefähr jeden anderen verdammten Menschen auf der Welt haben können und es hätte mich, Scheiße noch mal, nicht gejuckt. Aber eine Raven Obyn möchte eben immer das, was sie nicht haben kann.« Meine letzten Worte sind nur noch ein Flüstern und ich weiß, dass ich gleich heulen werde, wenn ich mich nicht zusammenreiße.

Wir sehen uns für eine Ewigkeit schweigend an.

»Ich wollte dich nicht verletzen, Paige.« Sie macht einen Schritt auf das Krankenhausbett zu, auf dem ich sitze, bleibt dann aber wieder wie festgefroren stehen und sieht todunglücklich aus.

»Wir haben zu viel Alkohol getrunken«, stottert sie dann und ich spüre, wie ich wieder unglaublich wütend werde.

»Robyn.« Ich berühre fassungslos meine Stirn und sehe sie dann wieder an. »Niemand hat euch dazu gezwungen, euch so wegzusaufen. Du bist seit Juli siebzehn Jahre alt, es ist in diesem Land komplett illegal, in deinem Alter Alkohol zu trinken, geschweige denn Zigaretten oder sonst was zu rauchen.«

Ich schlucke. »Vierzehn Jahre lang kannte mich jeder als die Tochter von Primaballerina Anastasia Stanislavovna Smirnova und beste Freundin von Robyn. Auf der Highschool war ich dann zwei Jahre lang Piggypaige, die aus unerklärlichen Gründen noch immer die beste Freundin von Robyn, dem beliebtesten und schönsten Mädchen der ganzen Schule war. Du hattest deinen Autounfall, ich bin nach New York gezogen und plötzlich war ich Paige. Einfach nur Paige.« Ich suche nach irgendeiner Regung in Robyns Gesicht, bevor ich weiterspreche.

☼

»Die ersten Tage nach deinem Unfall haben sich angefühlt, als würde ich langsam und qualvoll sterben. Aber dann ... «, ich stocke, als die letzten Monate vor meinem inneren Auge an mir vorbeiziehen.

»Dann habe ich gemerkt, dass ich zum ersten Mal von Menschen, die nicht du sind, als die Paige wahrgenommen wurde, die ich bin. Und es hat sich so gut angefühlt. Ich habe Dinge erlebt, die ich mir vor einem Jahr niemals hätte erträumen können. Curtis hat es mir einfach gemacht, alles zu vergessen. Wenn ich bei ihm war, wurde alles immer so leicht und ich habe mich gefühlt, als wäre ich mehr ich selbst « Während ich rede, schleicht sich ein Lächeln auf mein Gesicht, wie immer, wenn ich an ihn denke.

Aber als mir klar wird, dass nichts mehr so ist, wie es war, legt sich wieder das bedrückende Gefühl auf meine Seele, das zu meinem ständigen Begleiter geworden ist.

»Moms Tod hat mich in ein Loch geworfen, aus dem ich ohne Curtis nicht herausgefunden hätte. Und dann bist du aufgewacht und ... als wäre plötzlich alles genau wie früher in der Middleschool, habe ich mich wieder wirklich glücklich gefühlt.«
Ich schaue Robyn an und sehe, dass etwas in ihren Augen verdächtig glitzert.

»Aber Robyn, du warst doch die, die immer diese Mond-und-Sonne-Metaphern verwendet hat. Deshalb solltest du selbst doch am besten wissen, dass das Aufgehen der Sonne dazu führt, dass der Mond untergeht.« Ich starre sie an und weiß nicht, was ihr gerade alles durch den Kopf schießt, dann schlucke ich meine Tränen runter und fixiere einen Punkt an der Wand.
»Du warst immer da, mein ganzes Leben lang. Alles was ich habe, ge-

hört irgendwie auch dir. Die Songs, Klamotten, Mom. Meine Freunde in der Middleschool waren alle auch deine. Du hast fucking Einsen in der Schule geschrieben, obwohl du gefühlt nie da warst. Selbst damals, als wir noch Ballett gemacht haben, warst du so viel besser als ich. Und du bist aufgewacht und plötzlich hast du wie selbstverständlich in meiner Wohnung gewohnt und alle Menschen, mit denen ich zu tun hatte, liebten dich.«

Ich mache eine kurze Pause.

»Nach deinem Autounfall ist Curtis zu dem wichtigsten Menschen in meinem Leben geworden. Ich war so abhängig von seinen Worten und allem, was er tat, dass ich immer ein kleines Stückchen mehr kaputtgegangen bin, wenn mir wieder klar wurde, dass ich nie alles von ihm haben kann.«

Jetzt laufen mir warme Bäche über die Wangen und ich wische sie mit zitternden Fingern von meinem Gesicht und sehe die durchsichtige Flüssigkeit darauf an, als hätte ich noch nie Tränen gesehen.

Robyn zögert kurz, läuft dann aber mit kleinen Schritten auf mein Krankenhausbett zu, setzt sich und zieht mich in ihre Arme.

Ich möchte sie nicht umarmen, aber Robyn ist mein Zuhause.

»Als du auf der Toilette warst, haben wir angefangen, Wodka zu trinken«, flüstert sie in meine Schulter, und die Tränen laufen weiterhin über mein Gesicht.

»Curtis hat mich gefragt, warum ich immer Baby zu dir sage. Ich hab nichts darauf geantwortet und nur lachend gesagt, dass der Typ, der dich andauernd Schneewittchen nennt, einfach den Mund halten sollte, wenn es um Spitznamen geht.«

Ich höre, wie Robyn schnieft und gleichzeitig versucht zu lachen, und lege meine Wange auf ihre Schulter.

☼

»Ich kann mich nicht mehr erinnern, wie genau, weil ich echt viel zu viel Alkohol getrunken habe, aber irgendwann haben wir angefangen, uns immer bescheuertere Spitznamen auszudenken und sie an jeden unserer Sätze zu hängen.« Ich schlucke, als ich mich daran erinnere, wie ich mit gebrochenem Herzen im Türrahmen stand.

»Und warum habt ihr mir nicht erzählt ...« Ich stocke, lasse Robyn los und streiche mir über das verheulte Gesicht.
Auf Robyns rosigen Wangen entsteht ein Bach aus Wimperntusche und Tränen.

»Damian hatte was mit einem Fangirl, das Kondom ist gerissen und sie musste die Pille danach nehmen, weil Damian panische Angst hatte, er könnte mit siebzehn Vater werden«, sagt Robyn nüchtern und ich runzle meine Stirn.
»Und warum habt ihr mir das nicht einfach erzählt?«, frage ich Robyn und wische mir die Tränen von den Wangen.
»Weil ich weiß, dass du von solchen Groupie-Geschichten nichts hältst, und es Damian echt wichtig war, dass seine Schwester nicht schlecht von ihm denkt.«
»Ich hätte da doch nicht mit Les drüber geredet«, meine ich verwirrt.

»Er meinte dich, als er gesagt hat, dass seine Schwester es nicht wissen soll.« Robyns Mundwinkel heben sich leicht und es lässt sie noch ein bisschen unglücklicher aussehen, wie sie da so sitzt, mit leerem Blick und traurigen Augen.
»Er hat wirklich Schwester gesagt?«, frage ich erstaunt und Robyn nickt so leicht mit dem Kopf, dass ich mir denke, ich hätte es mir nur eingebildet.

»Warum bist du so unfassbar dünn geworden?« Ich hätte niemals gedacht, so etwas von der zierlichen Robyn zu hören.

Es ist zwar alles, was ich immer gefragt werden wollte, aber jetzt, als die Worte ihre Lippen verlassen haben, lösen sie nicht das in mir aus, was die Stimme mir versprochen hat. Robyn fährt über meine Schultern und sieht mich mit einem komischen Blick an, bevor sie mich in den Arm nimmt und ich einen Heulkrampf bekomme.

»Du bist zwar das empathischste und liebste Mädchen der Welt, aber du musst aufhören, nur an das Gute in Menschen zu glauben, sonst wirst du nur von ihnen ausgenutzt.« Robyn lässt mich los und schaut mich ernst an.

Ich nehme ihre Berührung kaum wahr. Es scheint, als wäre mein Körper in den letzten Wochen zu einem Fremdkörper geworden.

»Sei einfach die Paige, die schon als kleines Kind irgendwelche Leute angemeckert hat, wenn sie ihr dumm gekommen sind. Schreite niemals wegen irgendwelcher Egos, die nicht dein eigenes sind, über deine Komfortzone hinaus. Und bitte, bitte finde dich wieder selbst.« Robyn drückt meine Hand und sieht mich eindringlich an.

»Alecs Schwester Becca ist an Essbrechsucht gestorben.« Ich schaue Robyn an und sie schluckt. »Vor meinem Auftritt in der `Carnegie Hall` hat er mir von ihr erzählt. Ich erinnere ihn an Becca, weil ich auch krank bin.«
Tränen schießen in meine Augen.

»Erinnerst du dich an unser erstes Jahr in der Highschool? Ich hatte in den Sommerferien vor der neunten Klasse fünf Kilo zugenommen. Am ersten Schultag hab ich auf der Mädchentoilette geheult, nachdem Jane mir mein Mittagessen über den Kopf geschüttet und geschrien hat, ich sei eine fette Schlampe. Vermutlich, weil Domenico Martini sich in Englisch neben mich gesetzt hat und sie in ihn verknallt war. Das war der Tag, an dem es in meinem Kopf zum ersten Mal so laut war, dass ich meine eigenen Gedanken nicht mehr hören konnte.«

Ich atme einmal tief durch und als ich Robyn anschaue, weiß ich, dass sie sich erinnert.

»Im Oktober vor zwei Jahren, an Everlys fünfzehntem Geburtstag, hat Domenico mich hinter ihrem Haus gefragt, ob ich seine Freundin sein will. Als er ein paar Wochen später auf dem Pausenhof mit mir Schluss gemacht hat, hat er mir vor seinen ganzen Freunden gesagt, dass er mich eigentlich total langweilig findet, aber mal mit einem kurvigen Mädchen rummachen wollte. Du wurdest schnell zum Jahrgangsliebling und jeder wollte deine beste Freundin sein. Alle haben sich gewundert, warum du dich mit mir abgibst.«

Ich presse meine Lippen aufeinander, bevor ich weiterspreche.
»Seit dem ersten Tag auf der Highschool macht die Stimme aus meinem Unterbewusstsein mir das Leben zur Hölle.«

Robyn fährt sich durch die Haare, bevor sie ihren Mund öffnet. »In der zweiten Schulwoche hatte Jane doch diese krasse Frisur und sah aus, als hätte sie sich mit einem Boxer geprügelt.«
Ich nicke. »Worauf willst du hinaus, Robyn?«

»Als du mich am ersten Freitag nach den Ferien gefragt hast, ob ich
dich am Wochenende besuchen komme, und ich gesagt habe, ich hätte keine Zeit, habe ich mich zum Übernachten mit ihr getroffen.
Nachts hab ich ihr die Haare mit der Bastelschere aus meinem Mäppchen geschnitten. Am nächsten Tag habe ich mich mit ihr geprügelt.
Das war für die Aktion am ersten Schultag.«

»Sie hat dich trotzdem zu ihren Partys eingeladen.«

Robyn lacht laut. »Ich hab sie mit einem Foto auf meinem Handy er-
presst, auf dem man im Hintergrund ihre Push-up-BH-Sammlung
sehen kann. Ich weiß bis heute nicht, warum sie sich damit hat er-
pressen lassen, das ist doch eigentlich echt nicht so wild.« Sie sieht
mich an. »Ich hab dir einen Song geschrieben, Baby.«

Dieser Satz versetzt mich in eine Zeit zurück, in der wir Sandburgen
am Meer, blaue und lila Freundschaftsarmbänder und Texte auf der
ramponierten Matratze in meinem Zimmer in Boston erschaffen
haben. Robyn nimmt ihre Gitarre und fängt an zu singen.

☼

robyn - metaphor

erste strophe
it's a metaphor girl,
it's a metaphor.
you wrote to me since the day I was gone.
and I felt a little stupid while I
watched you break
because of my metaphor.

prechorus
oh, my metaphor hurt you.
i know it hurt you much
and that was a sign for me to hold on.
it hurt you.
i know it hurt you much
and that was a sign for me to hold on.

chorus
you're only listening to her,
don't beg me to talk.
trying to get your thoughts,
what the hell is on your mind?

☾

bridge
you felt the dust
and the breakdown
of our little world.

and I feel the dust
and the breakdown
of your little world.

zweite strophe
it's a metaphor girl,
it's a metaphor.
you broke a lot more
since I was gone.
and nobody can
save you but yourself.
and it's a metaphor.

prechorus
oh, my metaphor hurt you.
i know it hurt you much
and that was a sign for me to hold on.
it hurt you.
i know it hurt you much
and that was a sign for me to hold on.

chorus
you're only listening to her,
don't beg me to talk.
trying to get your thoughts,
what the hell is on your mind?

☼

         bridge
    you felt the dust
    and the breakdown
    of our little world.

    and I feel the dust
    and the breakdown
    of your little world.

Ich falle ihr um den Hals und weine in ihr Shirt. Es braucht ein paar Sekunden, bis ich meine Stimme wiedergefunden habe. »Robyn, ich muss dir noch etwas erzählen. Es geht um Steven ...«

♫

Als ich aufwache, sitzt Max an meinem Bett.

»Hi, Paige, wie geht es dir?«

Ich zucke mit den Schultern und grinse. »Ich hasse Krankenhäuser.«

»Du warst eine Prüfung für Dave und ich hoffe, dass er nicht zu grob mit dir umgegangen ist.« Max lacht.

»Wie?« Verwirrt runzle ich meine Stirn.

»Dieses Jahr ist sein erstes Jahr alleine in `Chicago` als Geschäftsführer von `TSoundz` und ich hatte echt Angst, dass er Mist baut.«

»Na ja, er ist, noch bevor ich irgendeinen Vertrag unterschrieben habe, mit mir Essen gegangen und hat Hummer für mich bestellt. Ein paar Wochen später hat er mich über seine Schulter geworfen und durch das ganze Studio getragen, als ich nicht aufhören wollte, ihn ›David Elin Tanner‹ zu nennen. Warum gibst du deinem Kind so einen Namen?«

»Das war ich nicht«, lacht Max.

»Und Hummer? Ehrlich?« Ich nicke und dann prusten wir beide noch mal los.

Es klopft und unsere Köpfe drehen sich gleichzeitig zur Tür.

»Paige, wir müssen reden.«

Max steht wie auf Kommando auf.

»Max hat noch fünf Minuten.«

Ich hasse es, wie alle springen, wenn Mr. Moore nur mit der Wimper zuckt.

☼

»Max«, sagt Curtis und nickt zur Tür.

»Sorry, Paige.« Max zuckt entschuldigend mit den Schultern und lächelt mich noch mal an, bevor er die Tür hinter sich schließt.

Ich richte wiederwillig meinen Blick auf Curtis, der sich seine Chucks abstreift, die Jacke auf den Stuhl wirft und mir bedeutet zu rutschen.

»Spinnst du?«, bringe ich raus, als ich kapiere, was er vorhat.

»Ja, warum?« Er grinst und tut so, als wüsste er nicht, worauf ich anspielen will und muss mich schwer zusammenreißen, nicht aufzustehen, mir meinen Tropf zu schnappen und einfach aus dem Zimmer zu gehen.

Letztendlich setzt Curtis sich ans Fußende des Bettes und dreht an einem seiner vielen silbernen Ringe, bevor er mir tief in die Augen sieht.

»Wie geht es dir?«

»Gut?«, antworte ich schnippisch.

Er beißt sich auf die Unterlippe und rutscht so nah zu mir, dass er mein Krankenhaushemd am Arm nach oben schieben kann. Eine tiefe Falte schleicht sich auf seine Stirn, als er die Blutergüsse von meinem Sturz sieht.

»Gut?« Es ist weniger an mich gerichtet, als ein ungläubiges Wiederholen dessen, was aus Versehen laut ausgesprochen wurde.

»Ja?« Langsam werde ich sauer.

Was erlaubt er sich eigentlich, einfach hier aufzutauchen und so zu tun, als wäre er nie weggewesen?

»Wer hat dich in diesem Zustand auf die Bühne gelassen?«

Ich ignoriere ihn, stehe auf und laufe mit meinem Tropf im Schlepptau ans Fenster. Sein Blick durchbohrt förmlich meinen Rücken.

»Wann bist du so geworden?«

Ich will ihm keine Genugtuung geben. »So?«

Ich schaue auf die Straße hinunter und halte mich mit der Hand am Fensterbrett fest.

Curtis räuspert sich. »Ich kann übrigens deine Unterwäsche sehen.«

Scheiße, das Krankenhausnachthemd ist hinten offen.

Ich drehe mich ruckartig wieder zu ihm um und hoffe, dass mein Gesicht nicht die Farbe eines Stoppschildes angenommen hat.

Curtis nimmt einen zerknitterten weißen Umschlag aus seiner Jacke, die über dem Stuhl hängt, bevor er einen langen Brief aus dem aufgerissenen Kuvert zieht und ihn auffaltet. Ich halte die Luft an, als ich kyrillische Buchstaben erkenne. Curtis sieht mich an, streicht mit dem Daumen das Papier glatt und ich muss mich am Fenstersims festhalten, um nicht umzukippen, als er zu lesen beginnt.

☼

Rodnaya Nastya,

du standst vor meiner Tür und hieltst dein kleines
Mädchen an der Hand.
Ich hatte immer Angst, sie könnte seine blonden Haare,
die Sommersprossen und seine blauen Augen haben, weil
ich sie dann nicht so sehr lieben könnte wie dich.

Aber ihre Haare waren schwarz wie Ebenholz, ihre Haut
kaum dunkler als der Schnee und ihre Augen genauso
rehbraun wie deine.

Es war Jahre her, seit ich dich zum letzten Mal hier
in Russland gesehen hatte.
Aber da warst du. Vor meiner Tür, die Füße in deinen
roten Stiefeln, deine Wangen gerötet von der Kälte, so
wie immer.
Und es fühlte sich an, als wärst du nie weg gewesen.

Ich sah dich kurz an, bevor ich mich vor deine Tochter
kniete, die einen langen lila Mantel und einen Haarreif
trug.
»Ich heiße Ivan und wer bist du?«

Sie sah mich aus großen Augen an und klammerte sich fester an deine Hand.

»Sie heißt Paige«, meintest du. Das kleine Mädchen versteckte sich ängstlich hinter deinem Rücken.

»Sie hat keinen russischen Namen?« Ich stand hastig auf und sah dich stirnrunzelnd an.

»Ihr Zweitname ist Alyaska.« Du fuhrst mit der Hand über ihre langen Haare.

»Alaska gehört zu den Vereinigten Staaten von Amerika.«

»Wir sind jetzt Amerikanerinnen, Ivan«, meintest du ruhig, aber ich wusste, dass du es nur laut sagtest, um es dir selbst zu versichern.

»Sie vielleicht, sie ist eine Courtney, aber du wirst für immer Russin bleiben, Nastya.«

Ich verlagerte mein Gewicht von dem einen auf das andere Bein. »Möchtet ihr reinkommen?«

Ihr bliebt für zwei Tage. Du kochtest Solyanka in meiner kleinen Küche und nachts schlief ihr in Summers altem Zimmer.

Du sprachst kaum, aber wenn du etwas sagtest, dann wurde mir klar, dass alles nie wieder so werden würde, wie es einmal war.

Paige redete kein einziges Wort mit mir, klammerte sich immer nur sehr ängstlich an dich und sah mich an, als würde ich ihr jeden Moment etwas antun.

Und dann wart ihr weg.

Die Tür des Safes in meinem Schlafzimmer stand offen.

Und die schwarze Glock 19 war draus verschwunden.

Ich habe dich seitdem nicht mehr gesehen.

Aber ich denke jeden Tag an dich.

Du kannst nicht in meiner Welt leben.
Und ich nicht in deiner.
Aber irgendwann werden wir uns zwischen den Welten treffen.

Tvoy Ivan ♥

»Mezhdu mirami«, murmelt Curtis und sieht nachdenklich auf.

»Zwischen den Welten«, übersetze ich leise.

»Hat sie russisch mit dir gesprochen?« Curtis sieht mich an.

»Als ich klein war, mit der Zeit wurde es weniger.« Ich schwelge in Gedanken.

»Erinnerst du dich an ihn?«, fragt Curtis mich leise.

Ich schüttle den Kopf und beiße auf meiner Unterlippe herum.

Doch dann fällt es mir plötzlich wieder ein. »Ich bin ihm mal im Supermarkt begegnet. Er meinte, ich hätte die Haarreifen früher auch schon immer getragen. Ich hab versucht, die ganze Begegnung zu vergessen und auch gar nicht mehr drüber nachgedacht, aber jetzt weiß ich, was er damit meinte. Und ...« Es fühlt sich an, als würde mir etwas die Luft abschnüren, als ich das ausspreche, was ich schon seit Monaten verdränge. Meine Stimme zittert. »Damals, als wir in ihrer Wohnung waren und die Briefe gefunden haben, hab ich noch etwas anderes gefunden.«

»Damian, Alec und du wart schon unten und habt mir Zeit gegeben, mich von der Wohnung zu verabschieden. Ich lag auf Moms Bett und hab Robyn einen Brief geschrieben. Danach hab ich die quadratische Kassettendecke mit den blaurosa Blumen und Vögeln an Moms Decke angestarrt. Ein Teil direkt über meinem Kopf war etwas verrutscht und ein Spalt war sichtbar.

Ich bin aufgestanden und wollte sie geraderücken, da fiel plötzlich eine schwarze Pistole auf Moms Matratze.« Mein ganzes Gesicht fühlt sich taub an und ein kalter Schauer läuft mir über den Rücken.

☼

»Und warum hast du mir das nicht erzählt?« Zwischen Curtis'
Augenbrauen ist eine tiefe Falte und seine Unterkiefermuskulatur ist
angespannt.

Ein Kloß bildet sich in meinem Hals und meine Unterlippe zittert.

»Ich konnte nicht.«

»Weißt du noch, wie die aussah? Und ... kann es sein, dass du die mitgenommen hast?«

»Ich ... hab sie im Internet gesucht und ... das muss diese Glock 19 aus
Ivans Brief sein. Sie liegt in meiner Wohnung.«

»Oh Paige«, murmelt er nur, und seine Augen sind weit aufgerissen.
»Das muss alles irgendwie zusammenpassen, aber was zur Hölle
meint er mit ›zwischen den Welten‹?«

»Irgendwas ...« Schlagartig laufen unzählige Szenen an meinem inneren Auge vorbei, die mir die Luft abschnüren. »Zwischen den Welten.
Weder tot noch lebendig. Curtis, vielleicht meint er damit, dass er
plant, sie umzubringen. Vielleicht meint er mit ›zwischen den Welten‹
das Sterben.« Die Worte sprudeln aus mir heraus, bevor ich darüber
nachdenke, was das bedeuten würde.

»Es gibt noch so viele Dinge, die wir nicht wissen, Paige.« Curtis fährt
sich mit den Händen durchs Gesicht und ich sehe, wie erschüttert er
ist.

»Du warst die ganzen Monate über immer da, Paige.« Curtis sieht
mich an und die Sonne der goldenen Stunde taucht sein Gesicht in ein
atemberaubendes Licht. »Und ich will nicht, dass du gehst, weil ich
immer alles kaputt mache.«

☾

Ich schlucke einmal, bevor ich beginne zu sprechen. »Ich weiß, dass du weißt, dass ich zu krank bin, Curtis. Vielleicht ist es besser, wenn du mich vergisst.«

»Warum hast du immer so viel Angst?«
Er dreht den silbernen Ring an seinem Zeigefinger.
»Was?« Ich kralle meine Finger noch mehr in das Fensterbrett.
»Du schaust mich immer so an, als hättest du so viel zu sagen, aber Angst, es einfach auszusprechen.«
Ich schweige ihn für zehn Sekunden an, bevor ich mich räuspere, und vermeide, ihm direkt in die Augen zu sehen.
»Ich bin kein Mädchen, mit dem du nach dem Konzert in deinem Backstageraum rauchen und betrunken rumknutschen kannst. Wir passen nicht zusammen, Curtis, und ich will nicht, dass wir uns länger gegenseitig verletzen.«

»Ich kann dich aber nicht vergessen«, sagt Curtis und als ich ihm in die Augen sehe, bekomme ich Gänsehaut am ganzen Körper.
»Du wirst mir nie wieder aus dem Kopf gehen. Meine Gefühle für dich halten mich genau so sehr am Leben, wie sie mich umbringen.«

»Das geht nicht, Curtis. Zwei gebrochene Menschen sind nicht dadurch, dass sie zusammen sind, einfach wieder ganz.« Ich spüre, wie meine Unterlippe bei den Worten wieder zu zittern beginnt.

»Ich will dich, Paige.« Er muss dringend aufhören, solche Sachen zu sagen.
Ich muss mich an der silbernen Metallstange festhalten, an der mein Tropf befestigt ist.

Curtis schaut mich durch seine goldenen Augen an.

»Bitte setz dich hin, ich will nicht, dass du umkippst.«

Seine Stimme lässt meinen Körper kribbeln. Ich stolpere mit wackeligen Beinen auf das Bett zu und hoffe, dass er nicht vergessen hat, was er gerade sagen wollte.

»Ich weiß, dass du dich nicht daran erinnern kannst, aber in der Nacht, in der ich vor deiner Haustür in **Boston** stand und du mich angeschaut hast, wurde mir klar, dass ich dich mehr mag, als ich jemals zugeben würde.«

»Curtis Moore.« Ich sehe ihn an und muss um meine Beherrschung kämpfen.

»Ich verstehe dich einfach nicht.«

Meine Stimme klingt schwach.

»Immer, wenn ich versuche, dich zu vergessen, weil du mir das Herz gebrochen hast, kommst du um die Ecke und sagst mir, dass du mich magst. Und dann betrinkst du dich, nennst meine beste Freundin Darling ...«

»Oh, die Darling-Sache!«, unterbricht Curtis mich und klatscht sich an die Stirn. »Schneew-äh, Paige ... oh wow, Scheiße. Du musst wissen, wir haben Robyn davon erzählt, dass ich eine Zeit lang jedes Mädchen ›Darling‹ genannt habe, mit dem ich was hatte, weil ich mir keine Namen merken kann. Darling ist also absolut nichts Besonderes.«

»Ich dachte immer, du wärst kein Fuckboy«, sage ich nüchtern. »Und warum erzählst du mir so was eigentlich nicht einfach?«

»Du hast mir auch nichts von Domenico Martini erzählt. Oder von Dave Tanner.«

☾

Stille.

Wir sehen uns an.

Und dann lächeln wir.

Ich rutsche auf Curtis zu und er zieht mich an sich und vergräbt seinen Kopf in meiner Halsbeuge.

»Ich könnte dich auch nie vergessen, Curtis Moore«, murmle ich auf Russisch und lächle, als Curtis mich noch fester hält.

»Wir schaffen alles zusammen, Schneewittchen.«

[37]
Coney Island

Ich umarme Joanna und winke Terry zum Abschied, bevor ich mit Curtis über den Parkplatz vor dem Gemeindehaus auf sein Auto zulaufe.

»Was ist eigentlich los, du Streberin? Du verpasst keine Stunde bei deiner Therapeutin und ich hab das Gefühl, dass du langsam anfängst, jetzt auch noch diese Sekten-Selbsthilfe-Gurus zu mögen.« Curtis lacht und tastet nach meiner Hand.

»Sie tun mir gut.« Ich lächle. »Und ich weiß jetzt, dass es mich nicht zu einem besseren Menschen macht, wenn ich in Brandy-Melville-Klamotten reinpasse.«

»Menschen, bei denen es sich anfühlt, als würden sie einem guttun, finde ich grundsätzlich verdächtig.«

Ich boxe Curtis in die Seite. »Hör auf, so zu tun, als würdest du auf alles scheißen.« Er nimmt meine Hände und stellt sich direkt vor mich. »Vielleicht ist dieses Ich aber mein wahres Ich.«

Ich recke mein Kinn zu ihm nach oben und grinse.

»Ich kenne dein wahres Ich, Curtis Moore.«

»Wo fahren wir hin?«, frage ich und trommle auf meine Oberschenkel.

»Rate.« Curtis schaut mich kurz an und biegt dann auf die Straße ab.

»Nach Hause?«

»Jap.« Er nimmt die Abzweigung nach Coney Island.

»Du hast mich schon wieder verarscht, hab ich recht?«

☾

»Jap.«

♪

Wir laufen über den Sandstrand und schauen den atemberaubend schönen Sonnenuntergang an.

»Warst du schon mal auf `Coney Island`, Paige?«, fragt er mich und ich lache, weil es exakt dieselbe Frage ist, die er mir vor einem Dreivierteljahr genau hier gestellt hat.

»Ich hab hier im Winter so einen richtig aufdringlichen Typen kennengelernt, der bis jetzt nicht aufgehört hat, mich zu nerven.«

Curtis zieht eine Augenbraue hoch und stellt sich vor mich.

»Muss voll der Creep sein.« Er streicht mir eine Haarsträhne hinters Ohr und ich lache.

»Ich mag ihn ... irgendwie.«

Curtis zuckt mit den Schultern.

»Du tust mir ja auch gut, also grundsätzlich verdächtig.«

Diese Augen.

»Versprich mir, nicht in Ohnmacht zu fallen«, flüstert Curtis gegen meine Lippen, bevor er mich an meiner Taille hält, zu sich zieht und seinen Mund vorsichtig auf meine Lippen legt. Ich führe meine Hand zu seiner Wange und versuche, nicht umzukippen.

Ich dachte immer, von Curtis Moore geküsst zu werden, fühlt sich an wie Achterbahnfahren, oder vom Zehnmeterbrett springen, Musik oder Weihnachten.

Aber es ist besser.

☼

Als er sich von mir löst, sind seine Pupillen riesig und meine Wangen glühen. Ich greife nach seiner Hand und meine Mundwinkel zucken.

»Jetzt hör auf, mich so anzuschauen. Ich weiß, dass du schon damals auf Coney Island übertrieben in mich verknallt warst«, sagt Curtis gespielt arrogant.

»Warum riechst du eigentlich immer nach Zimt?«, frage ich und lege meine Arme um seinen Hals.
Curtis lacht und legt seine Hände auf meinen Rücken.
»Dich interessiert das wirklich brennend, kann das sein?«
»Schon mehr als so Sachen, die man sonst so fragt, nachdem man mit jemandem auf Coney Island rumgeknutscht hat, der viel zu sehr von sich selbst überzeugt und undurchschaubar ist«, antworte ich glucksend.
»Ach, was fragt man denn sonst?« Curtis grinst schelmisch.
Ich mag es, wie wir hier alleine in der Kälte stehen und uns schmunzelnd unterhalten.
Es fühlt sich friedlich und irgendwie trotzdem gleichzeitig aufregend an.
»Das musst du selbst rausfinden.« Ich zucke mit den Schultern und lache.
Curtis sieht mich aus seinen goldenen Augen an,
als müssten wir nie wieder sprechen,
als würden unsere Blicke mehr sagen als Worte,
als würde er meine bösen Geister verscheuchen,
als wären wir die einzigen Menschen auf der Welt,
als könnten wir leuchten
und
als würde er mich lieben.

Er legt seine Hände auf meine Wangen,
zeichnet mit seinem Daumen
die Konturen meiner Lippen nach
und dann
küsst er mich.

☼

[38]
Gerichtssaal

Wegen morgen habe ich seit Wochen Alpträume.
Unzählige Male habe ich mit meiner Therapeutin, Curtis, Robyn und
Marie über meine Ängste gesprochen und weiß, dass ich nicht so viel
Panik haben muss.
Morgen muss ich vor Gericht aussagen.
Und Steven wird dort sein.

♫

»Der hier anwesende Steven Bittner wird des Mordes an Anastasia
Stanislavovna Smirnova beschuldigt.« Die Richterin sieht zu Steven
und seinem Pflichtverteidiger, Mr. Snider, der nickt: »Wir plädieren
auf nicht schuldig.«

Ich versuche von den Gesichtern der Geschworenen abzulesen, ob es
möglich sein wird, ihnen nahezubringen, was ich seit Monaten zu
vergessen versuche.

Staatsanwältin Peterson präsentiert der Jury und der Richterin ihre
Sicht des Falles. »Ich werde beweisen, dass Steven Bittner sich des
Mordes an Anastasia Stanislavovna Smirnova, schuldig gemacht hat.«
Irgendetwas in ihrer Stimme lässt mich hoffen, dass sie recht behält.
Vielleicht ist ihre Entschlossenheit ansteckend.

☾

»Mrs. Camilla Jenkins in den Zeugenstand, bitte.«

Im Saal wird es still.

Man könnte eine Stecknadel zu Boden fallen hören, als Old Lady Jenkins sich auf den Stuhl vor dem kleinen Tisch setzt.

Sie sieht heute so anders aus.

Zum allerersten Mal, seit ich sie kenne, trägt Old Lady Jenkins nicht ihr ausgeleiertes altrosa Nachthemd.

Und auch keins in ausgewaschenem Blau, Gelb, Grün oder Lila.

Ihre Beine stecken in einem eleganten Rock, der an die Mode von vor ein paar Jahrzehnten erinnert, und ihr Oberkörper in einer beigefarbenen Bluse.

Sogar ihre sonst strähnigen Haare sehen heute sehr gepflegt aus und sind mit einer blauen Haarklammer hochgesteckt.

Auch wenn sie noch immer den strengen Zug um ihren Mund hat, die traurigen Augen sich hilflos im Saal umschauen und ein Eckzahn etwas verfault aussieht, wirkt sie um Jahre jünger und hat schon fast etwas Kindliches an sich.

»Guten Tag, Mrs. Jenkins. Ich werde Ihnen jetzt einige Fragen zur Nacht vom dritten auf den vierten Juli stellen.« Robyn dreht sich kurz zu mir um, bevor sie nickt. Sie hat mir verziehen, dass ich so lange gebraucht habe, ihr alles zu erzählen.

»Wie haben Sie den Abend des dritten Juli verbracht?« Ms. Peterson dreht einen Kuli zwischen ihren Fingern.

»Mein Hund Fox und ich haben abends noch einen Film angeschaut, ich bin dann vor dem Fernseher eingeschlafen. Irgendwann wurde ich von seinem aufgeregten Bellen wieder aufgeweckt. Fox war ganz außer sich, ist umhergehüpft und zu unserer Wohnungstür gelaufen. Ich habe dann die Tür zum Treppenhaus geöffnet und in diesem Augenblick ist ein junger Mann an mir vorbei die Treppe hinunter und zur Eingangstür hinausgerannt.«

»War Ihnen dieser Mann bekannt?«

Old Lady Jenkins setzt ein unsicheres Lächeln auf. »Na ja, wissen Sie, in unserer Nachbarschaft passiert eigentlich nie was, deshalb beobachte ich alle Leute, die bei uns ein- und ausgehen, ganz genau und schreibe mir Dinge, die ich über sie in Erfahrung bringen konnte, in mein Notizheft. Sie wissen ja, alte Leute brauchen eine Beschäftigung. Deshalb habe ich Steven Bittner natürlich direkt erkannt. Ich wusste, dass er der Freund von Robyn war, die Paige, schon seit Anastasia und sie eingezogen sind, andauernd besuchen kam.«

Ms. Peterson rutscht auf ihrem Stuhl ein paar Zentimeter zur Seite. »Was haben Sie sich denn über Steven Bittner in ihrem Notizheft aufgeschrieben?«

»Ich habe mir notiert, dass er dreimal mit Robyn bei Paige zu Besuch war, dunkelblonde Haare hat, wirkt wie jemand, der Angst vor mir haben könnte, weil er immer ganz verlegen wurde, wenn er gemerkt hat, dass ich ihn registriert habe.«

»Was haben Sie gemacht, als Steven an ihnen vorbei aus dem Haus gerannt ist?«

»Es war ja dunkel draußen, ich hatte Angst. Ich bin wieder in meine Wohnung gelaufen, habe meine Tür verriegelt und mich ans Fenster gestellt, um draußen nach Steven Ausschau zu halten, aber da war er schon aus meinem Blickfeld verschwunden. Wie es der Zufall manchmal so will, ist genau in diesem Moment ein Streifenwagen in die Straße eingebogen. Diese Polizisten fahren oft mit heruntergefahrenen Scheiben durch die Nachbarschaft und schauen nach, ob alles mit rechten Dingen zugeht. Ich habe nicht lange herumüberlegt, das Fenster aufgerissen und zu ihnen runtergerufen. Die beiden jungen Männer sind daraufhin aus dem Streifenwagen ausgestiegen und ins

Haus gekommen. Wir sind durch das Treppenhaus gelaufen, hoch bis zu Anastasias Wohnung, deren Tür sperrangelweit offenstand. Sie lag in einer Blutlache im Flur.

Die Polizisten riefen einen Notarzt und leisteten erste Hilfe. Ich sah eine Schusswaffe an der Türschwelle und machte die Männer darauf aufmerksam. Als Paige einige Zeit später mit Anastasias Auto ankam, habe ich versucht, mich um sie zu kümmern.«

Old Lady Jenkins schildert, was nach meiner Ankunft noch alles passiert ist, aber meine Gedanken driften ab.

Die folgende kurze Befragung durch Mr. Snider bekomme ich kaum mit.

Der nächste Zeuge, Landon Briggs, einer der Polizisten, gibt quasi alles, was Old Lady Jenkins zuvor berichtet hat, aus seiner eigenen Sicht und in Polizeisprache wieder, also schalte ich wieder ab.

Mir ist es viel zu viel, hier zu sitzen, sachlich abzuwägen und aufzurollen, was in der Mordnacht meiner Mutter wann wie genau passiert ist.

Am liebsten möchte ich einfach aufstehen, hinausgehen und heulen.

Als der andere Polizist, Tonio Niewald, sich minutenlang über die Analyse der Mordwaffe und Moms Schussverletzung auslässt, kommt es mir hoch.

Ich halte mir die Hand an den Mund, hoffe inständig, nicht genau jetzt einen Rückfall zu haben, und versuche, meine rasenden Gedanken zum Schweigen zu bringen.

»Paige Courtney in den Zeugenstand, bitte.«

Ich laufe durch den Raum auf den Zeugentisch zu und setze mich mit zitternden Beinen.

Ich habe so viel Angst, dass mir übel ist.

Im Raum ist es totenstill.

☼

»Guten Tag, Miss Courtney. Ich werde jetzt auch Ihnen einige Fragen
zur Nacht vom dritten auf den vierten Juli stellen.« Ich nicke und
Staatsanwältin Peterson räuspert sich.
»Bitte schildern Sie, was Sie am dritten Juli gemacht haben.« Staats-
anwältin Peterson sieht mich durch ihre grauen Augen an.
»Nachmittags bin ich zu Raven Obyn ins Krankenhaus gefahren.
Robyn lag im Koma und wir sind beste Freundinnen, seit wir ganz
klein waren.«

Ich erzähle, wie ich auf dem Gang im Krankenhaus Steven gesehen
habe.
Wie ich die Rosen entdeckt habe, die auch schon im Winter neben
Robyns Krankenhausbett standen.
Wie ich verzweifelt versucht habe, Mom zu erreichen, aber sie nicht
an ihr Handy gegangen ist.
Wie ich dann nachts bei Taco Bell essen war, im Park spazieren gegan-
gen und nach Hause gefahren bin.
Und meine Stimme zittert, als ich die Dinge berichte, die danach pas-
siert sind.
Ich wollte nie wieder darüber nachdenken und muss mir jetzt jedes
noch so kleine Detail in Erinnerung rufen.

Ich fange an, von der Parallele zwischen Mom und Robyn zu erzählen
und dass ich seit Robyns Unfall kein Feuerwerk mehr ertragen kann.

»Standen ihre beste Freundin Raven Obyn und ihre Mutter Anastasia
Stanislavovna Smirnova sich nahe?«
Ich nicke. »Mom war Robyns Patentante und wie eine zweite Mutter
für sie. Wenn Mom und Audrey, Robyns Mutter, auf Tournee waren,
hat Mom immer Robyn und mir etwas mitgebracht. Als wir noch

jünger waren, sind wir oft zu dritt ins Kino gegangen und Mom hat Robyn ihre erste Gitarre zu Weihnachten geschenkt. Als wir älter wurden und Robyn bei mir zu Hause übernachtet hat, was mindestens zweimal in der Woche vorkam, haben wir immer zu dritt Teenie-Serien geschaut. Mom hat Robyn wie ihre eigene Tochter geliebt.«

Staatsanwältin Peterson deutet ein trauriges Lächeln an.
»Vielen Dank, Paige Courtney. Keine weiteren Fragen, euer Ehren.«

Die Richterin verkündet, dass nun, wie auch bei den vorherigen Belastungszeugen, Stevens Pflichtverteidiger Snider die Möglichkeit bekommt, mir einige Fragen zu stellen.

»Miss Courtney, wissen Sie etwas darüber, wo sich ihre Mutter Anastasia Smirnova am dritten Juli aufhielt?«.
Ich schüttle meinen Kopf.

»Haben Sie vor der Tat noch bei Ihrer Mutter in `Boston` gewohnt?«
»Nein. Nach dem Autounfall von Robyn im Dezember bin ich im Januar zu meinem Dad nach `New York` gezogen und seit Juni wohne ich in `Chicago`.«

»Wann haben Sie Ihre Mutter das letzte Mal lebend gesehen?«
»Im Juni ist Mom mich in `Chicago` überraschend besuchen gekommen und ein paar Tage geblieben.«

»Warum waren sie im Juli in `Boston`?«
»Nachdem ich mit Curtis Moore und Damian Winter im Sommer ein paar Tage in `Malibu` verbracht habe, wollte ich meine Mutter in

`Boston` besuchen. Aber Mom war nicht da und ich konnte sie weder am zweiten noch am dritten Juli telefonisch erreichen.«

»Wollen Sie damit sagen, dass ihre Mutter zwei Tage lang als vermisst galt und Sie keinerlei Kontakt zu ihr hatten? Hat Sie das nicht stutzig gemacht? Hätten Sie nicht eigentlich die Polizei rufen sollen?«
Mein Herz schlägt mir bis zum Hals.
»Ich-, ich habe sie andauernd angerufen und wusste nicht, ob ich mir Sorgen machen soll. Meine Mutter ist immer sehr bedacht gewesen, hat sich aus allen schwierigen Situationen gerettet, deshalb konnte ich mir nicht vorstellen, dass ihr wirklich etwas zustößt. Ich hätte ja nicht wissen können, dass ...«, ich unterbreche mich selbst und schweige.
Gott.
Mir ist zum Heulen zumute.
Mr. Snider sieht mich an, ich flehe stumm, dass er aufhört und ich endlich nach Hause gehen kann.
»Keine weiteren Fragen, euer Ehren«, sagt er, mustert mich doch noch für einen weiteren Moment forsch und mein Herz zieht sich schmerzhaft zusammen.

Steven wird in den Zeugenstand gerufen. Ich weiß, dass er der einzige Entlastungszeuge ist, aber trotzdem stellen sich alle Haare an meinem Körper auf, als er seinen Platz einnimmt.

»Mr. Bittner, wie ist die Nacht vom dritten auf den vierten Juli für Sie abgelaufen?«, fragt Mr. Snider ihn.
Ich sehe, dass Steven mit den Nerven am Ende ist.
»Ich wurde von Ivan Vladimirovich Pavlov angestiftet, Anastasia Smirnova umzubringen.« Steven sieht vorsichtig zu Mr. Snider. »Er ist der Kopf eines Verbrecherrings und koordiniert die Auftragskiller aus

seinem Klan übers Darknet. Es ist seine Schuld, dass Anastasia jetzt tot ist. Ich hatte Angst, dass ich das nächste Opfer wäre, würde ich nicht machen, was mir von Ivan Pavlov übermittelt wurde. Ich habe aus Todesangst gehandelt.«

Ich halte die Luft an.

Steven redet die ganze Befragung über weiter von Ivan, bis Mr. Snider nichts mehr von ihm wissen möchte.

Ich sehe hinüber zu Mrs. Peterson. Sie sieht aus, als müsste sie sich sammeln.

Wahrscheinlich hat Stevens Aussage nicht nur mich komplett aus dem Konzept gebracht.

»An der Schusswaffe, mit der Anastasia Smirnova ermordet wurde, konnten die Fingerabdrücke von Steven Bittner sichergestellt werden. Mit der Anschuldigung, dass Steven Bittner von Ivan Pavlov zum Mord an Anastasia Smirnova angestiftet wurde, wird allerdings ein völlig neuer Aspekt in den Prozess eingebracht, der zuerst geprüft werden muss.

Nun frage ich Sie, Mr. Bittner: Geben Sie zu, dass Sie Anastasia Smirnova erschossen haben?«

Ich halte erneut die Luft an, bis sich alles um mich herum dreht.

»Ich kann mich nicht daran erinnern, geschossen zu haben, aber plötzlich fiel sie zu Boden und lag in einer Blutlache.«

»Wollen Sie, Mr. Bittner, abschließend noch etwas zu Ihrer Verteidigung sagen?«, fragt die Richterin Steven und ich bete, dass er den Kopf schüttelt.

»Ich wurde zum Mord angestiftet und ich bereue, dass ich mich aus Angst dazu bereit erklärt habe, mitzumachen. Es tut mir so unendlich leid.« Stevens Stimme ist tränenerstickt und es schnürt mir die Luftröhre zu.

Die Richterin schließt die heutige Sitzung und verkündet: »Am nächsten Prozesstag wird den noch offenen Fragen auf den Grund gegangen. Es wird geklärt werden, wo sich Mrs. Smirnova in den Tagen vor ihrem Tod aufgehalten hat und ob beziehungsweise welche Rolle Ivan Pavlov in dem Fall spielt.«

♫

»Okay, jetzt hör auf zu schreien und lies vor, Baby«, lacht Robyn und wir setzen uns alle zusammen mit der Zeitung an den Küchentisch. »Steven Bittner wird zu einer Freiheitsstrafe von 30 Jahren verurteilt.«
Ich schließe kurz die Augen und schlucke, bevor ich weiterlese.
»Ivan Pavlov wird aus Mangel an Beweisen aus der Untersuchungshaft entlassen.«

[Ein Konzert]

Chicago, Illinois
02. Januar

Mom,

heute vor einem Jahr bin ich zu Dad nach New York
City gezogen.
Es ist bald ein halbes Jahr her, seit du von uns
gegangen bist.
Jetzt sitze ich mit meinem Kater Theo auf dem
Schoß am Schreibtisch meiner ersten eigenen
Wohnung und habe zum ersten Mal das Gefühl, mein
Leben im Griff zu haben.

Dads Geburtstag am Sechsundzwanzigsten war wundervoll.
Wir waren unter uns und zu Damian und Curtis
meinte er, die Jungs, also Sascha, Jules und
Alec, könnten gerne rumkommen. (Sie gehören ja
zur Familie.)

Wir haben alle gemütlich zusammengesessen, Dads
Lieblingsmusik gehört (du weißt schon, Queen und
so), getanzt, Maries Plätzchen gegessen und sind
erst gegen drei Uhr morgens ins Bett. Ich wünschte, du wärst dabei gewesen.
Ich trug dein altes dunkelblaues Kleid, die
Hausschuhe mit den Bommeln und Curtis ein weißes

Shirt, Jogginghose und Socken. Es war ein ent-
spannter Abend unter Freunden und Familie.

Damian und ich haben Klavier gespielt.
Robyn und Jules, Curtis und Sascha, Marie und Dad
und Alec und Les haben dazu im Wohnzimmer Walzer
getanzt.
Ich habe mich vor Lachen nicht mehr eingekriegt,
weil Sascha und Curtis sich die ganze Zeit gegenseitig auf die Füße getreten sind.

Damian hat Les den restlichen Abend über auf seinen Schultern umhergetragen und sie hat ihn her-
umkommandiert, als wäre er ihr Butler.
Ich fand das super.

Momentan gehe ich einmal die Woche, immer
Mittwochnachmittags, zur Therapie.
Letztes Mal wurde ich gefragt, was mich inspiriert, und ich habe Les' Gesicht auf das Blatt
gezeichnet.

Ich gehe mittlerweile wieder zur Schule und nehme
nebenher mit meinen Produzenten Max und Dave ein
neues Album auf, was mich auch an den Wochenenden
viele Stunden Schlaf kostet.
Curtis und Robyn kommen dann über den Tag verteilt im Studio vorbei und bringen mir Essen und
Kaffee mit. Robyn schreibt sonntags immer die
Mathehausaufgaben von mir ab, als Gegenleistung
bekomme ich den neusten Gossip unserer Stufe von
ihr mit (über den sie natürlich wie früher besser
Bescheid weiß als ich). Aber oft sitze ich auch
einfach nur in Gammelklamotten vor den Tonspuren

auf meinem Bildschirm und konzentriere mich so
sehr, dass ich beinahe das Atmen vergesse.

Wenn Curtis mich im Studio besuchen kommt, sitzt
er zusammengekauert mit seinem Tablet auf dem
Sessel neben mir, schreibt Songtexte, isst,
schläft, sagt mir alle paar Stunden, ich solle
dringend mal eine Pause machen und mit ihm um
den Block laufen, oder beantwortet YouTube- und
Instagram-Kommentare (das ist in letzter Zeit
voll sein Ding, haha).
Irgendwann nachts fahren wir dann wieder zu meiner Wohnung und fallen ins Schlafkoma.

In letzter Zeit brauche ich oft Stunden, bis mir
eine gute Line einfällt.
Aber es hilft, wenn Curtis und ich verrückte
Dinge zusammen unternehmen. Oft machen wir aber
einfach nur einen Ausflug nach Coney Island oder
unterhalten uns über irgendetwas Komplexes,
Spannendes und plötzlich sprudeln wir über vor
Kreativität.
Es ist nicht immer einfach mit der Musik.
Aber es erfüllt mich.
So wie dich das Tanzen erfüllt hat.

Vielleicht habe ich herausgefunden, was es bedeutet zu leben.
Ich werde nicht mehr zulassen, dass sich etwas
Böses in meine Gedanken setzt und versucht, mich
zu zerstören.
Ich werde auf nichts anderes mehr vertrauen, außer auf meine eigene Intuition und das, was mich
glücklich macht.

Und ich bin schön, egal wie ich aussehe, weil
meine Taten mich zu dem Menschen machen, der ich
bin, und mein Körper nur eine Hülle ist.
Das weiß ich jetzt.

Ich vermisse dich, Mom.
Paige

P.S.: Warum hast du mir nie von Ivan erzählt?

☾

Ich lächle.

♫

Curtis' Kopf liegt auf meiner Schulter. Wir sitzen im Pyjama am Flügel in `Brooklyn` und ich spiele alles, was mir in den Sinn kommt, bis ich eine Melodie immer wieder und wieder spiele.

Undeutlich nehme ich wahr, wie Curtis in seine Pyjamatasche greift und etwas herauszieht.
Als ich erkenne, was es ist, halte ich die Luft an und die Finger still. Es ist eine kleine Schmuckschatulle mit hellem Leinenüberzug.
Curtis legt sie zwischen meine Hände auf die Tasten des Flügels, und ich frage mich, ob er wohl hört, wie schnell mein Herz gegen meine Rippen klopft.
»Tut mir leid, ich wollte dich nicht überrumpeln«, meint Curtis und richtet sich auf. »Ich dachte mir nur …«, er unterbricht sich selbst, greift nach der Schatulle und öffnet sie.
Zwei Ringe funkeln mir entgegen.

Ein silberner Mond und eine silberne Sonne.

Ich vergesse zu atmen. »Curtis …«, setze ich an und weiß dabei noch nicht einmal, was ich als Nächstes sagen möchte.
»Oh Gott, keine Angst. Also das soll kein Heiratsantrag werden oder so.« Curtis grinst.
»Die sind für dich, wenn du magst«, sagt er leise und ich bekomme Gänsehaut am ganzen Körper.
Curtis spricht weiter. »In der Highschool fand ich dieses ganze Promise-Ring-Rumgetausche eigentlich immer echt peinlich. Aber ei-

☼

gentlich wollte ich genau das, mich wirklich mit jemandem verbunden fühlen … ich habe mich gefragt, was du darüber denkst. Und je mehr ich mir gewünscht habe, dass es dich freuen würde und sie dir gefallen, desto mehr Angst hatte ich, dass du es irgendwie cringe finden könntest, so was geschenkt zu bekommen.« Er lächelt. »Aber du bist Paige. Mond und Sonne. Und ich weiß, dass wir auch über all den peinlichen Mist reden können.«

Ich bekomme kein Wort raus.

»Wenn du mal kurz vergessen solltest, wer du bist, wie viel das ist und wie sehr du leuchtest.«
Völlig überwältigt blinzle ich meine Tränen der Rührung weg und ziehe Curtis in meine Arme.
»Ich kann gar nicht in Worte fassen, wie viel mir das bedeutet«, sage ich und kann nicht verhindern, dass mir wieder Tränen über die Wangen laufen. »Danke, Curtis. Das ist unglaublich.«

♫

»Wir schaffen alles zusammen, Schneewittchen«, hallt Curtis' Stimme in meinem Kopf, als ich über die Bühne der Radio City Music Hall laufe und über die kreischende Menge blicke. Damian zieht sich seinen Gitarrengurt über den Kopf und als er merkt, dass ich zu ihm rüberschaue, zwinkert er mir zu und grinst.
Ich drehe Mond und Sonne an meinem Finger einmal herum und spüre, wie schnell mein Herz gegen meine Brust hämmert.
Ada und Robyn stehen in der ersten Reihe und strahlen übers ganze Gesicht. Ich muss lachen, als ich sie so da stehen sehe. Die Jungs und

ich haben ihnen heute schon mindestens zehnmal gesagt, sie können auch Backstage das Konzert sehen, aber sie wollten das so.

Und ich kann es verstehen.

Die Atmosphäre da unten ist vollkommen überwältigend.

Eigentlich ist wirklich alles an diesen Konzerten vollkommen überwältigend.

Jetzt stehe ich hier auf der Bühne vor meinem Mikrofon und man hört meinen Atem durch die Boxen der riesigen Halle.

Als ich auf die fast sechstausend Menschen schaue, die heute Abend nur wegen uns hier sind, habe ich das Gefühl, zu Hause angekommen zu sein.

»Guten Abend, New York City«, sagt Curtis und lächelt, als die Menschen daraufhin noch lauter schreien. Er grinst und deutet ein Winken an. Ich weiß ganz genau, dass gerade bestimmt mindestens dreißig Menschen in Ohnmacht gefallen sind.

Curtis und ich drehen uns zu Jules um, der einzählt, bevor Damian mit seinem Gitarrensolo beginnt.

Dann schließe ich meine Augen und fliege.

Curtis Mundwinkel zucken, als wir uns anschauen. Er hält mir seine Hand hin und ich laufe grinsend über die Bühne auf ihn zu.

Curtis Moore zu lieben wird nie langweilig werden.
Ich meine nicht das, was er in anderen auslöst, das Blitzlichtgewitter, oder die kreischenden Menschen, die immer dann auftauchen, wenn er einen Fuß vor die Tür setzt.
Er macht aus den normalen Dingen etwas Besonderes.
Er parkt sein schwarzes Auto vor meiner Schule, obwohl er mir erzählt hat, dass er bei Damian sei, und sagt Dinge wie: »Hör auf so zu schauen, ich wollte dich sehen. Kaffee?« Und dann erzählt er mir von einer Songidee, oder dass er seine Konzerte auf meine Frühlingsferien gelegt hat, damit ich mitkommen kann.
Oder er bestellt an der Bar einen Kaffee für mich und ein Wasser für sich, weil er weiß, dass ich nichts von betrunkenen Menschen halte.

Tausende jubelnde Schreie ertönen, als ich Curtis' Hand nehme und er mich auf die Wange küsst und mir ins Ohr flüstert, dass ich aufhören soll, mir Gedanken zu machen. Ich sehe zu den Menschenmassen vor uns und lächle, als er meine Hand drückt.

Obwohl man sein Leben nur von sich selbst abhängig machen sollte, bringt Curtis die Dominosteine zum Fallen.
Aber es sind die guten, die ins Glück, die zu mir.

[Mond oder Sonne Playlist]

[Ein Brief]
Crumb – The Letter
XXXTENTACION, Travis Barker –
    Pain = BESTFRIEND
Tokio Hotel – Easy
Taylor Swift – I Knew You Were
    Trouble.
Fleurie – Hurts Like Hell
Queen – Too Much Love Will Kill
    You

[00]
Ellie Goulding – Army
Lana Del Rey – Carmen
Birdy – Wings
Billie Eilish – party favor
Mitski – Last Words of a Shooting
    Star
robyn feat. Paige Courtney – stars
    are dead
Guns N' Roses – Coma

[01]
My Chemical Romance – The World
    Is Ugly

[02]
RIOPY – New York
Lana Del Rey – Change
Cage The Elephant – Cigarette
    Daydreams
Jome – Cinnamon

[03]
Jeff Buckley – Nightmares By The
    Sea

[04]
Lana Del Rey – Brooklyn Baby

[05]
Badflower – Let The Band Play
eXtRaVaGant – Infinity

[07]
Guns N' Roses – Don't Cry
Chord Overstreet – Tortured Soul

[08]
Sofia Karlberg – A Bible Of Mermaid
    Pictures (acoustic)

[09]
eXtRaVaGant – After The Nights Are
    Gone
Willamette Stone – Never Coming
    Down

[10]
Birdy – Terrible Love

[12]
Sia – Bird Set Free
Paige Courtney – Whataboutism.

[13]
Eminem – Lose Yourself
PAC – Stay alive.

[14]
Aphex Twin – Avril 14th
Billie Eilish – Six Feet Under
Jessie J – Get Away

[15]
Green Day feat. Christina Sajous,
    Stark Sands, Company –
    Extraordinary Girl

[19]
Tori Amos – Little Earthquakes

[20]
PAC – Stars are dead.

[21]
P!nk – I Don't Believe You
Avril Lavigne – Nobody's Home

[22]
Childish Gambino – Feels Like
    Summer
Lana Del Rey feat. A$AP Rocky,
    Playboi Carti – Summer Bummer
Men I Trust – I Hope To Be Around

[24]
Nicki Minaj – Grand Piano
The Pretty Reckless – Make Me
    Wanna Die
Tokio Hotel – Elysa
Paige Courtney – Blue 'n' purple.
Twenty One Pilots – Goner
The Kooks – Naive

Jake & the Convolution – You're
    Gone

[25]
Jeff Buckley – Forget Her
eXtRaVaGant – Whataboutism
Nothing But Thieves – Sorry
Harry Styles – Meet Me in the
    Hallway
Zoé de Vera – In Bloom
blackbear – me & ur ghost
P!nk – Don't Let Me Get Me
Three Days Grace – Pain
Prince – Purple Rain

[26]
Leona Lewis – Bleeding Love
OneRepublic – Let's Hurt Tonight
Lil Wayne feat. Nicki Minaj – Dark
    Side Of The Moon
Nothing But Thieves – I Was Just A
    Kid
Joep Beving – Sol And Luna (Piano
    Version)
Harry Styles – Only Angel
RIOPY – I Love You
RIOPY – Golden Gate

[27]
Rihanna – Close To You
Harry Styles   Falling
Olivia O'Brien – Empty
Sia – Breathe Me
Tokio Hotel – Invaded
Guns N' Roses – Live And Let Die

[28]
Korantemaa – By the time you've
    finsished your coffee

[29]
RIOPY – Drive
Pyotr Ilyich Tchaikovsky – The
    Nutcracker, Op. 71: Overture
Andre Kostelanetz – Carmen:
    Habanera (Instrumental)
Rauf & Faik – Детство (›Detstvo‹)

[30]
Linkin Park – Crawling (One More
    Light Live)
eXtRaVaGant – Lil' Mermaid
Tokio Hotel – Schwarz
Madeline Juno – Schatten ohne Licht
    (Piano Version)
070 Shake – Under The Moon
Post Malone feat. 21 Savage –
    rockstar
Queen – The Show Must Go On
Megan Wofford – Awake

[31]
Emeli Sandé – My Kind Of Love
Adele – Hometown Glory

[32]
Nirvana – Smells Like Teen Spirit
Miley Cyrus – Malibu
Ada Okocha – Rockstar (I was only
    sixteen)
The Midnight – Los Angeles
Ada Okocha feat. PAC – Infinity
Daniel Norgren – Moonshine Got Me

[33]
Lady Gaga – Born This Way
Jessie J – Masterpiece
PAC feat. Robyn – Can't hear 'em.

[34]
Tokio Hotel – In Your Shadow I Can
    Shine
Allie X – Sunflower (Synth Reprise)
Raphael Ibanez de Garayo – Wheel of
    Emotion
Arctic Monkeys – R U Mine?

[35]
Bring Me The Horizon – Drown
Guns N' Roses – November Rain
eXtRaVaGant – Eight Cups of Coffee
Birdy – Lost It All
Temple Of The Dog – Hunger Strike
Marianas Trench – Skin and Bones
Lil Peep – Broken Smile (My All)
Birdy – Beautiful Lies
PAC – And tell the world all my
    deepest thoughts.
Casper – Alaska
Bring Me The Horizon – in the dark

[36]
Against The Current – Come Alive
Against The Current – Sweet
    Surrender
Jessie J – Who You Are
robyn – metaphor
Teen Suicide – no, the moon
Benni Jud – Honesty
Ben Howard – Promise

[37]
The Kooks – Seaside
Bon Iver – Beach Baby
Kina feat. Snøw – Get You The Moon
Lana Del Rey – Cinnamon Girl
Taylor Swift – Red

[38]
Nirvana – The Man Who Sold The
    World

[Ein Konzert]
SCHWARZ – Home
Tom Odell – Heal
Harry Styles – Fine Line
Ludovico Einaudi – Fly

[Glossar und Nachweise]

Russische Begriffe

Angel	*Engel*
Babushka	*Großmutter, Oma*
Devushka	*Mädchen, Mädel*
Dedushka	*Großvater, Opa*
Rodnaya	*(Meine) Liebe*
Solyanka	*Säuerliche russische Suppe*
Zoloto moyo/moe	*Mein Goldstück, mein Gold*
Tvoy, tvoya	*Dein, deine*

transkribieren: *akustisch wahrgenommene Musik oder Klänge in Notenschrift umsetzen* (Duden)

Die Definition des Adjektivs extravagant auf S. 6 ist dem Eintrag im deutschen Google-Wörterbuch entnommen (Oxford Languages, ©Oxford University Press).

♫

There's good in all of us and I think I simply love people too much, so much that it makes me feel too fucking sad.

Gutes gibt es in uns allen und ich denke, dass ich Menschen einfach zu sehr liebe, so sehr, dass es mich zu fucking traurig macht.

– Kurt Cobain

Yes: I am a dreamer. For a dreamer is one who can only find his way by the moonlight, and his punishment is that he sees the dawn before the rest of the world.

Ja: Ich bin ein Träumer. Denn ein Träumer ist jemand, der nur im Mondlicht seinen Weg finden kann und zur Strafe die Morgendämmerung vor dem Rest der Welt sieht.

– Oscar Wilde

Everyone is a moon and has a dark side, which he never shows to anybody.

Jeder Mensch ist ein Mond und hat eine dunkle Seite, die er nie jemandem zeigt.

– Mark Twain

[Danksagung]

Seit ich mit neun angefangen habe, Geschichten aufzuschreiben, war es bald mein größter Traum, schnellstmöglich mein erstes Buch zu veröffentlichen. Mit zwölf habe ich begonnen, mein eXtRaVaGant-Universum zu erschaffen. Auf einer Reise zu meinen Großeltern nach Imo State, Westafrika, im Januar 2017 setzte sich Paige in meinen Kopf. Seitdem ist viel passiert. Mit dreizehn fing ich an, mir selbst Gitarre beizubringen und Songs zu schreiben. Mit vierzehn lernte ich den 360 Grad Verlag kennen. Jetzt bin ich sechzehn.

Während dieser Zeit haben mich eine Menge wundertoller Menschen begleitet und mir dabei geholfen, meinen Traum in die Realität umzusetzen, bei denen ich mich hiermit herzlich bedanke. Und auch bei den Menschen, die mich inspiriert haben, durch die einzigartigen Erlebnisse, die ich mit ihnen teile.

Ein ganz besonderes Dankeschön zuallererst an die wunderbare Lektorin Lisa Rühl! Du hast dem Text so viel Gutes getan und absolut verstanden, was ich mit der Geschichte aussagen möchte. Seit wir auf der Frankfurter Buchmesse 2018 zum ersten Mal miteinander gesprochen haben, glaubst du an dieses Projekt, und ohne dich wäre es vermutlich nie veröffentlicht worden.

Mein riesiger Dank gilt dem großartigen und unglaublich herzlichen Verleger Harald Kiesel und dem 360 Grad Verlag! Du hast mir, mit damals vierzehn, das Vertrauen entgegengebracht, Paige, Curtis, Robyn, Les und all diese anderen Charaktere, die schon seit Jahren in meinem Kopf wohnen, in die große weite Welt zu schicken. Als Kind war ich ein extrem großes Wilde-Kerle-Fangirl. Und jetzt, nur ein paar Jahre später, erscheint mein erstes Buch beim gleichen Verlag. Wow.

Vielen herzlichen Dank an Bodo Horn-Rumold! Deine langjährige Erfahrung in der Buch- und Filmbranche und deine enthusiastische Art sind Gold wert. Du hast unser Projekt eXtRaVaGant unglaublich vorwärtsgebracht.

Meine Texte und Songideen wären ohne Jean-Pierre Domaniwski und Ben Jud nie zu richtiger Musik geworden. Ein herzliches Dankeschön an euch und die Musikschule Music Planet, für euer Engagement und musikalisches Können. Ganz besonderen Dank ebenfalls an Sabina und Sofia dafür, dass ihr Paige und Robyn eure Stimmen schenkt! Und vielen Dank, Ramona :)

Für das Testlesen und Hinterfragen der Handlung in der Anfangszeit, lieben Dank an Elfrun und Hans.
Für deine juristische Beratung zum Gerichtssaalkapitel vielen Dank an Dirk und herzlichen Dank an Birgit und Hilde.
Claudi, danke für dein Testlesen, deine aufmunternden Worte und dafür, dass du an mich glaubst.

Danke an die Lehrer*innen, die meine bisherige Schulzeit erträglicher machten, ganz besonders Frau Merk, Frau Alber, Herr Linse, Herr Bajs und Frau Richter.

Danke an alle einzigartigen Menschen, die ich in der Schule, durch lustige Zufälle, Freizeiten, Schüleraustausche und Reisen kennenlernen durfte.

Danke Aaron, Alea, Aline, Aylin, Carlos, Celine, Chiara, Ella, Frida, Geli, Jil, Jules, Julie, Kaddi, Lena, Lorena, Rica, Sina, Skye, Vivi. Danke für die Mitternachtsgespräche, die Musik, die Partys, das Lachen und Weinen, die Ehrlichkeit und das Glück. Danke an die Schweden-Gang, ich werde unseren Sommer nie vergessen.

Liebe Ananda. Du bist meine langjährigste Freundin und Seelenverwandte. Danke, dass wir so viele schöne Erinnerungen teilen, die Pferde, die Bücher, die langen Gespräche. Du bist wunderbar, so wie du bist, und ich bin so dankbar, dich zu kennen.

Sophia. Danke. So viel haben wir schon zusammen erlebt. Wir waren an den unterschiedlichsten Orten der Welt, haben die Nacht zum Tag gemacht und ich wüsste nicht, was ich ohne dich machen würde. Du bist meine beste Freundin und ich weiß, dass ich dich immer anrufen kann, wenn ich mit dir reden muss. Danke für einfach alles und dafür, dass du DU bist. Denn du bist genau richtig so und ich hab dich ganz doll lieb.

Danke, Katharina, du Engel. Deine Worte sind so wunderschön und ehrlich, dass sie mich zum Heulen bringen. Bitte schreib sie auf. Manchmal frage ich mich, was passiert wäre, wenn wir damals an der Tischtennisplatte nicht miteinander gesprochen hätten. Alles wäre so anders geworden, oder nicht?

Jacob. Ganz sicher stünde ich ohne dich jetzt komplett lost irgendwo mitten im Wald oder an einer Bushaltestelle im Nirgendwo. Aber dass du mir, seit ich dich kenne, schon viel zu oft aus verlorenen Situationen geholfen hast, ist nur ein winziger Teil von allem, wofür ich dich liebe und dir danken möchte. Danke Jacob, dafür, dass du so einzigartig und ehrlich bist. Ich brauche dich in meinem Leben.

Zuletzt danke ich von ganzem Herzen meiner Familie. Ihr seid immer für mich da, und das bedeutet mir ALLES.

Danke, Oma, du hast mir das Vertrauen geschenkt, dass ich all das schaffen kann, was ich mir vornehme.

Danke an meinen Bruder Lenis, du Sonnenschein, dafür, dass du mich so nimmst, wie ich bin, und mich auch dann zum Lachen bringst, wenn mir eigentlich zum Heulen zumute ist. Legendär.

Danke, Papa, du gibst mir die Möglichkeit, meinen Weg zu gehen, und unterstützt mich bei allem, was ich mache. Ich bin immer wieder erstaunt darüber, wie viel du weißt und wie hervorragend du alles analysierst. Danke, dass ich deine Prinzessin sein darf.

Danke, Mama, für deine unendliche Geduld und Unterstützung. Ich habe es geliebt, stundenlang mit dir über meine Ideen zu Handlung, Kriminologie, Songs und allem, was mich in der Zeit beschäftigt hat, zu diskutieren. Über die Jahre habe ich wohl mit dir am meisten Zeit mit dem Projekt verbracht und bin unglaublich dankbar dafür, wie sehr du dir mit mir zusammen Gedanken gemacht hast. Und danke dafür, dass du mich, wenn nötig, auch daran erinnert hast, mich auf das zu konzentrieren, was aktuell ansteht. Ich werde mich immer an deinen etwas leidenden Blick erinnern, wenn ich dir voller Euphorie ausführlich von neu geplanten Charakteren für eXtRaVaGant, Buch 5 und 6 erzählt habe, während ich völlig verträumt und naiv das Gerichtssaalkapitel aus Buch 1 ein halbes Jahr vor mir herschob, Prokrastination at its best :)

SOUNDTRACK zum BUCH

Songs zum Buch und aus dem Buch gibt es u. a. auf Streamingplatt-
formen wie Spotify oder auf YouTube. Links dazu findet ihr auch auf
www.extravagantsaga.com oder direkt hier:

 Scannt den QR-Code zur Webseite oder
ruft diese direkt auf:
www.360grad-verlag.de/extravagant

Dann Passwort eingeben:
EXTRA-AUDIO

Viel Spaß beim Hören und Weiterlesen!
Band 2 der eXtRaVaGant-Saga *»Nie wieder Rosen«* ist in Vorbereitung.